EDITORA DO CONHECIMENTO

Auxiliando a humanidade a encontrar a Verdade

MOISÉS,
EM BUSCA DA TERRA PROMETIDA
Trilogia - Volume 3

Roger Bottini Paranhos

MOISÉS

Em Busca da Terra Prometida

Trilogia - Volume 3

Obra mediúnica
orientada pelos espíritos
Hermes e Natanael

Moisés - Em Busca da Terra Prometida
Trilogia - Volume 3
Roger Bottini Paranhos

CONHECIMENTO EDITORIAL LTDA.
Caixa Postal 404
CEP 13480-970 - Limeira - SP
Fone/Fax: 19 3451-0143
www.edconhecimento.com.br
conhecimento@edconhecimento.com.br

Ilustração da Capa: Mário Diniz
Projeto Gráfico: Sérgio Carvalho
Preparação de texto: Margareth Rose F. Carvalho

ISBN 85-7618-067-7 - 1ª EDIÇÃO — 2005

• Impresso no Brasil • Printed in Brazil
• Presita en Brazilo

Produzido no Departamento Gráfico de
CONHECIMENTO EDITORIAL LTDA
Rua Prof. Paulo Chaves, 276 Jd. Anavec - Cep 13485-150
Fone/Fax: 19 3451-5440 - Limeira - SP
e-mail: grafica@edconhecimento.com.br

Dados Internacionais de Catalogação na Publicação (CIP)
(Câmara Brasileira do Livro, SP, Brasil)

Hermes (Espírito)
Moisés - Em Busca da Terra Prometida; Trilogia - Volume 3 / obra mediúnica orientada pelos espíritos Hermes e Natanael ; (psicografado por) Roger Bottini Paranhos. — 1. ed. — Limeira, SP : Editora do Conhecimento, 2005.

ISBN 85-7618-067-7

1. Bíblia. A.T. — Crítica e interpretação 2. Espiritismo 3. História antiga 4. Moisés (Líder bíblico) 5. Psicografia 6. Reencarnação I. Natanael. II. Paranhos, Roger Bottini III. Título.

05-6723 CDD - 133.93

Índice para catálogo sistemático:
1. Mensagens mediúnicas psicografadas : Espiritismo
133.93

Roger Bottini Paranhos

MOISÉS

Em Busca da Terra Prometida

Trilogia - Volume 3

Obra mediúnica
orientada pelos espíritos
Hermes e Natanael

1ª edição — 2005

EDITORA DO CONHECIMENTO

Obras do autor editadas pela Editora do Conhecimento:

• A HISTÓRIA DE UM ANJO
A vida nos mundos invisíveis
2000

• SOB O SIGNO DE AQUÁRIO
Narrações sobre viagens astrais
2001

• A NOVA ERA
Orientações Espirituais para o Terceiro Milênio
2004

• AKHENATON (trilogia livro 1)
A revolução espiritual do Antigo Egito
2002

• MOISÉS (trilogia livro 2)
O libertador de Israel
2004

• MOISÉS (trilogia livro 3)
Em busca da terra prometida
2005

• UNIVERSALISMO CRÍSTICO
O futuro das religiões
2007

• ATLÂNTIDA (bilogia livro 1)
No reino da luz
2009

• ATLÂNTIDA (bilogia livro 2)
No reino das trevas
2010

• UNIVERSALISMO CRÍSTICO AVANÇADO
2012

Sumário

Prelúdio

As grandes mudanças são como as águas revoltas de uma represa recém-desobstruída: quando elas chegam ao seu destino, levam consigo tudo o que se predispõe à inevitável transformação; carregam em seu seio uma nova visão de mundo, conduzindo ao futuro os que despertam e atendem ao chamado inadiável do progresso. Assim é o curso dos rios; assim é a vida...

Por sua vez, tudo o que se mantém inflexível, negando-se à inexorável Grande Transformação, acaba por ser destruído para renascer no futuro, da água e do espírito, completando o ciclo evolutivo para o surgimento de uma nova era. Assim age a força dos rios; assim é a vida criada por Deus... pois a caminhada rumo à evolução nunca deve parar, almejando sempr a renovação espiritual da humanidade, a fim de cumprir vontade divina.

Hermes

Prelúdio

As grandes mudanças são como as águas revoltas de uma represa recém-desobstruída: quando elas chegam ao seu destino, levam consigo tudo o que se predispõe à inevitável transformação; carregam em seu seio uma nova visão de mundo, conduzindo ao futuro os que despertam e atendem ao chamado inadiável do progresso. Assim é o curso dos rios; assim é a vida...

Por sua vez, tudo o que se mantém inflexível, negando-se à inexorável Grande Transformação, acaba por ser destruído para renascer no futuro, da água e do espírito, completando o ciclo evolutivo para o surgimento de uma nova era. Assim age a força dos rios; assim é a vida criada por Deus... pois a caminhada rumo à evolução nunca deve parar, almejando sempre a renovação espiritual da humanidade, a fim de cumprir a vontade divina.

Hermes

Prefácio

Achávamos que o pior já havia passado. Libertamo-nos do cativeiro imposto pelos egípcios por meio da miraculosa força divina que fluía com facilidade das mãos de Moisés. Esse feito era realmente fantástico; demonstrava claramente que o Grande Deus caminhava ao nosso lado, protegendo-nos de nossos inimigos. E ao vermos a grandiosidade da intervenção divina, percebemos que nada poderia barrar a nossa glória... somente nós mesmos, somente a imaturidade do povo escolhido.

Parece incrível a transformação que ocorre nas pessoas quando elas se encontram diante de novas situações; principalmente se a arrogância rouba o espaço da humildade em seus corações. Israel deveria ter agradecido eternamente ao Criador por ter abandonado a condição de povo escravo para tornar-se a nação "porta-voz" do verdadeiro e único deus na Terra. Mas, infelizmente, nenhuma bênção é suficiente para saciar os desejos de espíritos imaturos. Então, onde uns viam milagres, outros enxergavam feitiçarias; onde alguns vislumbravam a "presença divina", outros percebiam apenas os seus mesquinhos interesses; onde havia liberdade com disciplina, outros alegavam cerceamento. Realmente... a liberdade em mãos inconscientes transforma-se numa perigosa arma.

Desse modo, o abençoado povo de Israel, que foi liberto pela generosa mão de Deus, rebelou-se; e, por rebelar-se, perdeu o direito a uma caminhada tranquila e feliz rumo à Terra Prometida...

Moisés então teria de utilizar-se de toda a sua força e determinação para controlar uma massa de espíritos inconscientes e rebeldes, a fim de transformá-los futuramente em verdadeiros filhos de Deus, atrasando assim, mais uma vez, o grande projeto divino.

Seria necessário "quebrar" a viciosa herança cultural do povo cativo para conseguir formar nas consciências das gerações futuras um novo modelo espiritual e social imprescindível para o progresso de nossa humanidade. Este foi o grandioso trabalho realizado por Moisés na longa peregrinação pelo deserto: transformar um povo manhoso e sem princípios, fruto de anos de escravidão, em pessoas honradas e dignas para vislumbrar definitivamente a luz do Deus Único.

Natanael
Porto Alegre, 19/10/2004

Águas amargas 1

Quando dei por mim, estava caminhando lentamente por um longo corredor iluminado, onde se destacava um estranho piso que parecia de natureza vítrea; era como se os meus pés estivessem deslizando sobre um tapete de safiras transparentes.[1]

Ao longo do percurso, pude perceber magníficas árvores carregadas de frutos de cores deslumbrantes, revelando a fartura e o caráter nobre daquele paraíso divino. Então, me perguntei: "Será esta a terra de Canaã, prometida por Yahwéh aos filhos de Israel?".

Caminhando inseguro, percorri o olhar por todos os lados, mais para averiguar a minha segurança naquele ambiente desconhecido do que propriamente para apreciar a beleza do local. Porém logo me tranquilizei, pois os habitantes daquele recanto paradisíaco me sorriam serenos, irradiando amor ao intruso que andava vacilante por aquela magnífica estrada de luz.

Observei-lhes as vestes nobres e iluminadas. Parecia-me que de seus corpos irradiava uma luz cristalina, qual lâmpada diáfana gerando energia de quintessência. O mais interessante era que, embora parecessem frágeis, a nobreza de seus semblantes dava-me a impressão de que nem o mais forte dos guerreiros poder-lhes-ia fazer mal.

1 Para a melhor compreensão desta obra é recomendável a leitura de Roger Bottini Paranhos, *Akhenaton — A Revolução Espiritual do Antigo Egito* e *Moisés — O Libertador de Israel*, Vol. 1. Limeira: EDITORA DO CONHECIMENTO, 2002 e 2004.

Por diversos momentos, me senti impelido a ajoelhar naquele maravilhoso chão vítreo e, com o rosto inundado de lágrimas, pedir-lhes que me abençoassem a caminhada. Talvez só não tenha feito isso por puro orgulho.

À medida que eu avançava, os nobres seres realizavam um movimento de cabeça, cumprimentando-me e abençoando-me. Senti, então, uma energia reconfortante percorrer o meu ser e me envolver numa enorme sensação de bem-estar. Aos poucos, fui me soltando e retribuindo o gesto com o mesmo movimento sereno de cabeça e um tímido sorriso no rosto, tal como fazem as crianças quando recebem um afago.

Olhei para as minhas vestes e senti vergonha. Eu parecia um mendigo, com aquelas roupas sujas e aquela aura escura que irradiava-se do meu corpo abatido. Fiquei atordoado e desejei fugir, mas me acalmei quando avistei belíssimos espíritos, de aparência feminina, que colocavam as mãos sobre o coração e depois as levavam aos lábios para me enviar beijos carinhosos. Sorri com aquele gesto que parecia impensado para quem vivia num rude mundo como eu.

Perdi-me em devaneios pensando que, se aquela era a terra prometida a Israel, certamente o céu tinha descido sobre nós. Então, logo teríamos grandes problemas para adequar o povo rude e imoral ao elevado padrão espiritual que se apresentava naquele momento mágico, e que parecia um belo sonho.

Fui arrebatado desses pensamentos quando comecei a ouvir o som de uma queda-d'água. Meu coração sobressaltou-se, pois há vários dias procurávamos água pelo deserto, sem obter sucesso. O próprio Moisés estava sendo pressionado pelo povo sofrido, porém rebelde, que havia atravessado conosco o mar dos Juncos. A sede e as privações do deserto faziam que as pessoas imaturas perdessem a dignidade e o equilíbrio e se rebelassem, amaldiçoando o seu próprio líder.

Caminhei com passos rápidos ao encontro daquele reconfortante som. Ao chegar próximo, vislumbrei um lindo jardim com uma pequena cascata, de onde jorrava água pura como jamais eu tinha visto, nem mesmo nas piscinas filtradas dos palácios do faraó.

Flores maravilhosas ornamentavam aquele local de oração e meditação: orquídeas, tulipas, jasmins, rosas e outras belas espécies. Algumas delas, desconhecidas do mundo físico, exalavam um misto de aroma inebriante e energia renovadora àqueles que ali repousavam os pés cansados e vislumbravam o vôo mágico dos beija-flores que, com um ósculo carinhoso, carregado de sublimes vibrações espirituais, exerciam sua vocação divina de amor à natureza.

Andei mais alguns metros e resolvi descalçar minhas poeirentas sandálias e colocar os pés naquela água revigorante. Antes, porém, olhei para os lados a fim de me certificar de que estava realmente só. Depois de relaxar alguns instantes, mirei-me no reflexo d'água e percebi os meus cabelos desgrenhados e o meu rosto sujo e suado. Imediatamente ajoelhei-me nas margens e mergulhei a face na água sagrada. Em seguida, ergui-me, joguei os longos cabelos para trás, olhei para o céu, agradecido, e murmurei: "Obrigado, meu Deus, pela dádiva que recebo neste instante".

Logo desceu sobre minha cabeça uma luz reconfortante que me proporcionou um relaxamento instantâneo. Adormeci por um tempo que não sei precisar e acordei com o canto lírico de um pássaro lilás que revoava de um galho a outro daquelas belíssimas árvores.

Levantei-me e caminhei em direção ao outro extremo daquele recanto. Ao chegar lá, avistei uma entidade de magnífica luz ajoelhada sobre uma pequena escadaria de mármore, orando com os braços erguidos para o Alto, de onde descia uma energia que eu nunca tinha visto, tal sua força, tal sua beleza.

Para não interromper aquele gesto de devoção a uma divindade que eu não enxergava, em razão da intensidade de seu brilho, virei-me lentamente e comecei a caminhar, pé sobre pé, para não ser percebido. Mas estaquei o passo, com o coração descompassado, quando a entidade dirigiu-se a mim, sem sequer voltar-se para registrar a minha presença:

— Natanael, não vás! Aguarda-me mais um instante. Precisamos conversar. Antes, permite-me orar a Yahwéh!

Eu me virei na direção do nobre ser e me aproximei, assim como fazem as crianças que se aprochegam aos pais, cabisbaixas, sem saber se o que vão receber é carinho ou repreensão.

Ajoelhei-me e proferi uma singela oração, pedindo ao Criador que perdoasse os meus erros e me fizesse digno do carinho e da atenção daquele ser que me interpelava. Após alguns minutos, em que a luz pareceu arrefecer-se, pude perceber que a entidade que se mantinha de costas era aquele mesmo anjo benfeitor que aparecia com frequência em meus sonhos. Isso muito me alegrou e, de certa forma, me trouxe tranquilidade. Eu então estava na presença de alguém que já conhecia...

Depois de alguns instantes, o ser abaixou lentamente os braços e inclinou a cabeça em direção ao solo. A luz brilhante, mais bela do que a de mil diamantes, começou a diminuir devagar, como se as asas de um grande pássaro estivessem se fechando. Eis então minha surpresa! Aquele que eu achava tratar-se de meu anjo protetor não era um homem, mas sim uma distinta mulher.

Meu coração sobressaltou-se, demonstrando o meu desequilíbrio emocional. A fada então sorriu, iluminando tudo ao nosso redor com um brilho que contrastava com a sua pele morena, semelhante a dos antigos egípcios. Ela desceu, com incomum elegância, os poucos degraus que nos separavam. Acompanhei com um olhar tímido a formosura de seus traços e a beleza de sua túnica, perfeitamente ajustada ao corpo e presa à cintura por um belo cordel de cor violeta. Seus lindos e brilhantes cabelos negros, cortados à moda egípcia, indicavam a sua origem.

A entidade olhou-me com desaprovação e perguntou, com serenidade, mas firmeza na voz:

— O que mais te angustia, Natanael: receber orientações de um egípcio ou de uma mulher?

Ela sorriu, em seguida, tentando me deixar à vontade, como se estivesse procurando angariar a minha simpatia. De joelhos, e um tanto sem jeito, respondi:

— As duas coisas, talvez. Há pouco mais de uma semana, os egípcios teriam cortado a minha cabeça se não fosse a providencial proteção do Grande Deus. Quanto às mulheres, poucas vezes me demonstraram sabedoria diante dos problemas da vida. Parecem mais preocupadas com fuxicos e romances, ao passo que os homens pensam numa melhor forma de prover a família e o povo, com riquezas físicas e espirituais.

Essa visão machista era comum entre o povo de Israel, que dava pouco espaço para o pensamento feminino; ao contrário da sociedade egípcia, que ouvia mais as mulheres.

A entidade sorriu novamente e me disse, com um tom encantador:

— Sim, compreendo. Mas se os homens não desmerecessem tanto a intuição feminina e permitissem a participação das mulheres nos debates sobre o futuro de seus povos e de suas famílias, talvez muitas guerras e desavenças pudessem ser evitadas. Lembra-te, meu querido amigo: a sensibilidade feminina é como uma compensação divina pela aparente fragilidade da mulher! O homem pensa com a força dos braços; a mulher resolve as situações com a leveza da alma.

O anjo iluminado aproximou-se um pouco mais e, com os seus penetrantes olhos, prosseguiu, magnetizando-me:

— Quanto ao que diz respeito à minha raça, preciso dizer-te que deves compreender que somos todos irmãos, filhos de um único Pai. Ontem, fomos babilônios; hoje, egípcios; amanhã, israelitas; e assim sucessivamente. Vivemos diversas existências em busca da perfeição, ou melhor, da evolução espiritual, conforme o desejo de Yahwéh.

Eu já tinha ouvido de Henok e dos demais anciãos que estudavam nas cavernas, durante o período de cativeiro, sobre a crença na reencarnação. Essa informação fez que o meu espírito se desbloqueasse e, sob uma poderosa indução mental realizada pelo meu anjo tutelar, dei um salto à minha encarnação anterior.

Em segundos, relembrei a personalidade de Radamés e me vi na cidade celestial fundada por Akhenaton. Reconheci então, nos traços daquela amiga, minha esposa Isetnefret. Envolvido em forte emoção, revivi os belos anos de estudo e grandes realizações para a construção de um mundo melhor, os grandes fóruns realizados na cidade de Akhetaton, fundada pelo faraó Filho do Sol, na região central do Vale do Nilo. Lembrei-me, com lágrimas abundantes nos olhos, dos nossos inesquecíveis passeios de biga e das tardes em que estudávamos maneiras de trazer à luz do mundo avanços sociais e científicos para elevar a humanidade terrena da barbárie à civilidade.

Em minha mente surgiam flashes inebriantes, fazendo-me recordar as boas conversas com o iluminado e meigo faraó Akhenaton, e as reconfortantes orações ao pôr-do-sol, quando nos transportávamos em espírito a um mundo de paz e harmonia.

A revolução de Amarna durou pouco mais de uma década, mas possibilitou-me uma experiência muito mais profícua do que em diversas existências anteriores. Algo tão belo que, quando a maldade dos homens destruiu o inesquecível projeto de luz, não me conformei e meu espírito enegreceu, retornando à sua real condição de imaturidade e despreparo para viver as dores oriundas de um mundo ainda imperfeito.

Em breves segundos, relembrei a morte traiçoeira que sofreram todos aqueles a quem eu amava. E, por fim, o meu próprio desencarne nas águas caudalosas do Nilo.

Após aqueles minutos, que me pareceram horas de recordações vivíssimas, eu disse à minha protetora, com a voz embargada por forte emoção:

— Desculpa-me, Ise, mas as energias densas que me envolvem, agora que habito um corpo de carne, ofuscam a realidade. Não te reconheci porque a vida humana é uma sucessão de desilusões que embrutecem os nossos sentidos, fazendo-nos esquecer de onde viemos e qual é nossa real finalidade no mundo terreno.

A benfeitora querida afagou os meus cabelos e respondeu:

— Compreendo-te e não te censuro. Se hoje estás aqui é para desembotar a tua alma e para que enxergues a verdade através da porta memorável dos sonhos. Tudo o que te falo neste instante ficará gravado em teu espírito imortal. Gradualmente, sentirás a importância do que te direi, com a finalidade de ajudar o profeta de Deus no importante projeto orquestrado pelo Criador, e que deverá desenrolar-se no seio do povo de Israel.

Ise segurou as minhas mãos com firmeza e me convidou a sentar ao seu lado, em um confortável recanto daquele paraíso. Depois, ela prosseguiu dizendo:

— Natanael, agora que te lembras de nossa missão ao lado do querido Akhenaton e de nosso mentor Ramósis, podes compreender melhor a importância deste momento. Nosso Pai

Todo-Poderoso mais uma vez procura abrir as portas celestiais para o novo entendimento do verdadeiro conceito de divindade, a fim de libertar a humanidade da crença insensata em diversos deuses. Como os espíritos em evolução na Terra desprezaram a mensagem amorosa de Akhenaton, este é o momento da transformação pela dor...

A bela mentora manteve-se em silêncio alguns instantes, enquanto acompanhava o movimento sublime das águas na pequena cascata. Após certificar-se de que eu estava lúcido e absorvia a sua mensagem, ela então continuou:

— Mas acredito que antes do uso da força, sempre devemos tentar utilizar as ferramentas sublimes do amor e da compreensão. Creio que assim agirá o enviado de Deus durante todo o período de transformação do povo de Israel em uma nação nobre, digna e temente ao Criador.

Lembra-te, meu amigo, Moisés precisará do teu auxílio, pois as almas menos nobres tentarão conspirar contra o seu libertador. Tal qual serpentes à espreita, os espíritos das trevas estimularão o desejo de poder, cobiça e inveja entre os incautos, transformando-os em perigosas ameaças ao glorioso projeto divino. Mais do que nunca deverás lutar para que a tribo de Issacar e teus demais irmãos sejam fiéis ao grande profeta, porque só assim Israel tornar-se-á a grande nação onde irá encarnar o Mais Alto Emissário de Deus, trazendo a mensagem de luz que deverá ser seguida por um número sem fim de irmãos.

Ise afagou o meu rosto e me perguntou, com ternura:

— Compreendes o que te digo?

Concordei com o olhar, apesar de não ter conseguido captar a mensagem em toda a sua amplitude, pois o cordão prateado que ligava meu espírito ao corpo físico embotava a minha sensibilidade espiritual. Ainda assim, lembrei-me vagamente dos preparativos para a atual encarnação, em que todos esses pontos haviam sido repassados a exaustão, prevendo-se até mesmo as dificuldades naturais oriundas dos bloqueios mentais causados pela acomodação do espírito imortal na máquina física que nos serve de instrumento para evoluir no plano material.

Ela compreendeu que não podia exigir muito de mim e prosseguiu, como se falasse a uma criança de cinco anos:

— Meu companheiro de muitas jornadas, procura aproximar-te ainda mais de Henok, pois ele é o nosso querido mentor Ramósis, em nova roupagem física, assim como não és mais Radamés, e sim Natanael. Junto ao nobre sábio da tribo de Levi, iluminarás o teu espírito para que contribuas com melhores resultados ao augusto plano das altas esferas espirituais de nosso planeta. Talvez, aos teus olhos físicos, a luta pela libertação de Israel e a futura fundação de uma nação livre e soberana estejam voltadas exclusivamente para os interesses do teu povo. Mas, na verdade, esse é um acontecimento que norteará a formação espiritual de milhões de irmãos no futuro, promovendo a renovação moral de diversas nações e etnias, e, como já te afirmei, será o terreno fértil onde o Grande Espírito lançará a semente definitiva para a redenção espiritual de nossa humanidade. Guarda, portanto, o que te digo na mente e no coração, pois o sucesso de Moisés será o sucesso espiritual de todos nós. O fracasso dessa missão trará trevas ao horizonte dos homens. Por isso, trabalha com os teus irmãos de ideal para transformar o povo de Israel em uma nação devotada a Deus e unida pela busca dos verdadeiros valores da alma.

Eu compreendia a essência da mensagem da mentora, mas, em alguns pontos, parecia que suas palavras eram confusas e elevadas demais para o entendimento do meu pobre espírito. Uma infinidade de perguntas brotava em minha mente, tal como fazem as sementes da terra bem arada. Fiz menção de expor minhas dúvidas, mas percebi que Ise conversava mentalmente com um espírito de semelhante graduação que possuía uma longa barba grisalha e um olhar sereno, porém penetrante.

Ela voltou-se para mim e disse rapidamente, como se o tempo de nossa entrevista estivesse se esgotando:

— Natanael, lembra-te sempre de que se deve amar e perdoar, e jamais permitas que as forças do mal se instalem como ervas daninhas no jardim do Senhor. Luta com todas as tuas forças para que a mensagem do Deus Único se torne uma lei indestrutível nos corações dos filhos de Israel. E não te esqueças deste mandamento: "Ama a Deus sobre todas as coisas e ao teu próximo como a ti mesmo!".

Num gesto espontâneo, arremessei-me aos braços da mentora e abracei-a com todo o amor do meu coração. E, com os olhos marejados de lágrimas, lhe disse:

— Farei o que me pedes. Farei tudo o que estiver ao meu alcance, porém seria mais fácil se estivesses ao meu lado no palco das lutas humanas... Sinto-me como uma criança que tem dificuldade em compreender a vontade dos pais. Então, peço-te que segures a minha mão e me conduzas por esta complicada estrada da vida.

Ise sorriu e apenas falou:

— Oremos ao Pai! E se for de Sua vontade, em breve estarei junto a ti...

Naquele instante, percebi que eu começava a despertar e que o cordão de prata me tracionava bruscamente de volta ao invólucro material. Então, dois irmãos me conduziram rapidamente ao deserto de Sur, onde o acampamento do povo de Israel fora armado na última noite, e, com a velocidade de um raio, meu espírito encaixou-se pesadamente no corpo físico.

Ainda em transe, percebi que uma criatura aproximava-se rapidamente de minha tenda, e, numa fração de segundo, arrojou-se sobre o meu corpo, lançando-me uma nuvem de areia. Imediatamente saquei a adaga que repousava sempre ao alcance da mão, segurei o invasor pelo manto e encostei a arma na sua garganta.

Com os olhos arregalados e a voz trêmula, o intruso então me disse:

— Tio, não me mates! Sou eu... Benjamim...

Ao ver que era o filho mais novo de uma de minhas irmãs, arremessei-o com um empurrão, e ele caiu sobre uma pilha de mantos de lã que estava disposta no canto oposto da tenda.

Sacudi a cabeça, tentando ordenar os pensamentos, e perguntei-lhe, com irritação:

— Queres morrer, Benjamim? Como entras dessa forma enquanto durmo? Um segundo a mais de hesitação e eu teria atravessado a adaga em teu pescoço!

O menino, muito assustado, esfregou as mãos e falou:

— Desculpa-me por agir assim! É que está acontecendo uma revolta contra o nosso libertador. Aiezer e outros líderes de nosso povo pediram que eu viesse te chamar. Algumas pessoas querem apedrejar Mosheh.

Embora fizesse apenas seis dias que havíamos atravessado o mar dos Juncos, o povo já tinha consumido todos os recursos que levávamos na viagem, contrariando as orientações de Moisés. A água, que deveria ser racionada, era usada pelos mais comodistas para banhar-se, principalmente por aqueles que viviam próximo do faraó e desejavam continuar usufruindo de regalias inconcebíveis numa travessia pelo deserto. Essas pessoas compravam cantis de água dos mais pobres, oferecendo-lhes moedas de ouro. O resultado foi que, em poucos dias, antes que percebêssemos, muitas famílias estavam sem água e com reduzida quota de alimentos.

Durante a noite, os animais levados para nos alimentar durante o percurso eram sacrificados e assados pelos componentes dos agrupamentos que se posicionavam mais distante do grupo principal. Sentíamos apenas o cheiro da carne vindo da periferia e as cantorias típicas de comemorações. Era difícil administrar mais de cinquenta mil pessoas numa caminhada desordenada pelo deserto. A mentalidade imediatista e a cobiça desmedida da multidão não antevia a necessidade eminente de poupar recursos.

Vesti-me rapidamente e saí da tenda com um olhar sonolento. O Sol já havia nascido fazia algumas horas. Então pensei: "Como fui dormir até esta hora?". Logo me lembrei do enigmático sonho. Certamente eu tinha estado durante o sono no reino dos imortais. Meditei por um momento; estendi a mão para Benjamim e disse-lhe:

— Vem, vamos ver o que esses cabeças-duras estão querendo fazer contra nosso líder!

Benjamim sorriu e pendurou-se em mim. Eu sorri e falei:

— Já estás muito grande para isso! Dá-me aqui a tua mão e caminha com as tuas próprias pernas!

Ele assentiu com a cabeça e respondeu:

— Natanael, quando eu crescer quero ser um grande guerreiro, como tu!

Olhei para o fedelho e disse-lhe, com convicção:

— Benjamim, as guerras não tornam ninguém grande.

Mas ele discordou, dizendo com sua voz infantil:

— Se não fossem os guerreiros de nosso povo, ainda seríamos escravos do faraó.

— E consideras Moisés um guerreiro? — perguntei.

Ele pensou um pouco e respondeu:

— Não. Moisés é a voz de Yahwéh.

Concordei com a sábia resposta de Benjamim e observei:

— Exatamente! Na verdade, foi o poder de Deus que nos libertou. Portanto, antes de desejar ser um guerreiro, é melhor optares por ser um profeta de Yahwéh, pois é Nele que reside a maior força.

E com um gesto discreto, como se desejasse confidenciar algo ao menino, me abaixei e o aproximei de meus lábios para falar-lhe ao ouvido:

— Benjamim, vou te confessar uma coisa. Em meu íntimo, desejo ser como Mosheh. Quero ter o poder de cativar as pessoas e ensinar-lhes o caminho do amor a Deus e do respeito aos nossos semelhantes.

O menino pensou e, de uma forma bem espontânea, disse com um largo sorriso no rosto:

— Tio, também quero ser como o nosso libertador.

— Sábia escolha! — respondi. — A guerra só traz mortes; a palavra de Deus nos conduz à vida.

Benjamim não deu muita atenção às minhas palavras; preferiu brincar de pendurar-se em meu braço. À medida que caminhávamos, ele falava algumas coisas sem importância, às quais eu concordava, enquanto minha mente vagava perdida em outros pensamentos. Nesse ínterim, tentei recordar o sonho misterioso com aquele belo anjo e lembrei-me de algumas de suas palavras. Sim, era necessário apoiar Moisés e dar sustentação à sua liderança; sem ele, rapidamente nos tornaríamos tribos rivais e a nação de Israel se dissiparia, perdendo a identidade, como as diversas tribos de beduínos do deserto.

Porém, não me prendi muito a esses pensamentos, pois durante o percurso passei a observar as famílias acampadas naquela extensão de terra que se perdia de vista. A cada tenda que cruzávamos, só ouvíamos lamentações. Nem parecia que aquele povo, dias atrás, tinha sido vítima de uma cruel escravidão. Se as lamúrias fossem oriundas apenas dos abastados, era fácil compreender, mas o que eu via era exatamente aqueles que sofriam açoites e trabalhavam como animais reclamando a falta de água e alimentos. Muitos amaldiçoavam Yahwéh e se agarravam aos seus amuletos egípcios e fenícios, pedindo proteção e bênçãos sem o menor remorso por estar traindo o Deus que lhes libertou da terra de servidão.

Outro fato interessante era a saudade repentina que todos sentiam do Vale do Nilo, principalmente aqueles que nunca tinham posto os pés fora da terra dos faraós. Essa sensação coletiva também se apossou de mim, e, apesar de já ter viajado diversas vezes para outras terras, a idéia de não retornar mais ao Egito causava-me profunda angústia.

Havia um ditado muito comum naquela época que dizia: "Todo aquele que beber um dia das águas do Nilo, jamais se saciará em outras terras". E parecia que essa máxima era a mais pura verdade. Por todo lado, era possível ouvir lamentações sem fim e uma nostalgia desconcertante.

A festa da liberdade, após a travessia do mar dos Juncos, tinha se transformado num doloroso sentimento de perda. As pessoas esqueceram-se rapidamente da escravidão e se lembravam apenas dos aspectos positivos do Egito: a beleza do Vale do Nilo, os gansos recheados com cebola, os suculentos melões, a cerveja, os pães e o clima quente e estável que permitia o uso de pouca roupa, e a opção de banhar-se no Nilo sagrado. Tudo isso resumia o desejo imediato daquela multidão de peregrinos.

O deserto, entretanto, nos surpreendia a todo instante com oscilações de temperatura e desagradáveis tempestades de areia que machucavam as peles mais sensíveis. O clima quente durante o dia e frio à noite, a pesada areia que dificultava a caminhada e a ausência de água, num local ermo, sob sol escaldante, desanimava a todos e fazia que crescessem a cada dia as contínuas lamúrias do povo.

Atravessar aquela região com mercadores experientes era simples, porém conduzir uma multidão de famintos despreparados para a severidade do deserto era certamente uma tarefa que exigia esforço e habilidade incomuns. O caos estava instalado e o responsável, segundo a maioria, era Moisés.

Assim se comportava a turba de almas fúteis, esquecendo-se das bênçãos que havia recebido. As criaturas levianas e sem valores são as primeiras a reclamar os seus direitos, e as últimas a reconhecer os seus deveres para com a comunidade. Em meio a um mar de reclamações, raramente ouvíamos pessoas sinceras sugerindo alternativas ou reconhecendo o esforço de nosso líder.

Naquele instante, pensei: "Precisamos fazer algo, senão a situação se tornará insustentável".

Com Benjamim nos braços, me aproximei do grupo que, aos gritos, acusava Moisés e tomei ciência da gravidade da situação. Vários homens e mulheres seguravam pedras nas mãos e ameaçavam nosso líder, caso ele não solucionasse imediatamente o problema da escassez de água.

Abiram, um dos mais abastados e privilegiados israelitas do Egito, gritava, colérico:

— Onde está o vosso Deus, Mosheh? Ele tirou nosso povo do Egito, onde tínhamos fartura, e agora nos abandona no deserto.

Moisés, que se mantinha sereno, apesar da situação tensa em que se encontrava, respondeu:

— Abiram, eu vejo que não reconheces Yahwéh como o Deus de Israel, pois dizes que ele é "meu", quando deverias dizer que ele é "nosso". Essa tua blasfêmia é pior que as acusações que me fazes. Vou pedir ao Deus Único que perdoe a tua heresia, porque perdeste o equilíbrio e a lucidez. Se assim não fosse, não dirias tais absurdos.

Outros rebeldes cuspiram no chão e disseram, transtornados:

— Os deuses egípcios nunca nos abandonaram sem água e sem alimento. Vede o que faz vosso Deus!

Moisés, ainda imperturbável, respondeu-lhes:

— Lembrai-vos que Yahwéh, o único e verdadeiro deus, foi quem nos libertou da escravidão. A sede e a fome serão saciadas quando o Senhor achar que é o momento adequado. Talvez ainda não o tenha feito para testar a fibra e a dignidade de Seu povo. Ademais, se estamos nesta situação de penúria, é porque não foram seguidas as recomendações de economizar os suprimentos. Ontem éramos escravos que viviam das migalhas dos egípcios; hoje, desejais ser reis em meio ao deserto, bem antes de chegarmos à terra que nosso Deus nos prometeu. Onde está o bom senso dos filhos de Israel? Yahwéh é o deus da justiça! Jamais nos dará bênçãos das quais não sejamos merecedores. Oremos e tenhamos dignidade! Assim, nosso Senhor ouvirá as nossas preces.

Após as palavras de Moisés, a turba ignorante gritou diversos impropérios. Alguns, mais exaltados, diziam:

— Bem que o faraó nos alertou de que este louco nos levaria ao deserto para morrer, tão-somente para saciar o seu desejo insano de fundar um reino para Israel!

Outros gritavam, mais atrás:

— Onde está, Mosheh, o reino de farturas que nos prometestes, se seguíssemos os vossos passos?

Olhei com desdém para aquela gente que já me enojava de forma especial, fazia algum tempo. E, para minha surpresa, encontrei Kermosa gritando como uma louca entre os rebeldes. O sangue me subiu rapidamente à cabeça e por pouco não fui até lá para tirá-la a tapas do meio daquele grupo que certamente seria punido pela ação implacável de nosso Deus Todo-Poderoso.

Nesse momento, alguns rebeldes fizeram menção de apedrejar Moisés. Então, não me contive e lancei um olhar significativo para os demais chefes e colaboradores de nosso líder; ali estavam Josué e alguns homens que se destacaram junto com ele na luta pela nossa liberdade.

Sem pensar duas vezes, saquei minha espada e gritei, com voz austera:

— Calai-vos, insensatos! Mais um gesto de rebeldia e sentireis o peso de nossas espadas!

Simultaneamente, todos os partidários de Moisés sacaram as suas armas, fazendo que um silvo agudo soasse em uníssono. Naasom, chefe da tribo de Judá, então me olhou com desdém e disse, com os olhos crispados de ódio:

— Quem pensas que és para nos afrontar? Ontem eras um dos que mais desfrutavavam do luxo egípcio. Guarda a tua espada, ou morrerás por ela!

Desprezei a ameaça e disse a todos:

— Ouvi, ó Israel! Moisés é a voz de nosso Deus. E ele já

mostrou o seu poder quando nos libertou da casa de servidão. Não posso crer que as vossas mentes já tenham esquecido disso. Para o nosso próprio bem, devemos ter fé no poder de nosso Deus e de Seu profeta na Terra. Caso contrário, seremos nós quem sentiremos o peso da mão severa de Yahwéh.

Respirei alguns segundos para recuperar o fôlego e prossegui, aproveitando o silêncio geral:

— Não temos outro caminho, senão o de servir ao nosso Deus e amá-Lo acima de todas as coisas.

Então, percorri o olhar por todos os presentes e estaquei em Kermosa. Disse-lhes, concluindo as minhas palavras:

— Lutarei com todas as minhas forças para que a Lei de nosso Deus seja seguida pelo povo de Israel. E digo mais: aquele que se negar a aceitá-la deve ser punido com a pena máxima, ou seja, com a perda da própria vida.

Frizei essas últimas palavras com um tom grave e com os olhos vidrados em Kermosa, dando-lhe também um recado pessoal. A multidão protestou indignada, porém Moisés ergueu os braços solicitando silêncio.

Quando o povo se calou, ele nos falou com uma serenidade que lhe era pouco comum:

— Falarei com o nosso Deus e pedirei que Ele nos inspire a encontrar o líquido sagrado neste lugar, até o fim do dia. Peço-vos apenas um pouco de paciência.

A multidão logo se dispersou resmungando e lançando olhares de ameaça, tanto para mim como para os que apoiaram Moisés.

Olhei para Aiezer e percebi a preocupação estampada no rosto dele. A situação estava ficando tensa e preocupante, e Moisés poderia ser morto por aquela multidão de desequilibrados. Era preciso vigiar de perto certos membros de nosso povo.

Conforme narrei em Moisés — o Libetador de Israel, nem todos saíram felizes do Egito. A sucessão de pragas que o profeta lançou sobre o país fez que os hebreus tivessem de fugir do Vale do Nilo para não sofrer pesadas represálias do supersticioso povo egípcio. Muitos israelitas que possuíam riquezas e desfrutavam de uma vida tranquila passaram a nutrir um ódio ferrenho por Moisés.

Depois de uma breve troca de idéias com os amigos, retornei à minha tenda, ao passo que Moisés pôs-se a orar pedindo auxílio à Eterna Potência para solucionar o problema da falta de água. Ao chegar perto da tenda, vi Kermosa abaixada, quase sentada sobre os calcanhares, remexendo as cinzas da fogueira da noite anterior. Aquela cena me pareceu muito engraçada. Tive de me segurar para não rir, pois naquela posição ela mais parecia uma escrava núbia, oriunda do Alto Egito. E talvez fosse exatamente isso que mais a indignava em nossa nova situação.

Os egípcios possuíam um estilo de vida glamoroso que Kermosa apreciava como poucos, e agora ela tinha de viver como uma mendiga do deserto. Acostumada ao conforto, Kermosa não conseguia se conformar com nossa mudança de vida. Lembrei-me então da saudade que sentíavamos do Egito e procurei mensurar o quanto ela estava sofrendo.

Kermosa pensou que eu a recriminaria por sua atitude junto aos rebeldes, minutos antes, mas resolvi relevar porque minhas admoestações pareciam estimulá-la a reagir de forma ainda mais negativa. Haveria outras oportunidades para discutir suas atitudes.

Já na tenda, entreguei-me à meditação, desejando encontrar uma solução para o problema que enfrentávamos, pois um ser humano não vive sem água. A falta de alimento era possível suportar, mas o líquido sagrado era algo imprescindível à nossa sobrevivência. Nossos estoques de alimento também estavam por um fio, e certamente Moisés iria se deparar com os lamentos de fome do povo de Israel, logo que solucionasse o problema da falta de água.

No meio da tarde, abandonei o meu isolamento e fui conversar com um grupo de líderes que ouvia as sensatas e sábias palavras de Henok. Talvez a lucidez e a serenidade daquele grande homem pudessem acalmar os tormentos interiores que corroíam a minha alma.

Intuitivamente, lembrei-me da recomendação de meu anjo tutelar para que eu usufruísse mais da companhia do sábio sacerdote de Israel.

Ao me aproximar do grupo, ouvi a voz tranquila do iluminado mestre:

— Jamais devemos esperar de nosso povo, que foi recém-liberto de um longo período de cativeiro, demonstrações de fibra e honradez. Esse é um trabalho que só conseguiremos realizar com o transcorrer do tempo, formando no seio de nossos irmãos os valores necessários para a construção de uma grande nação. O momento agora exige que perdoemos essas atitudes mesquinhas e tentemos auxiliar Mosheh a controlar os ânimos dessa multidão. Não podemos de forma alguma permitir que os membros mal-intencionados de nosso povo impregnem o coração dos mais simples com informações mentirosas e negativas. Ao contrário, devemos acalmar nosso povo a fim de ganhar tempo até que nosso líder tome uma atitude, o que, evidentemente, não tardará.

Todos ouvíamos atentos as sensatas explicações de Henok; até que resolvi questioná-lo, movido por um impulso incontrolável cuja origem eu não sabia explicar.

— Não creio que se possa fazer algo pelo nosso povo. Infelizmente, me iludi acreditando que Israel era uma nação valorosa e digna. Mal nos libertamos da escravidão e já demonstramos por que vivíamos numa situação desprezível. Creio que o Grande Deus foi muito generoso com o nosso povo, oferecendo-nos uma bênção que não merecíamos.

Fez-se um silêncio geral depois de minhas palavras, e me arrependi por ter dito aquelas duras frases. Mas não havia outra saída; elas estavam atravessadas em minha garganta. Eu precisava desabafar. Felizmente Henok compreendeu isso com a sua sensibilidade incomum e aproveitou-se de meu depoimento, repleto de rancor, para nos motivar.

O sábio mestre me fitou com serenidade, e disse:

— Natanael, sabes qual o motivo por que estás neste mundo, na honrosa posição de líder da tribo de Issacar?

Nem sequer respirei depois dessa pergunta. A inflexão na voz de Henok demonstrava que ele sabia a resposta mais do que qualquer um ali presente, inclusive eu. Percebendo o meu silêncio, ele mesmo respondeu:

— Todos estamos aqui neste mundo com um propósito. Deus, o Criador da vida, não comete enganos. Ele coloca cada um de nós em determinado cenário para exercer um papel específico que compete somente a nós, no teatro da vida. Se os líderes de Israel se comportarem como aqueles a quem criticam, estarão renegando sua missão e desprezando a confiança depositada por nosso Senhor.

Henok manteve-se em tal silêncio que era possível ouvir tão-somente o vento causticante do deserto e o marulhar incessante das ondas do mar, à nossa direita. Depois da breve pausa, ele continuou, de forma vibrante, quebrando a quietude que reinava no ambiente:

— A vida é uma bela oportunidade de crescimento e de conquistas para nossas almas. Por que perdermos tempo com lamentações? Cumpramos a obra que Deus colocou em nossas mãos! Se Ele duvidasse de nossa capacidade, não estaríamos aqui, mas sim nas terras do Egito, vivendo a rotina de servidão de nossos ancestrais.

As colocações de Henok foram crescendo em nossos corações a cada nova palavra. Um sentimento de honra, dignidade e, principalmente, de utilidade tomou conta de todo o grupo.

Em seguida, ele caminhou entre nós, com o seu manto esvoaçando sob a ação impiedosa do vento, e nos falou, mirando-nos com seus profundos olhos negros:

— Talvez estejamos sendo protagonistas de uma das mais importantes transformações espirituais da humanidade. Não se trata apenas de obter a liberdade do corpo, mas também a liberdade da alma. Se ouvirmos a voz de Yahwéh, Israel se tornará uma nação especial, muito diferente de todas as outras. Se formos dignos de nosso Deus, seremos um modelo para todas as gerações e povos do futuro, por toda a eternidade. Não ficaremos conhecidos por vencer batalhas com armas humanas; conquistaremos a glória pelo exemplo de nossa fé em Yahwéh e mostraremos ao mundo o poder do verdadeiro deus que valoriza a dignidade e a virtude de Seus filhos.

Ao final dessas palavras, todos gritamos vivas ao nosso Deus e modificamos completamente o nosso estado de espírito.

Henok, então, dirigiu-se a mim nestes termos:

— Não te esqueças, Natanael! Tu não estás aqui por acaso. Cumpre o teu destino e serás instrumento da vontade de Deus.

Agradeci o ensinamento com um sincero gesto de cabeça, demonstrando minha submissão à sabedoria daquele grande mestre. Enquanto isso, o povo começou a dirigir-se para o sopé de um monte perto do acampamento. Lá estava Moisés, que havia abandonado há poucos minutos o seu estado de meditação e oração.

Em silêncio, ele andava de um lado para o outro, como se estivesse procurando algo, desprezando a presença de todos ao seu redor. Em seguida, quebrou dois pequenos galhos, segurou um em cada mão, posicionando-os lado a lado, de forma paralela, e caminhou lentamente por uma área que parecia já conhecer.

Todos que estavam acostumados a viajar pelo deserto conheciam aquele método para identificar a presença de lençóis freáticos. Até mesmo no Egito, os agricultores se utilizavam desse recurso para irrigar as regiões mais distantes das margens do Nilo.

A quantidade de água necessária para suprir a todos foi o que causou maior expectativa entre os que acompanhavam o profeta de Deus, com olhar apreensivo. Moisés teria de encontrar um poço com água suficiente para saciar a sede daquela multidão.

Depois de longos minutos, as varas que Moisés segurava se cruzaram de forma significativa, impressionando aqueles que o cercavam. Ele parou alguns instantes, olhou para o céu, possivelmente pedindo auxílio divino, e, por fim, falou a um grupo de homens que seguravam, ansiosos, pás que eram utilizadas nos canteiros de obras do faraó:

— Cavai aqui!

Mais uma vez, o silêncio foi absoluto. Ouvíamos apenas o barulho seco das pás cravando fundo na areia e depois sendo lançadas adiante para abrir o poço. Longos minutos se passaram, até que os pés dos escavadores subitamente ficaram encobertos pela água. Os trabalhadores abriram um largo sorriso no rosto, demonstrando a ausência de dentes.

Logo, um burburinho percorreu a multidão, que rompeu o silêncio com gritos exultantes de alegria. Um homem menos paciente jogou-se no fundo do poço e começou a beber o líquido sagrado com voracidade; mas, no segundo gole, ele cuspiu a água e gritou, irritado:

— Mas que maldição! Esta água é amarga.

Ao ouvir essas palavras, o povo protestou de forma veemente, enquanto Moisés apenas manteve-se em silêncio, com um olhar triste. Ele sabia que as águas de um lençol freático próximo do mar provavelmente estariam salgadas; mas resolveu aguardar a atitude do povo.

Depois de mil impropérios, o profeta falou com serenidade, porém em tom severo:

— Já vos disse, povo ingrato, que Yahwéh protege quem O ama e pune com rigor aqueles que O traem. Essas águas estão amargas porque são as lágrimas do Senhor, que se entristece ao ver o Seu povo escolhido portar-se com tamanha mediocridade.

A multidão sedenta então lamentou e pediu perdão ao Grande Deus. Já os descrentes, indignaram-se com a tática de Moisés e ameaçaram agredi-lo. Só que dessa vez ele foi protegido pelo povo simples, que via em nosso líder o único capaz de aplacar a ira de Yahwéh.

Depois de muitas lamúrias e pedidos de perdão a Deus, Moisés disse a todos, empunhando na mão a solução para purificar a água:

— Filhos de Israel, procurai na vegetação estes arbustos e retirai a casca, para que seja colocada num pote com a água amarga. O Senhor então vos perdoará e purificará a água em alguns minutos, demonstrando Sua infinita misericórdia para com o Seu povo escolhido.

Em instantes, todos correram desesperados em busca do arbusto indicado por Moisés, inclusive aqueles que se mantinham céticos quanto à receita capaz de purificar o líquido essencial à vida. Meia hora de molho na água foi o suficiente para que a tornasse potável. É verdade que estava ainda um pouco salobra, mas já podia ser consumida sem maiores problemas.

Posteriormente, os israelitas deram àquele lugar o nome de Mara, não só porque as águas ali eram amargas, mas também por causa da intolerância e dos murmúrios de Israel contra o seu Deus.

Depois de algumas horas, quando todos já tinham saciado a sede, um novo grupo de rebeldes, liderados por Edom, da tribo de Gade, aproximou-se e perguntou a Moisés, demons-

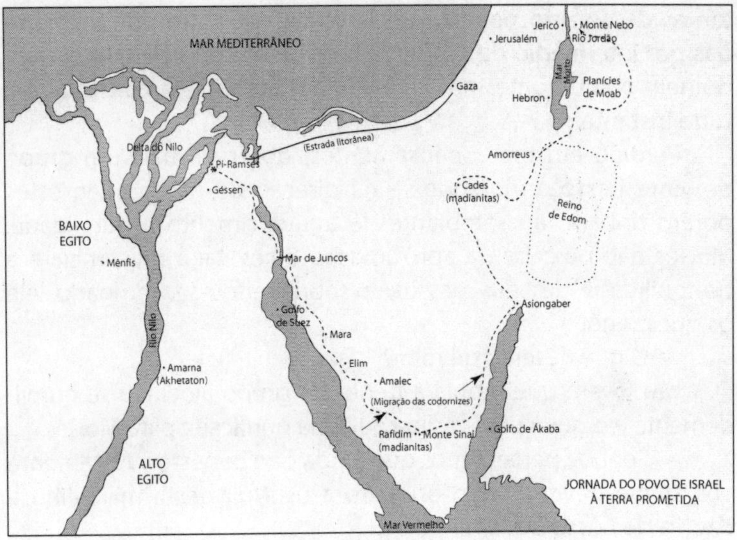

trando irritação no tom de voz:

— E quanto à comida? Quando teremos carne e pão? Nossas reservas acabaram desde ontem.

O profeta de Israel sorriu, num misto de indignação e ironia, manteve-se em silêncio por instantes e depois, sacudindo a cabeça, respondeu irritado:

— Vós não possuís fé em Deus, nem mesmo vos envergonhais de exigir mais e mais, como se nosso Senhor fosse vosso servo. Por que não fazeis algo para merecer as dádivas que almejais?

O grupo fez menção de se justificar, mas Moisés ergueu a mão, pedindo silêncio.

— Não temais! Amanhã, ao nascer do Sol, nosso Deus nos proverá.

As pessoas se afastaram, incrédulas, murmurando palavras de desconfiança. Nosso líder virou as costas e pareceu meditar, olhando para o céu. As expressões faciais de Moisés, ao sabor do vento incessante, pareciam dizer: "Ó meu Deus, por que me destes para conduzir este povo fraco e sem valores?".

Enquanto bebíamos a nossa água purificada, fiquei meditando sobre aquela situação insólita e incompreensiva. Por que nosso povo demonstrava-se tão sem valor, mesmo depois de tantas demonstrações da "presença divina" entre nós, viabilizadas por intermédio de Moisés? Era evidente que ele não era um homem comum; mesmo assim, sua liderança era contestada a todo instante.

Perdido em meus pensamentos, observei mais um grupo de vinte pessoas dirigindo-se na direção de nosso líder; estes porém tinham um semblante de agradecimento e humildade. Moisés não percebeu a aproximação deles, tal a reverência e a tranquilidade de seus passos, e sobressaltou-se. Intrigado, ele os questionou:

— O que desejais de mim?

Um jovem que seguia à frente do grupo ajoelhou-se humildemente e ergueu uma vasilha de água purificada para Moisés.

— Senhor, percebemos que ainda não bebestes. Justamente vós, quem deveria ser o primeiro a usufruir desta maravilhosa dádiva de nosso Deus!

Os olhos de Moisés se encheram de lágrimas, diante daquela situação inesperada. Ele olhou para todos com um gesto de agradecimento e falou-lhes:

— São filhos de Israel, como vós, que me fazem crer na glória de nosso povo e no amparo de nosso Deus. A dignidade e os bons valores ainda possuem raízes no meio de nossa gente. Só descansarei quando toda Israel tiver fortificado as suas raízes e os seus galhos produzirem belos frutos, que representam os valores divinos. Nosso povo tornar-se-á digno, valoroso e honrará tão-somente ao verdadeiro e único deus.

Depois dessas palavras, Moisés tomou a tigela de água das mãos do humilde rapaz e bebeu o líquido sagrado, agradecendo a todos com um significativo olhar. Por fim, devolveu o pote vazio e disse-lhes com as mãos estendidas:

— Que Deus abençoe a todos vós, por vossa fé e vosso amor!

Em seguida, dirigiu-se à sua tenda para repousar. O dia tinha sido muito desgastante, repleto de intensas emoções.

Henok aproximou-se de mim e disse, com imensa serenidade:

— Natanael, as almas valorosas são humildes e discretas, ao contrário das rebeldes que conseguem, em pequeno número, irradiar o seu desequilíbrio entre todo o povo. Tem a certeza de que dentre essa multidão encontram-se milhares de espíritos silenciosos que demonstram, a cada passo, dignidade e honradez, bem diferente de alguns poucos que não lutam para libertar-se de seus caprichos e privilégios injustificáveis. Ademais, lapidar almas para que se tornem belas safiras é um trabalho muito lento. Temos de ter paciência e determinação, pois chegará o dia em que todos se libertarão do mundo das ilusões e alcançarão a luz. Essa é a vontade de Yahwéh!

A caminho do oásis de Elim 2

Na manhã seguinte, o dia estava mais tranquilo. O vento diminuiu e a temperatura tornou-se mais amena. Mal o Sol havia raiado, e uma multidão já aguardava à frente da tenda de Moisés, ansiosa para que ele acordasse e cumprisse o prometido no dia anterior, ou seja, que intercedesse junto ao Grande Deus para obter comida.

Moisés levantou-se devagar e percebeu que o sonho que tivera durante a noite, em que se viu ao lado da esposa Séfora, com os dois filhos nos braços, havia sido apenas um momento de trégua naquela gigantesca batalha para transformar Israel numa grande nação. Então, colocou as mãos na cintura, contemplou aquele círculo humano que acompanhava os seus menores movimentos, e, após meditar por breves minutos, disse aos que o rodeavam:

— Vede essas tamargueiras! Pois bem, esse relevo branco nos troncos das árvores é comestível. Raspai-o do caule e vereis que nosso Senhor opera maravilhas para salvar os Seus filhos da fome durante a jornada à Terra Prometida!

Alguns homens aproximaram-se das árvores e, ao tocar naquela estranha substância grudada ao tronco, perguntaram:

— O que é isso?

Como essa mesma pergunta, cuja pronúncia em hebraico é man-hu, foi feita inúmeras vezes por todos os curiosos, o alimento sagrado passou a ser conhecido como "maná".

Logo muitas pessoas começaram a experimentar o maná, e comentavam ansiosas:

— Como é saboroso! Parece pão cru adocicado com mel. Podemos cozê-lo?

— Sim — respondeu Moisés. — E ficará ainda mais saboroso!

Mas os eternos insatisfeitos não deixaram de reclamar:

— É estranho! Gruda nos dentes!

Moisés desprezou os comentários e, em pouco tempo, as famílias de Israel rasparam as tamargueiras que rodeavam o acampamento, propiciando a todos um consistente alimento para prosseguir a árdua caminhada.

Algumas famílias desejavam reservar um estoque para o dia seguinte, mas Moisés os proibiu:

— Comei tudo agora, porque com o calor do dia o pão que o Senhor nos oferece se tornará propício à proliferação de vermes. Amanhã encontraremos outras tamargueiras pelo caminho. Ficai tranquilos!

— E se amanhã não encontrarmos mais? — perguntou uma mulher angustiada.

— Tende fé em nosso Deus! Sem Ele ainda seríamos escravos no Egito.

A mulher calou-se e saiu cabisbaixa, sem nada mais dizer.

Em verdade, o maná é apenas uma secreção resinosa típica de árvores do deserto, principalmente da tamargueira, produzida quando estas são atacadas por um tipo de pulgão típico da região do Sinai. Ainda hoje, os beduínos comem o maná que é encontrado nos arbustos dessa região.

Assim, quando todos pareciam conformados e satisfeitos, um outro grupo, da tribo de Dã, aproximou-se e inquiriu nosso líder:

— E quando teremos carne? Só pão não basta!

Moisés mirou-os com um olhar cansado, como quem desejasse virar as costas e retirar-se da presença daquelas pessoas que só tinham vocação para se lamuriar. Aquela constante dependência sugava as forças e a paciência do profeta. Com um tom de voz mais intenso, demonstrando irritação, ele respondeu:

— Somos mais de cinquenta mil pessoas. De onde tiraremos animais para alimentar a todos? Vistes o que aconteceu com os poucos animais que trouxemos do Egito. Eles não foram suficientes nem para um dia. Se quizereis carne, pesqueis peixes no mar, onde podereis encontrar alimento em abundância.

Um dos homens olhou para Moisés com desânimo e observou:

— Pensei que nosso Deus nos proveria.

Moisés então sorriu.

— Meu irmão, precisas rever os teus conceitos sobre a Providência Divina. Deus nos ampara alimentando-nos com novas forças e inspirando-nos a ter criatividade para que possamos vencer os obstáculos da vida, e não nos engordando como se faz a um rebanho preguiçoso. Levanta-te daí, homem, e vai fazer uma rede para pescar! Na pior das hipóteses, arranjarás alimento para ti e para os teus familiares, aliviando as nossas dificuldades. Faze alguma coisa por aqueles que não possuem a tua saúde para tais iniciativas!

Moisés resmungou algumas outras palavras incompreensíveis e prosseguiu, indignado, falando a todos ao seu redor:

— Se ficardes vos lamuriando, como sobreviveremos neste maldito deserto? Preciso de homens valorosos que me tragam soluções para amparar as mulheres, os velhos e as crianças. Chega de recorrerdes a mim com problemas! Buscai vós mesmos as soluções! Utilizai as vossas cabeças para encontrar respostas!

E, sem dar mais oportunidade a novas argumentações, ergueu os braços e gritou:

— Israel, levantai acampamento! Precisamos prosseguir nossa jornada!

— Por que a pressa? — perguntou um ancião com o rosto cansado. — Já não estamos livres do faraó?

O libertador olhou para trás e depois respondeu:

— Nunca é demais prevenir. Além disso, quanto mais rápido chegarmos ao oásis de Elim, menor será a nossa privação de água pura e alimentos.

Todos concordaram que era necessário livrarem-se daquele estado de penúria. Josué então começou a percorrer a cavalo o extenso acampamento, determinando às famílias que desmontassem as suas tendas para que seguíssemos viagem imediatamente.

Entrei em minha tenda e fui auxiliar Kermosa nos preparativos. Ela estava com o semblante fechado e atirava os nossos pertences dentro de uma arca, empilhando-os a contragosto. Irritada com o meu silêncio, disse em tom sereno, mas carregado de rancor:

— Tu não me amas mesmo, Natanael? Vê o que me fazes passar! Esta vida de peregrino não foi feita para mim.

Kermosa balançou os cabelos de um lado ao outro e, demonstrando tristeza, colocou as mãos no rosto para reter as lágrimas. Em seguida, abandonou os afazeres e aproximou-se de mim. Após alguns instantes de hesitação, prosseguiu, colocando levemente a mão em meu ombro:

— Nasci para brilhar na realeza, e não para me empoeirar entre esses mendigos e morar sob tendas de pele de cabra. Vamos voltar para o Egito! Logo estaremos numa posição de destaque na sociedade. És inteligente, não faltarão oportunidades para recuperar a vida confortável e feliz que tínhamos no passado.

Parei de desprender as amarras da barraca e meditei um instante, com o rosto apoiado sobre os antebraços. Analisei aquelas horríveis rajadas de vento que arremessavam a areia do deserto contra as nossas pernas, braços e rostos, machucando-nos sem piedade. Pensei nas oscilações de temperatura, nas privações de água e comida, que pareciam ser apenas o início de todo o desconforto e sofrimento que ainda nos esperava, sem contar os perigos típicos do deserto.

Kermosa aguardava silenciosamente as minhas palavras, esfregando as mãos de tanta ansiedade. Eu lhe disse, com total serenidade:

— Não há mais como voltar, Kermosa! Aceita essa realidade. Esquece o passado e vamos construir um novo futuro! O período no deserto será curto, eu te prometo. Logo estaremos na Terra Prometida e numa situação social bem confortável. Na condição de líder da tribo de Issacar, terei grande poder e influência ao lado de nosso líder. Já te falei sobre isso diversas vezes. Se me apoiares, seremos felizes; caso contrário, estarás me humilhando diariamente perante nosso povo. E isso, não permitirei! Se continuares a afrontar Moisés, nossa nação verá que não estamos unidos, e não sei quanto tempo ele irá tolerar as tuas loucuras.

Kermosa virou-se e continuou a arrumar as nossas coisas, com lágrimas silenciosas escorrendo pelo rosto, as quais procurava enxugar com a barra do manto.

Em pouco menos de uma hora, o maior deslocamento humano da Antiguidade retomou o seu caminho. A passos lentos, o povo de Israel prosseguiu sua jornada sob um sol escaldante. Os viajantes que cruzavam nosso caminho olhavam assombrados para aquela gigantesca caravana, sem recursos alimentares, em estado de penúria, apesar de estar carregando ouro e prata dignos de reis.

Moisés desejava chegar logo ao oásis de Elim para comprar alimentos e o direito de uso das fontes dos habitantes daquele povoado. Certamente, eles não negariam as preciosidades que carregávamos, algumas vindas do palácio do próprio faraó.

Nossa situação era bem curiosa. Estávamos ricos, porém era quase impossível encontrar no deserto alimentos para saciar aquela multidão. O pouco que obtínhamos era imediatamente dirigido às crianças e mulheres. Os velhos eram colocados em segundo plano e passavam por uma dolorosa privação. Não tínhamos alternativas, pois precisávamos investir nas gerações futuras, mesmo que ao preço da morte dos anciãos mais fracos. Essa situação terminou desencadeando muitas revoltas.

Nos dias seguintes à nossa expedição, vários idosos não resistiram ao rigor da caminhada. O problema se agravou quando o patriarca do clã de Zebulom, que se chamava Helom, morreu vítima de desidratação. Então, os membros de sua tribo voltaram-se contra Moisés, furiosos, ameaçando-o com o dedo em riste, o que causou novamente uma forte tensão. Ainda bem que tínhamos poucas armas nessa época, e estas estavam nas mãos do grupo coordenado por Josué; caso contrário, algumas mortes teriam sido inevitáveis, pois chegamos a presenciar perigosas cenas de pugilato.

Moisés, mais uma vez, teve de intervir com firmeza. Ele falou com segurança aos descendentes do ancião morto, enrijecendo os braços, demonstrando o seu vigor físico, e enrugando a testa para manifestar severidade:

— Vosso pai sempre foi o primeiro a afirmar que era melhor morrer em busca da liberdade do que continuar escravo dos egípcios. Creio que ele, de onde se encontra, ao lado direito de Yahwéh, deve estar envergonhado da atitude de seu clã. Quantas vezes terei de vos dizer que a liberdade tem o seu preço e não temos outro caminho, senão pagá-lo para que nossos descendentes sejam livres e honrados. Não vos iludais, pois outros perderão a vida assim como Helom! Pelo menos estamos morrendo por uma causa justa, e não como um rebanho dócil sob o chicote insensível de nossos algozes.

Com essas palavras, mais uma vez os ânimos arrefeceram-se. Esse tipo de situação estava se tornando uma rotina preocupante. Depois de enterrar Helom nas areias do deserto, prosseguimos em direção a um horizonte árido que muitos suspeitavam não terminar em lugar algum. "Este é um deserto sem fim", cochichavam os mais temerosos.

Naquela mesma noite, como se os problemas não fossem poucos, montamos o acampamento extremamente cansados e acabamos por relaxar na organização defensiva de algumas áreas, deixando sem vigilância o extremo-sul. Por volta das três horas da madrugada, quando todos estavam dormindo um sono pesado, um bando de salteadores invadiu sorrateiramente o lado menos protegido, onde não havia equipes de vigilância.

Concentrávamos as arcas com ouro e prata no centro do acampamento, sob forte vigilância, porém era quase impossível proteger mais de cinquenta mil homens acampados em meio à escuridão do deserto, principalmente nas noites de lua nova, como era o caso. Assim, para evitar que alguém denunciasse a presença dos intrusos, todos os que estavam no caminho foram esfaqueados de forma covarde enquanto dormiam. Graças aos Céus, um menino foi urinar fora da barraca, percebeu a estranha movimentação e imediatamente alertou os pais.

Os gritos de socorro não tardaram a ecoar pelo imenso acampamento, alertando as equipes de segurança. Todos saltamos de nossos leitos e percebemos a agitação frenética no lado sul.

Um mau pressentimento causou-nos um aperto no peito. Quem seria louco o suficiente para assaltar milhares de pessoas? Seria um exército organizado desejando novamente nos escravizar? Ou então os egípcios, que não teriam assimilado a vergonha da derrota no mar dos Juncos?

Vários pensamentos invadiram as nossas mentes, assustadas pela situação repentina e improvável. Mas não havia tempo para pensar. Assim, pulamos no lombo dos cavalos e partimos em disparada em direção à zona do conflito, carregando tocha em uma mão e espada na outra.

A escuridão intensa aturdiu-nos a todos, bem como aos ladrões. A batalha foi mais aos gritos que por contato corporal. A correria tornou-se intensa para todos os lados. Às vezes, vacilávamos para desferir os golpes mortais, pois tínhamos receio de atacar nossos próprios companheiros, tal a dificuldade na escuridão. Então, os golpes eram cegos, pois vislumbrávamos apenas vultos.

Jogamos as tochas no chão e uma fraca iluminação permitiu-nos um ataque mais efetivo. Entretanto, alguns ladrões resolveram fugir levando poucas riquezas e enfraquecendo a sua própria estratégia de ataque. Esse gesto covarde de abandonar os comparsas facilitou a nossa ação, fazendo que vários fossem presos ou executados imediatamente.

Amarramos os braços e as pernas daqueles que conseguimos aprisionar e os levamos à presença de Moisés para que fossem interrogados. Nosso líder, como um verdadeiro general, andava de um lado para o outro, com as mãos cruzadas atrás das costas, avaliando angustiado aquela imprevisível situação. O simples olhar hipnótico do profeta de Deus arrepiava os ladrões. Parecia que eles já conheciam a fama e o poder do libertador de Israel, muitas vezes negligenciados pelos rebeldes de nosso próprio povo.

Moisés percebeu o poder de sua autoridade sobre eles e perguntou:

— Quem sois vós e o que procurais em nosso acampamento?

Os homens, com visíveis tremores nas pernas, responderam assustados:

— Meu senhor, somos apenas míseros ratos do deserto. Sobrevivemos usurpando as riquezas dos peregrinos que atravessam esta região. Quando soubemos da migração dos apirus e das riquezas que levaram do Egito, nos unimos para obter algum proveito.

O homem sacudiu a cabeça, demonstrando arrependimento, e disse ao nosso líder, possivelmente com a intenção de nos agradar e obter clemência:

— Mas agora percebemos que o vosso Deus é inigualável em poder e que o vosso povo é intocável. Deveríamos ter acreditado nos sinais que ocorreram no Egito, antes de vossa fuga. Somos sensatos e agora aprendemos a lição dos Céus. Perdoai a nossa loucura, grande senhor!

Moisés manteve-se pensativo por instantes e depois fitou Henok com um olhar indeciso. Este fez um sutil gesto para que os salteadores fossem libertados.

O profeta de Yahwéh ainda meditou um pouco e, depois de alguma indecisão, disse-lhes:

— Agradecei a Yahwéh, o único e verdadeiro deus, pois o vosso respeito e reconhecimento ao Seu augusto poder angariou a vós a misericórdia divina. Estais livres, mas dizei a todos os habitantes do deserto que os israelitas atravessarão esta região protegidos pelo poder de seu Deus. Se novos ataques ocorrerem, todos os imprudentes serão executados. Agora voltai para as vossas casas, sem cavalos e sem armas, que a partir deste momento são de nossa propriedade!

Os beduínos demonstraram contrariedade por perder a montaria e as armas, contudo resolveram não abusar da sorte. Com o surgir dos primeiros raios de sol, eles sumiram a pé, no horizonte árido.

Depois de solucionar esse problema, vários homens e mulheres de nosso povo vieram reclamar a Moisés:

— Como pudestes libertar esses assassinos? Vede quantos mortos temos em nossas tendas!

— E do que serviria um gesto de vingança? — contestou o profeta. — Acaso isso traria nossos mortos de volta? Que essa tragédia nos sirva de lição para que possamos nos proteger melhor no futuro! Lembrai-vos: a vingança é um sentimento pequeno! Só aceitarei execuções que forem necessárias para a nossa segurança, para manter a ordem em nossa comunidade e para preservar íntegra a devoção ao nosso Deus!

Antes que surgissem novas contestações, o profeta gritou ao povo:

— Ó Israel, colhei o maná e preparai-vos para prosseguir a marcha!

O povo entreolhou-se contrariado; estávamos muito cansados. Além disso, a noite de sono havia sido muito curta, em razão do ataque dos salteadores. Entretanto, ninguém resolveu contestar, pois era muito difícil desafiar a inquebrantável vontade de Moisés, sem contar que todos desejávamos abandonar aquele local que tinha sido cenário de uma noite impiedosa para várias famílias.

Enquanto o povo comia o maná, Moisés chamou Josué e os líderes dos clãs para traçar estratégias defensivas. Com um olhar preocupado, ele nos falou:

— Precisamos aumentar o nosso exército. Eu quero que Josué procure, dentre nosso povo, os jovens que possuem fibra para lutar. Os guerreiros que ele escolher não estarão mais sobre o controle do chefe de sua tribo; responderão somente a mim e a Josué.

Alguns chefes reclamaram porque iriam perder autoridade sobre esses homens; no entanto, essa era a decisão mais correta. Em meio ao burburinho que se formou, o profeta virou-se para Josué e Misael e disse:

— Precisamos de mais armas. O que podemos fazer?

Josué pensou um pouco e respondeu, satisfeito com o seu lampejo de genialidade:

— Podemos fazer lanças com galhos de árvores, e com as nossas facas e espadas que trouxemos do Egito podemos fazer pontas muito afiadas...

— Então, que seja feito! — disse Moisés satisfeito. — Enquanto caminhamos, quero ver teus homens realizando essa tarefa. Deixa a confecção das redes de pesca a cargo das mulheres e dos demais homens. Agora vamos! Temos de aproveitar o dia. Não é prudente ficar muito tempo acampados nesta região.

Um homem triste e sisudo, então falou com rancor:

— Temos de enterrar os nossos mortos, ou preferis que os abandonemos aos abutres sem nem ao menos uma última despedida?

Moisés abaixou a cabeça e, após respirar profundamente, disse com um olhar triste:

— Sim, tens razão, meu amigo! Temos de encaminhar os mortos aos braços de nosso Deus.

O grupo que rodeava o sábio profeta dispersou-se lentamente, como se estivesse carregando um pesado fardo nas costas. Josué foi tomar as providências ordenadas por Moisés, enquanto os líderes de Israel, menos simpáticos a ele, retiraram-se resmungando. Ficaram com o grande profeta somente aqueles que estavam imbuídos pelo mesmo ideal de construção de uma nação livre e devotada ao Grande Deus.

Ao ver que estava entre amigos, Moisés colocou as mãos na cabeça e desabafou:

— Perdoai-me, meu Deus! Não fui digno de proteger o vosso rebanho. Vacilei na proteção do povo que me confiastes, quando deveria estar sempre vigilante. Como não percebi tal perigo?

Percebemos que os olhos do grande profeta ficaram úmidos com a dor que lhe dilacerava a alma. Poucos segundos depois, ele desabou em lágrimas e bradou com uma voz entrecortada:

— Por que, Senhor, não me iluminastes?

Ficamos completamente sem ação. O que dizer? Estávamos acostumados a ver um Moisés sempre forte e destemido. Agora ele se apresentava como um ser humano simples, como nós, com fraquezas e sentimentos contraditórios.

Eu olhei para Aiezer e para os demais líderes. Todos se mantinham em silêncio. Quem ousaria consolar aquele gigante? Abidã, do clã de Benjamim, o mais idoso líder de Israel, aproximou-se do profeta e falou com sua voz afável:

— Mosheh, és o mais valente filho de Israel! Não te punas dessa forma! Talvez essa tragédia faça parte dos planos de nosso Senhor para amadurecer nosso povo. A natureza nos ensina que para a árvore ficar mais forte é necessário que alguns galhos sejam podados...

Moisés ergueu os olhos negros para o venerável ancião e respondeu:

— Abidã, me chamas de valente, porém valente não é aquele que possui coragem para atitudes tresloucadas e impensadas, e sim quem antevê os acontecimentos e lidera o seu povo para o futuro, trazendo-lhe alegria e prosperidade. Viste alegria no rosto de nosso povo? Até agora só ocorreram tragédias.

Todos nos mantivemos em profundo silêncio. E, ao perceber que a voz de Abidã travou, asfixiada pelas lágrimas causadas por uma profunda emoção, Henok aproximou-se de Moisés e abraçou-o com ternura, dizendo-lhe, como se falasse de pai para filho:

— Meu querido filho, Abidã está certo! Nosso Deus, que nos ama infinitamente, está colocando à prova o Seu povo para que conquiste verdadeiros valores. A escravidão, a privação de água e comida e as dores desta longa jornada têm o objetivo de fortalecer a "árvore de Israel" . Dessa forma, as gerações futuras valorizarão a vontade de Deus e se tornarão um exemplo de moral a ser seguido, para que este mundo venha a tornar-se civilizado no porvir. Portanto, continua o teu trabalho com dignidade e honradez, seguindo o caminho da justiça, e certamente o nosso Pai abençoará a tua sublime missão. As tuas lágrimas sinceras demonstram que serás um grande rei para Israel, porque não te preocupas contigo próprio e com os interesses mesquinhos da vida humana, e sim com a vontade soberana do Criador. Legarás à posteridade um reinado de igualdade entre os homens e submissão a uma lei imutável e incorruptível, que é a Suprema Lei de Deus. Tem fé e procura atingir os teus objetivos com determinação, pois chegará o tempo em que o teu trabalho será reconhecido em todas as nações. E as leis que Yahwéh legará ao mundo por teu intermédio conduzirão a humanidade a um novo patamar de civilidade.

As palavras de Henok caíram no coração de Moisés como um bálsamo reconfortador. Ele abraçou sinceramente o sábio da tribo de Levi, e lhe disse:

— Obrigado, meu mestre! O que seria de mim sem o vosso apoio nesta dura etapa de nossa longa jornada?

Em seguida, ele também abraçou Abidã, com lágrimas nos olhos, e virou-se para nós, constrangido pela aparente demonstração de fraqueza. Mas, ao nos ver, ficou surpreso, pois estávamos todos de joelho, profundamente emocionados com a cena que presenciávamos.

O profeta ficou muito feliz ao perceber que éramos maduros o suficiente para compreender que suas lágrimas não significavam fraqueza e sim o imenso amor que um homem honrado abriga no coração, bem como o verdadeiro compromisso com os seus sagrados objetivos.

Moisés nos fez um sinal de agradecimento e depois dirigiu-se para beira-mar. Ao chegar perto das ondas espumantes, ajoelhou-se e sentou sobre os calcanhares, enquanto a brisa beijava-lhe o rosto e balançava docilmente os seus longos cabelos. Assim, recebendo essa sutil demonstração de carinho da natureza, ele fechou os olhos e entregou-se a uma profunda meditação.

Ficamos observando nosso líder de longe, sem dizer uma única palavra; apenas meditávamos sobre a lição inesquecível daquele momento. Compreendemos que Moisés não era um ser divino; era um homem como nós, com suas alegrias e dores, porém com uma pesada responsabilidade sobre os ombros. Então, entendemos que teríamos de auxiliá-lo naquela gigantesca obra, pois eram poucos os que compreendiam a magnitude daquele momento. Aprendemos também que Deus não resolve os problemas para os Seus filhos, inspira-os a encontrar soluções.

Cercados por uma multidão que só sabia exigir os seus direitos, teríamos de demonstrar que mais importante do que nossos problemas pessoais eram os nossos deveres para com a comunidade. Somente por meio desse exemplo conquistaríamos a confiança e o empenho do povo. Era necessário colocarmo-nos sempre em último lugar pelo bem comum.

Enquanto meditávamos, uma menina, a pedido da mãe, aproximou-se de Moisés com uma porção de maná cozido. Ele agradeceu e depois ergueu o alimento sagrado em direção aos Céus, num gesto de reconhecimento ao Ser Supremo. Em seguida, comeu o pão divino, sorrindo para a doce menina e iluminando-a com a força de seu olhar. Ela então ajoelhou-se ao lado do profeta e ambos ficaram em silêncio, observando as ondas do mar, até que o acampamento estivesse pronto para prosseguir a jornada à Terra Prometida.

Em pouco mais de uma hora, todos estavam a postos, aguardando apenas o funeral dos hebreus mortos pelos salteadores. Moisés aproximou-se e expressou sua solidariedade aos familiares. E, ao contrário do que esperávamos, ele foi muito bem recebido pela maioria das famílias. Felizmente o povo começava a compreender que o fato ocorrido na noite anterior tratava-se de uma fatalidade.

Profundamente emocionado, nosso líder percorreu a extensa fila de corpos, abençoando cada filho de Israel. Acompanhamos os seus passos lentamente, protegendo as nossas cabeças do sol forte daquela manhã.

Esporádicas rajadas de vento estalavam os nossos mantos em meio ao silêncio da manhã, intensificando ainda mais o cenário fúnebre. Alguns corpos apresentavam graves feridas na face. Provavelmente tiveram os seus crânios esmagados a pedradas, pois nem todos os ladrões carregavam punhais e espadas.

Aborrecido com aquele cenário tétrico, abaixei a cabeça e fiquei meditando, com o olhar voltado para a fina areia branca que se arrojava aos meus pés, sob a ação implacável do vento. Mas quando estávamos quase terminando a bênção aos mortos, Moisés estacou o passo e manteve um olhar severo sobre uma das vítimas. Então, voltou-se para os familiares do morto e gritou, em tom ríspido:

— Retirai os amuletos, imediatamente!

Nós nos apressamos para ver qual o motivo da ira de Moisés e nos deparamos com uma cena insólita: um dos defuntos, oriundo de uma família muito próxima dos egípcios, estava envolto por bandagens e com amuletos mágicos por todo o corpo, conforme prescrevia os rituais fúnebres do Livro dos mortos, o principal compêndio da religião dos egípcios.

Como ninguém esboçou nenhuma reação, Moisés voltou a falar, com um tom ainda mais severo e um olhar relampejante:

— Retirai os amuletos! Nosso Deus não permite idolatria e culto a outros deuses. Já vos disse que os deuses egípcios não existem e que suas crenças são absurdas! Esses objetos não possuem outro valor para o nosso povo que não seja o monetário. São apenas peças de ouro, e não conduzirão os nossos mortos à outra vida. Somente a sincera submissão a Yahwéh poderá auxiliá-los na transição ao reino espiritual.

O pai do morto, que se chamava Saul, era muito familiarizado com a cultura egípcia e logo protestou com veemência:

— Não podeis nos obrigar a aceitar o vosso Deus. Dizeis

que éramos escravos no Egito, porém me parece que desejais que continuemos sendo neste maldito deserto. Creio em Amon e meu filho será enterrado sobre a proteção da sagrada família de Tebas.

Um silêncio mortal pairou sobre a multidão. Todos aguardávamos com curiosidade a reação de Moisés. Certamente ele não iria ceder, pois seria o fim de sua autoridade.

Longos segundos se seguiram, em que os dois se encararam de forma única. Enfim, Moisés disse-lhe:

— Pois bem, se não desejas ser considerado um israelita temente ao Deus de Abraão, sepulta o teu filho longe dos nossos e segue sozinho pelo deserto, com os teus familiares, pois não fazes mais parte de nosso povo! Não caminharemos com traidores infiltrados em nosso meio.

Saul ficou atônito. Ele não podia imaginar que Moisés teria aquela reação. Caminhar sozinho pelo deserto, sem conhecer o rumo para alguma aldeia, seria morte certa!

O israelita rebelde engoliu em seco e, depois de hesitar, começou a retirar os amuletos, visivelmente contrariado. Quando ia guardar os objetos em seus pertences pessoais, Moisés afrontou-o novamente:

— Dá-me os amuletos! Todos os bens de nosso povo são propriedades de nosso Deus e devem ser utilizados para o bem comum.

E, sacudindo as peças de ouro com a mão, fez um gesto significativo para Saul:

— Com estes malditos símbolos idólatras compraremos água e alimentos em Elim. É só para isso que eles servem!

Saul virou as costas para Moisés e não mais olhou para ele, demonstrando o seu desprezo. Nosso líder, então, dirigiu-se ao centro da imensa fileira de corpos estendidos no chão e orou ao Pai:

> Yahwéh, nosso Senhor, Deus de Israel, amparai o povo que escolhestes e mostrai o caminho que devemos seguir para que sejamos dignos de Vossa proteção. Fazei que venhamos a compreender que somente em Vós encontraremos a força para vencer os entraves desta árdua jornada. Alertai-nos quando pecarmos contra a Vossa vontade e fazei-nos cumprir

tão-somente a Vossa Lei, sem nos entregar a outros cultos e crenças que sejam vazios e distanciados de Vosso supremo amor. Somente Vós sois Deus, único e soberano; portanto pedimos que recebais em Vossos braços estes Vossos filhos queridos que nesta noite perderam a vida, vitimados pela cobiça e ambição dos homens. Estes nossos amados irmãos abandonaram esta nossa caminhada, mas temos certeza absoluta de que eles estão junto a Vós, ó Eterno Criador, caminhando no paraíso, que é o Vosso reino eterno.

Que Assim Seja!

Depois da prece, os corpos foram cobertos com a fina e seca areia do deserto. Em poucas semanas, todos sofreriam um processo natural de mumificação, acarretado pela rápida desidratação, evitando a ação dos microorganismos responsáveis pela decomposição dos elementos orgânicos.

Em silêncio, nos retiramos para os últimos preparativos, antes de reiniciar a jornada. Ao me aproximar da carroça que conduzia os pertences de meu clã, novamente senti aquela imensa saudade do Egito. Um forte aperto no peito fez que os meus olhos umedecessem. Apoiei os cotovelos na carroça e afundei a cabeça nos mantos para esconder a fraqueza. Mas aquele sentimento foi me dominando rapidamente e cheguei a soluçar alguns segundos, como faz uma criança perdida dos pais. Então, ergui a cabeça e respirei fundo três vezes; somente assim me recompus. Depois, olhei para os lados, a fim de verificar se alguém tinha me flagrado naquela situação, e me deparei com o olhar silencioso de Kermosa, que me observava serenamente a alguns metros de distância. Ela se mantinha, em profundo silêncio; somente os seus cabelos balançavam sob a ação selvagem do vento. Naquele instante, Kermosa me pareceu uma estátua impassível dos deuses egípcios.

Com um olhar significativo, demonstrei insatisfação por ter sido flagrado em um momento de fraqueza. Afundei novamente o rosto nos mantos, mas senti um abraço amorável e sincero a me aquecer. Kermosa deitou a cabeça sobre minhas costas e nada disse. Eu também me mantive em silêncio. Depois de alguns instantes, abracei-a e ficamos observando a movimentação frenética do acampamento. Durante esse momento, alternávamos alguns olhares que denunciavam a cumplicidade de nossos sentimentos. Queríamos o Egito de volta, mas isso era impossível.

Passado algum tempo, afastei-a e lhe disse, quase sussurrando:

— Vamos, temos de partir!

Poucas palavras foram trocadas durante a caminhada, naquele dia. Todos marchamos em silêncio, orando para que aquele suplício terminasse logo. O maná e os peixes obtidos na pescaria improvisada não eram suficientes para repor nossas forças, e as "águas de Mara", mesmo filtradas, pareciam não nos saciar. Apesar de levemente hidratados, a salinidade da água intensificava a sensação de sede. Por esse motivo, procurávamos falar pouco para poupar nossas energias.

Moisés estava muito irritado porque a marcha estava mais lenta do que ele esperava. Normalmente as caravanas realizavam aquele mesmo percurso em um terço do tempo. Comerciantes experientes conseguiam cobrir a distância entre a região das águas amargas e o oásis de Elim em um único dia. Nosso atraso nos causava muita penúria e, consequentemente, mais reclamações. Mas a falta de noção do povo era o que mais me espantava. Durante a caminhada, eu ouvia as pessoas comentarem que oravam para que, até o anoitecer, chegássemos à Terra Prometida. Se elas imaginassem quanto tempo ainda levaria para isso acontecer, talvez tivessem enlouquecido.

Resolvi fazer de conta que nada percebia, pois o silêncio era melhor do que aquelas intermináveis lamúrias. Acredito que Moisés sentia-se melhor dessa forma. Percebíamos que ele respirava com mais tranquilidade, aliviando o peso que carregava sobre os ombros.

Contudo, dois dias depois, no final da tarde, um homem de meia-idade, tímido e respeitoso, aproximou-se de nosso líder esforçando-se para conter as lágrimas que lhe escapuliam dos grandes olhos, e disse, com imensa dor no coração:

— Profeta de Deus, amparai o meu filho! Ele está muito fraco e delira, por causa da febre muito alta que não quer ceder.

O homem esfregava as mãos demonstrando ansiedade.

Depois de alguns segundos de hesitação, prosseguiu, dizendo:

— Eu e minha esposa somos muito velhos. Daniel é nosso único filho. Por favor, senhor, salvai-o com a intervenção do Deus de Abraão.

Moisés meditou e respondeu:

— Leva-me até ele!

O homem dirigiu-se ao grupo que marchava mais ao meio da imensa caravana, onde se concentravam os membros da tribo de Naftali. Todos seguimos Moisés, com passos rápidos. Tal agitação espantou a multidão de peregrinos que parou para acompanhar a nossa incomum movimentação.

Logo estávamos ao redor de uma criança, com pouco mais de seis anos, que ardia com intensa febre. Moisés sentou-se no chão e colocou-a no colo, acariciando-lhe o rosto em brasa, por onde escorria copioso suor.

Acompanhamos as mínimas ações de nosso líder, ansiosos, quase que com o coração na mão. Nem ao menos respirávamos, tal nossa expectativa.

Segurando a criança com uma das mãos e impondo a outra sobre sua pequena cabeça, Moisés realizou uma prece silenciosa. Era possível perceber em seus olhos a determinação para que aquela criança sobrevivesse. Todos, então, nos mantivemos em respeitoso silencioso, aguardando que mais uma vez Yahwéh se manifestasse por intermédio de seu inigualável profeta.

Depois de alguns instantes, percebemos que a força vital voltou a se manifestar no corpo da criança, insuflada pelo poder magnético assombroso que emanava das mãos de Moisés — força que se materializava por meio de fagulhas iluminadas. Rapidamente o rosto de Daniel ficou sereno e a respiração, antes opressa, tornou-se regular.

A multidão ficou maravilhada, mas notamos que Moisés ainda continuava preocupado. Ele suspirou alguns instantes e apertou a criança ao peito, embalando-a num gesto que demonstrava intenção de transferir-lhe o máximo de sua vitalidade e energia, mesmo à custa da própria vida.

Ao percebermos a angústia de Moisés, silenciamos novamente. Então ele desabafou, com os olhos inundados de lágrimas, em súplica ao Senhor do Universo:

— Ó meu Senhor, essa pobre criança não suportará mais um dia sequer de caminhada, sem uma dieta mais rica! Os peixes são escassos e o maná carece de riquezas para nutrir as necessidades de um enfermo. Amparai-nos, mais uma vez, para que esse Vosso jovem filho não pereça!

A alma de Moisés parecia estar sendo penetrada por milhares de estiletes, tal a dor que ele demonstrava pela inevitável perda daquela criança, caso não obtivéssemos rapidamente alimento rico em nutrientes.

Ao vermos a gravidade da situação, nos ajoelhamos e oramos a Yahwéh:

— Nosso Senhor, ouvi as nossas preces. Amparai o Vosso povo, ofertando-nos alimento para salvar os nossos filhos!

Nesse momento de intensa emoção, comecei a me sentir em uma outra dimensão e vi, sobrevoando a nossa caravana, seres alados, translúcidos, que nos abençoavam com gestos sublimes. Parecia-me que era possível ouvir cânticos sagrados em louvor a Deus:

— Glória a Deus, nosso Senhor, princípio de todas as coisas, Aquele a quem nada é impossível!

Extasiado com aquela visão, não percebi quando um estranho som surgiu no céu e o povo começou a gritar de alegria:

— Milagre! Milagre! Milagre!

Vinda da direção do mar, uma multidão de aves migratórias, de dorso negro, peito avermelhado e barriga branca, conhecidas popularmente como codornizes, aterrissaram na praia, a poucos metros de nosso povo.

Fatigadas da travessia do mar, as aves não conseguiram esboçar nenhuma reação ao ataque selvagem da multidão esfomeada. Moisés olhou para o céu e disse, com os braços erguidos para o firmamento:

— Obrigado, meu Deus! Muito obrigado por ouvir as nossas preces!

O fenômeno não era tão raro. As aves que migravam da África em direção às terras do Norte, depois de atravessar o golfo de Suez, que deságua no mar Vermelho, necessitavam aterrissar para recuperar as forças, e assim prosseguir viagem. Entretanto, o fenômeno parece ter sido atraído pela prece fervorosa de Moisés, que sempre era ouvido pela Eterna Potência nos momentos mais cruciais de sua missão.

Nosso líder ordenou que armássemos acampamento e preparássemos as fogueiras para cozer as aves. Depois, falou em alto e bom tom:

— Limpai as vísceras das aves e não comei mais do que três, pois as codornizes também se alimentam de plantas que são tóxicas ao homem.

Boa parte do povo, entretanto, não ouviu as determinações de Moisés e comeu muito além de suas necessidades. Enquanto isso, o grande profeta cuidava pessoalmente da refeição do jovem Daniel, limpando algumas aves. A mãe do menino preparou a massa à base de maná para fazer um pão com o peito da ave desfiado, e algumas chicórias encontradas pelo caminho.

Com a graça de Deus, Daniel foi salvo e, em poucos dias, já caminhava com um belo sorriso no rosto. Porém, vários israelitas morreram no dia seguinte vitimados pela gula, ao passo que outros tantos tiveram graves cólicas estomacais porque comeram muitas aves sem ao menos retirar as vísceras.

Essa situação causou novas discussões, pois os israelitas, uma vez alimentados, recobraram o ânimo para protestar. É impressionante como a massa humana possui a memória curta! O povo tinha esquecido as dádivas divinas tão rápido quanto o tempo levado para realizar a sua pesada digestão.

Aos gritos, diziam a Moisés:

— Por que não salvastes os nossos familiares, como fizestes com o pequeno Daniel?

Nosso líder ergueu os braços e respondeu:

— Compreendei, ó Israel, não sou eu quem salva, e sim o nosso Deus. Se Ele, em Sua infinita sabedoria, decidiu que Daniel deveria viver é porque encontrou no menino o merecimento necessário. E, a propósito, os que morreram esta noite foram vítimas da própria gula e desrespeito aos alertas sobre o perigo dessas aves. Todos foram avisados! Por que não cumpriram o determinado?

Os familiares das vítimas se ofenderam com as palavras de Moisés e protestaram:

— Vós vos nomeastes nosso líder, portanto sois responsável por nossa segurança. Ao invés de nos proteger, nos agredis e acusais. Somos milhares de pessoas, achais que todos vos ouviremos neste acampamento imenso?

Moisés sacudiu a cabeça, em sinal de desapontamento.

— Eu sou vosso líder e não admito que vos comporteis como crianças inconsequentes. Onde está vosso amor aos semelhantes? Se sabeis que a minha voz não atinge todo o acampamento, por que não vos empenhais em esclarecer os vossos irmãos, reproduzindo as minhas palavras? Não vos vejo com ocupação alguma, a não ser a de cultivar essa eterna lamúria. Se tivésseis amor no coração, certamente eu veria um maior empenho de todos em me auxiliar, e assim seríamos beneficiados. Será que a escravidão no Egito transformou os filhos de Israel em almas egoístas e insensíveis, que só pensam em seu próprio conforto e bem-estar? Se ouvirdes a minha voz, que reproduz a vontade de nosso Deus, sereis salvos; caso contrário, não tenteis me responsabilizar por vossas loucuras. Agora ide enterrar os vossos mortos, pois precisamos prosseguir nossa jornada!

Inconformadas, as mulheres gritaram enlouquecidas:

— Até onde quereis nos levar? Essa caminhada não tem fim! Estamos cansadas e queremos sossegar em algum canto. Chega desta jornada! Nós queremos ficar aqui!

Moisés riu e, para encerrar a conversa, disse:

— Se ficarmos aqui, certamente morreremos. Não há outro caminho a não ser seguirmos o mais rápido possível. Logo estaremos em Elim e então todos poderemos descansar. Temos de ficar sempre unidos, porque na união de todos os filhos de Israel reside a nossa força. Eu sou o porta-voz de Yahwéh. Ouvi e aceitai as minhas palavras e tudo dará certo! Eu vos prometo.

Alguns dos chefes das tribos protestaram, principalmente Naason e Elizur, que eram os mais rebeldes. O líder da tribo de Judá, então, praguejou:

— Estais desrespeitando a nossa autoridade. As tribos de Israel possuem os seus líderes e a eles devem obediência. Libertastes-nos no Egito, mas parece que desejais nos manter cativos sob vossa autoridade. Não nos submeteremos aos vossos desmandos. O meu clã obedecerá a minha vontade. Se eu desejar partir, ninguém nos impedirá.

Moisés olhou-o com severidade e falou:

— Nosso Senhor nos libertou das mãos do faraó, agora nossos destinos estão atrelados à vontade celestial. Se Ele disser para Israel seguir ou ficar, a Sua vontade soberana não será contestada. Somos uma nação unida e não permitirei que a vaidade de alguns desmembre o povo de Deus. Se desejas impor-te contra a vontade de Yahwéh, serás destituído da chefia da tribo de Judá e imediatamente desterrado. Pensa bem, antes de afrontar a vontade de nosso Senhor!

Naason tentou prolongar a discussão, mas Moisés impôs a sua força mental para calá-lo. O chefe da tribo de Judá começou a suar frio e sentiu que o ar lhe faltava nos pulmões, como se algo obstruísse a sua garganta. Por fim, ele conseguiu apenas sussurrar, sob forte irritação:

— Maldito feiticeiro!

O profeta de Deus desprezou as palavras do chefe rebelde e disse a todos que o observavam:

— Trair a vontade e as determinações de Yahwéh é um crime. A morte será a punição dos que conspirarem contra nosso Senhor.

Preciso lembrar mais uma vez que esses fatos se desenrolaram há mais de um milênio antes da vinda de Jesus, período em que a humanidade ainda estava longe de compreender os nobres conceitos de civilidade que hoje em dia conhecemos, mas que são pouco praticados. Algumas situações mais extremas necessitavam de intervenções enérgicas, mesmo tratando-se de um enviado divino. Só assim as forças do mal não teriam como atuar contra os planos da Alta Espiritualidade da Terra, evitando os funestos fatos ocorridos no reinado de Akhenaton, cem anos antes.

Após esse episódio que acabo de narrar, a jornada prosseguiu, e nos dias seguintes houve novas revoadas de codornizes, que alimentaram a multidão. Estávamos na estação da migração daquelas aves. Só que dessa vez o povo respeitou as determinações de Moisés e somente alguns poucos imprudentes tiveram leve indisposição. Assim, quase dez dias após a saída do Egito, um menino que caminhava mais à frente vislumbrou um ponto mais escuro na imensidão árida do deserto. Ele correu até nós e perguntou:

— Mosheh, vejo um ponto escuro no horizonte. O que é

aquilo?

Nosso líder sorriu e, olhando para todos, respondeu com um tom de voz sereno e um vasto sorriso no rosto:

— Graças ao bom Deus estamos chegando ao oásis de Elim!

Algumas horas depois, o povo ficou muito agitado, pois vislumbrou no horizonte uma região rochosa, onde era possível perceber várias cascatas que derramavam serenamente as suas águas, e dezenas de palmeiras que tornavam o local um paraíso em meio ao inferno das últimas semanas.

A primeira etapa da jornada estava vencida.

Aiezer sacudiu a cabeça e falou, enquanto o seu corpo sacolejava no lombo de um camelo:

— Que Yahwéh seja louvado!

Repetimos a expressão de agradecimento e não demorou muito para a abençoada saudação ecoar pela voz de mais de cinquenta mil pessoas, completamente abatidas pelas privações do deserto.

3 O oásis das setenta palmeiras

Quando chegamos perto do oásis, avistamos um pequeno grupo armado a cavalo, tentando oferecer resistência à nossa caravana. Era possível ver no semblante daqueles jovens um indisfarçável sentimento de pavor. Posso assegurar ao leitor que eles nunca tinham visto um número tão grande de pessoas peregrinando pelo deserto. E, pela posição defensiva em que se encontravam, provavelmente acreditavam que fôssemos um exército invasor.

Para piorar a situação, a ansiedade da multidão para chegar logo ao oásis causou um enorme tumulto pelo caminho. Os gritos desesperados do povo ávido por água assemelhavam-se aos urros de guerra de uma legião sanguinária. Então, tivemos de sacar nossas espadas e contê-los, a muito custo.

Josué jogou o cavalo sobre os mais exaltados e gritou:

— Parai, Israel! Nem mais um passo sem a ordem de nosso líder!

Os mais afoitos se irritaram e empurraram o cavalo de Josué, exigindo passagem. Mais uma vez, Moisés interveio:

— Irmãos, não somos saqueadores! Estamos aqui para comprar água e alimentos. As pessoas deste povoado são amigas, e de maneira nenhuma quero que se sintam ofendidas e ameaçadas, ou que sofram algum prejuízo. Caso essa minha determinação não seja cumprida, a mão pesada de Yahwéh descerá sobre Israel.

Ao ouvir aquela insinuação sobre a punição divina, o povo se acalmou e aguardou as instruções de seu libertador. Em seguida, somente Moisés e os chefes dos clãs cavalgaram até o grupo que aguardava, apreensivo, perto do oásis.

Quando lá chegamos, Moisés e Henok foram imediatamente reconhecidos. Conforme narrei em Moisés — o Libertador de Israel, o profeta de Yahwéh peregrinava por aquelas regiões durante o exílio em Madian e curava os enfermos com o seu fantástico magnetismo. Muitas pessoas dessas localidades ficaram eternamente gratas; o chefe do povoado de Elim era uma delas.

Os habitantes do local respiraram aliviados.

— Mosheh, que bom ver-te! Mas que multidão é essa que te segue? Pensávamos que eram guerreiros prontos para um ataque.

Moisés sorriu.

— Este é o povo que El Shaddai[1] escolheu para divulgar as suas leis ao mundo. Eu os libertei do Egito para conduzi-los a Canaã, onde fundaremos uma nova nação temente ao Grande Deus.

Os povos árabes eram politeístas como os egípcios, mas acreditavam no poder do deus da montanha, divindade cujo culto era estimulado por Jetro, sogro de Moisés, que tentava fazer que os árabes migrassem para a crença monoteísta. O poder soberano estava centralizado nesse deus que habitava o monte Horeb, na península do Sinai, e falava com o povo por meio de seus raios, entre as nuvens, no alto da gloriosa montanha.

Um deles sorriu aliviado e falou:

— Então tua caminhada será longa. Mas vem, meu amigo, nosso chefe gostará muito de rever-te. O filho de Ali continua com saúde desde que impuseste tuas abençoadas mãos sobre a ferida que não cicatrizava em seu peito.

— Fico feliz por ter ajudado! — disse Moisés sorridente.

Em seguida, ele virou-se para nós, chefes dos clãs, dizendo:

— Voltai para junto de nosso povo e aguardai as minhas ordens! Montaremos o acampamento a trezentos metros das fontes, assim que eu obtiver autorização para isso. E que nin-

1 El Shaddai — O deus da montanha.

guém se aproxime das águas! Eu e Henok iremos negociar o uso das fontes e a compra de alimentos.

Aarão, o meio-irmão de Moisés, demonstrou contrariedade e irritação, porque mais uma vez havia sido colocado de lado. Quanto a nós, fizemos um sinal com a cabeça, concordando com as determinações de nosso líder, e voltamos a galope para junto de nosso povo, que aguardava ansioso por novidades.

Enquanto isso, Moisés e Henok seguiram em direção a uma grande tenda, na região central do oásis. Lá, nosso líder se deparou com um homem muito gordo que alisava a vasta barba negra. Era Ali, o chefe da comunidade. Os dois então se abraçaram com respeito, e o chefe do oásis perguntou:

— O que fazeis por aqui, amigos? Ainda mais conduzindo essa manada de homens. Tenho de confessar que ficamos muito assustados com a aproximação de vossa caravana.

Moisés sorriu, meio sem jeito, e respondeu:

— Ali, libertei os apirus do Egito. Estamos viajando para o monte Horeb. Vou buscar minha esposa e meus filhos, que estão com Jetro. Depois, partiremos para o Norte, em direção a Canaã.

Ali fez um gesto de concordância.Vários viajantes já o haviam alertado sobre a fuga dos apirus. Não foram poucos os que afirmavam que a caravana de Moisés era interminável, e que quem parasse para acompanhá-la pela manhã não veria o seu fim antes do anoitecer. Porém, em nenhum momento, ele acreditou que fossem tantos homens, pois os peregrinos do deserto geralmente exageravam em suas histórias, perdendo por isso a credibilidade.

O chefe do oásis de Elim alisou novamente a barba por alguns instantes, e perguntou com um olhar de curiosidade:

— E o que desejais de nós? Por que estais aqui?

Moisés olhou para Henok, que mantinha-se em silêncio com os braços cruzados sobre o peito, e então respondeu, com todo o tato possível:

— Querido amigo Ali, temos um grave problema! Não há como atravessar toda esta multidão pelo deserto com os escassos recursos que essa região hostil nos oferece. Precisamos de água e alimentos. Além disso, necessitamos repousar alguns dias, pois estamos exaustos. Estamos aqui justamente para pedir-te que nos vendas o uso das fontes e todas as reservas alimentares que possuis. E creio que ainda não serão suficientes para saciar a multidão que nos acompanha.

Ali ficou espantado com o que acabara de ouvir e, demonstrando forte agitação interior, respondeu a Moisés:

— Vejo que perdeste a razão, meu amigo! Sei que te devo a cura de meu filho, mas o que me pedes é impossível. Queres que eu esgote todos os nossos recursos para atender o vosso povo. Mas isso nos causaria terríveis privações.

Moisés concordou com um gesto, e falou:

— Nobre amigo, pagaremos por esse favor com riquezas inimagináveis. Temos conosco peças de ouro do palácio do faraó. Podemos oferecer-te o cetro do próprio Ramsés, que foi usurpado de sua tumba por um guarda da necrópole real. Ele nos ofereceu a peça em troca da cura de um familiar que foi contaminado pela peste que assolou a terra dos faraós, antes de nossa partida.

Ali ergueu-se com dificuldade, em razão do seu excessivo peso, e andou de um lado ao outro da ampla tenda, meditando sobre a proposta de Moisés. Alguns minutos depois, ele falou com o dedo indicador sobre os lábios:

— Lamento, mas é impossível! Não posso expor o meu povo a tal situação. Temos muitas mulheres grávidas que necessitam de boa alimentação. Ademais, o ouro e a prata não são importantes para camponeses como nós. Eu gostaria de pedir-te que sigas viagem com o teu povo o mais breve possível.

Moisés manteve-se em silêncio por algum tempo, e, depois de meditar sobre as palavras de Ali e trocar olhares com Henok, falou com toda a serenidade:

— Ali, peço-te que me perdoes, mas não podemos aceitar uma resposta negativa. Estamos peregrinando há vários dias pelo deserto, saciando nossa sede com água salobra e nos alimentando com secreção dos insetos nas árvores. O povo está fora de controle. Não há como dizer a mais de cinquenta mil pessoas que teremos de abandonar fontes cristalinas de água que estão somente a trezentos metros de distância, e que não poderemos comprar alimentos, mesmo conduzindo riquezas dignas de um rei.

O profeta de Yahwéh aproximou-se de Ali e, colocando a mão sobre o ombro dele, acrescentou:

— Meu amigo, desculpa-me, não temos outra saída a não ser apropriarmo-nos de teus recursos; porém prometo que te compensaremos regiamente por essa invasão. O teu povo passará privação apenas algumas semanas, mas logo chegarão diversas caravanas de comerciantes e poderás reabastecer o teu povoado com o que te pagaremos; e ainda sobrar-te-á ouro para elevar o padrão de vida do teu povo. Basta que saibas aplicá-lo bem.

O chefe do oásis sentiu a gravidade da situação e falou em tom sereno, mas irônico, sob o olhar indignado de seus filhos:

— Farás que o meu povo passe fome e se alimente de raízes por vários dias. Acho que não tenho opção, não é mesmo Mosheh!

Moisés fechou os olhos, demonstrando como aquela atitude lhe era incômoda, e concluiu:

— Lamento, meu amigo, mas não tens opção!

Minutos depois, Moisés e Henok retornaram, e nosso líder gritou:

— Ó filhos de Israel, acampai perto das fontes e saciai a vossa sede! Agradecei pela água pura e abençoada que recebeis de nosso Senhor. Em breve, teremos alimento e um bom período de descanso.

A multidão gritou vivas de alegria com a notícia e avançou sobre as fontes, que parecia uma visão do paraíso. Alguns tentaram banhar-se nas águas, porém os mais sensatos proibiram-nos, receosos de sujar ou faltar água. Todos tiveram de se contentar com a umidade inebriante que subia das quedas d'água entre as rochas, o que já era uma dádiva.

Montamos as nossas tendas e, depois que saciamos nossa sede, nos entregamos a um justo repouso, mesmo com os estômagos vazios. Poucas horas depois, os habitantes de Elim trouxeram-nos, visivelmente contrariados, dezenas de sacos de lentilha e farinha, além de uma infinidade de legumes.

Feito isso, Ali aproximou-se e falou a Moisés:

— Estás satisfeito? Eu te recebi como a um filho no passado e agora voltas para usurpar as nossas únicas riquezas.

Moisés abaixou a cabeça, meditou por instantes, e depois

fez um sinal para que um grupo de israelitas trouxesse uma arca repleta de peças de ouro:

— Já te falei que não somos ladrões! — disse em tom conciliatório. — Não temos alternativas: ou nos apropriamos de teus alimentos ou morreremos em poucos dias.

Ali olhou para as peças de ouro e seus olhos brilharam. Por fim, murmurou:

— Pelo menos, poderemos nos reabastecer em algumas semanas. Que os deuses nos protejam nesse período de penúria!

Moisés estendeu a mão para o amigo e falou:

— Tem a certeza de que fizeste a melhor escolha!

O chefe do oásis retribui o cumprimento e perguntou:

— Por quantos dias ficarás em nossas terras?

— O tempo suficiente para nos refazer — respondeu Moisés. — Precisamos prosseguir viagem, senão causaremos mais desgastes ainda às tuas terras e agravaremos nossa penúria. Temos de chegar logo a Madian, onde poderemos usufruir das riquezas daquela região.

Ali assentiu com um gesto e retirou-se pensativo.

Naquela noite tivemos paz. O povo montou acampamento e manteve as fogueiras acesas até tarde, para cozinhar os alimentos.

Enquanto isso, nos reunimos com Moisés para traçar novas diretrizes, pois seria um problema convencer o povo a continuar caminhando pelo deserto, depois da chegada àquele oásis. Muitos já estavam fartos daquela difícil jornada e talvez se negassem a prosseguir na penúria do deserto.

— Por que tanta pressa? Não podemos aguardar algumas semanas para seguir ao nosso destino — perguntou o chefe do clã de Aser.

— Se ficarmos mais de três dias neste oásis, acabaremos com todos os recursos que nos foram oferecidos — respondeu Moisés. — Ao sair, já os deixaremos numa situação miserável; ademais, nosso Senhor me disse que levasse Israel até a montanha sagrada, onde Ele nos transmitirá a Sua Lei.

Um dos sobrinhos de Aiezer perguntou, com os olhos arregalados, tal a sua curiosidade:

— Senhor, que lei é essa?

Moisés sorriu com a pergunta do menino e respondeu:

— Não me chames de senhor, pois somente Yahwéh é o nosso Senhor. Eu sou apenas um humilde servo Daquele que a tudo criou.

E depois, voltando-se para nós, falou com um brilho cativante no olhar:

— As leis são um conjunto de regras que estabelecem um padrão de civilidade entre os membros de uma comunidade. Leis justas são aquelas que promovem o bem comum, sem privilegiar ninguém. Todo povo, de uma forma ou de outra, possui a sua lei. E nosso Senhor deseja que nos orientemos por um conjunto de regras que venham a nos transformar numa grande e diferenciada nação. A maioria dos povos sempre teve leis que beneficiavam os seus poderosos. Nosso Deus nos legará uma lei igualitária, em que todos serão iguais, ou seja, teremos os mesmos direitos e deveres, desde os mais simples aos mais abastados.

— E qual será essa fórmula mágica para que a justiça e a igualdade sejam aplicadas em todas as questões da vida, sem prejuízo de quem quer que seja? — perguntou um homem descrente nas palavras que acabara de ouvir.

Moisés virou-se rapidamente e respondeu, como se tivesse a solução na ponta da língua:

— Ama ao teu Deus sobre todas as coisas, depositando Nele toda a tua fé, teu amor e teu entendimento; e ama ao teu próximo como a ti mesmo, e que em nenhum momento sejas conivente com uma ação que cause prejuízo aos teus semelhantes.

Todos se olharam impressionados. Moisés, compreendendo a situação, completou:

— Vou dar um exemplo: a Lei de Deus inspira a retidão, a justiça, a dignidade e a honradez, isto é, a própria perfeição. Caso orientemos as nossas vidas contra essa perfeição divina, estaremos pecando contra o nosso próprio Deus e contra nós mesmos. Serei mais claro: se um homem obtém uma terra para o sustento de sua família com o próprio esforço e trabalho justo, ele estará dentro do plano perfeito da Lei de Deus. Todavia, se tentarmos nos apropriar de suas terras, pela força ou por qualquer outro método escuso, estaremos violentando a vontade divina. Para avaliarmos essa questão, basta nos colocarmos no lugar da vítima e veremos que não gostaríamos de sofrer tal arbitrariedade ou violência. Esse é o alicerce no qual se sustenta a Lei de Deus. Se pecarmos contra a vontade divina, estaremos gerando uma força em sentido contrário que nos causará dor e sofrimento na mesma intensidade da que imputamos aos nossos semelhantes. Se andarmos lado a lado com a justiça de Yahwéh, as nossas vidas serão prósperas, mas se contrariarmos a Sua Magnânima Lei, o futuro nos será severo.

Todos comentaram aqueles conceitos com atenção: alguns concordando, outros acreditando que não passava de um sonho impossível de tornar-se realidade. Eu já tinha ouvido os anciãos de Israel falarem sobre aquelas idéias quando tive de me exilar nas cavernas, antes de nossa fuga do Egito. Henok também já tinha me dito sobre a importância de uma lei que estivesse acima do poder dos homens, algo que todos tivessem de acatar, não importando a sua posição social ou política. Só assim teríamos uma sociedade verdadeiramente justa, o que era inimaginável naqueles dias.

Como o leitor verá mais adiante, o reinado teocrático estabelecido por Moisés foi o primeiro governo democrático da história da humanidade, muito antes da democracia ateniense. Se a sua mensagem não tivesse sido distorcida pela ambição dos homens, teríamos nos textos do Velho Testamento o modelo perfeito de organização social, política e espiritual. Mas infelizmente o Pentateuco foi manipulado para atender aos interesses dos diversos governantes que sucederam o grande legislador.

Em todos os momentos da História, o homem conseguiu macular a pureza iniciática da verdade divina, trazida ao mundo por grandes avatares. Esse grave equívoco do povo de Israel fez que, nos séculos futuros, o povo escolhido colhesse amargos frutos por ter substituído a mensagem justa e amorosa do Deus Único por rituais e leis preconceituosas.

Ficamos mais algum tempo discutindo sobre a futura lei de Israel até que o sono nos envolveu. Então, nos cumprimentamos e fomos dormir. Quando Moisés se preparava para fazer o mesmo, Aarão entrou em sua tenda e perguntou, com o um jeito tímido, mas que represava em seu interior todo o seu despeito:

— Por que, meu irmão, desprezas a mim e a nossa irmã,

Maria? Delegas poderes a estranhos, como fizeste a Josué e fazes como se eu não existisse.

Aarão bateu com a mão no peito várias vezes e continuou, com a voz embargada e os olhos cheios de lágrimas:

— Lembras-te de mim? Somos filhos do mesmo pai!

Moisés ergueu a sobrancelha direita, demonstrando-se admirado com as questões levantadas por aquele que, na verdade, ele mal conhecia; estudou com atenção as reações nervosas de Aarão, e, depois de refletir alguns segundos, disse-lhe:

— Aarão, sei que somos filhos do mesmo pai nesta existência. Entretanto, o reino que estamos edificando é o de nosso Senhor, o Deus Criador da vida. Não se trata, portanto, de um reino dos homens. Se eu fosse um faraó do Egito, farias parte da realeza e usufruirias de tais regalias, porém sou apenas um mensageiro de Yahwéh, nosso verdadeiro pai. E Ele trata a todos os Seus filhos igualmente porque compomos uma família universal. Israel é a nossa família. Sendo assim, não posso destacar-te entre nosso povo se não fizeres por merecer. Josué, a quem criticas, demonstrou o seu valor no campo das armas. Mostra o teu em algum aspecto e serei o primeiro a reconhecer que deves ocupar uma posição de destaque, como desejas.

A muito custo, Aarão conteve a revolta. Moisés então manteve-se em silêncio, aguardando que o atormentado levita se manifestasse.

— Vou meditar sobre as tuas palavras — foi somente o que ele disse e, em seguida, retirou-se a passos largos, demonstrando toda a sua irritação. Mas antes que transpusesse a entrada da tenda, Moisés voltou a lhe falar com severidade:

— Aarão, já que desejas me ajudar a conduzir um povo rebelde pelo deserto, pede a Maria e a Isabel, tua esposa, que parem de fazer intrigas contra mim. Eu tenho "ouvidos" por todo o acampamento e nada me escapa. Neste momento, preciso de aliados, e não de lobos em pele de cordeiro.

Aarão nem se virou, apenas apoiou a mão na entrada da barraca e disse, antes de sair:

— Se assim agimos é porque nos desprezas. Tenho certeza de que nosso pai, Amram, que morreu por causa do teu nascimento, deve sentir muita vergonha de ti, lá no reino do sol poente.

Moisés respirou fundo e acompanhou com o olhar aquele estranho irmão que sumia na escuridão da noite. Depois, deitou-se numa cama improvisada com mantos de lã e pensou, antes de dormir: "Todos se acham no direito de reclamar, porém são poucos os que acreditam ter o dever de colaborar".

No dia seguinte, todos acordamos dispostos e felizes. O sono reparador, a boa alimentação e a água pura fizeram desaparecer o azedume que já tinha se tornado uma rotina no rosto dos israelitas. As pessoas estavam até mais comunicativas. Quem dera a nossa jornada fosse sempre assim!... Mas, infelizmente, almas primárias terminam utilizando a sua liberdade e o seu prazer para autodestruir-se quando estão livres de aflições. A ausência de sabedoria implica na necessidade da dor para promover a evolução da animalidade para a angelitude. E assim foi necessário ocorrer com Israel.

No final do dia, enquanto alguns sonhavam com um futuro melhor para o recém-liberto povo, outros tantos festejavam a liberdade e a momentânea abundância de alimentos e de vinho que tinham obtido com os comerciantes da região, a peso de ouro.

Não demorou muito para a festividade se transformar num ritual de culto aos deuses egípcios. Novamente as danças e coreografias de submissão ao deus Amon se fizeram presentes — um passado que achávamos já tinha sido esquecido pelo nosso povo, que, ao invés de idolatrar a cultura de nossos algozes, deveria odiá-la.

Quando Moisés presenciou aquela cena, colocou as mãos na cabeça, irado:

— O que fazeis, povo ingrato?! Nosso Deus nos liberta e nos conduz à Terra Prometida e cultuais esses falsos deuses do povo idólatra que cimentou o seu império com o sangue de nossos antepassados. Pelo amor de Deus, o que fazeis, raça imprudente?!

Ao ouvirem a palavra sensata de Moisés, alguns se arrependeram, mas a grande maioria rebelou-se, dizendo preferir adorar os deuses egípcios que lhes ofereciam muita água e alimentos no fértil Vale do Nilo.

Para a minha infelicidade, Kermosa estava mais uma vez entre os rebeldes e batia insistentemente em um tamborim, ao mesmo tempo que cantava as rimas estúpidas do culto inimigo. Eu abaixei a cabeça, humilhado, e rezei para que Moisés não visse a maldita dentre o grupo de problemáticos da caravana.

Depois de muita discussão, o ritual egípcio foi encerrado. Alguns minutos depois, Moisés me chamou e disse com discrição:

— Natanael, tens de tomar uma providência com relação à tua esposa. A atitude dela enfraquece a tua liderança e prejudica o nosso projeto. Conversa com ela e convence-a da importância de estar ao teu lado!

Antes que eu pudesse me justificar, Moisés saiu rapidamente para falar com Josué sobre a segurança do acampamento e a elaboração das lanças, como fora acertado anteriormente.

Com um olhar sombrio, ele falou ao seu general:

— Josué, és jovem, porém te vejo como alguém muito especial aos olhos de Deus. Não entendo a tua atitude. Como permitiste que os homens parassem de fabricar as lanças para entregarem-se a essa festividade decadente?

Josué abaixou a cabeça e procurou desculpar-se, com frases monossilábicas. Mas Moisés prosseguiu:

— Tenho muita coisa para pensar e resolver. Dize-me que não estou enganado em confiar em ti! Nós fomos atacados faz poucos dias, e se um novo grupo nos assaltar, teremos de estar com essas armas prontas para nos defender. Caso contrário, muitas pessoas morrerão ou poderemos ser escravizados novamente, se for um grande exército. Essa é uma questão muito séria!

Josué concordou, e, quase em lágrimas, falou:

— Desculpai-me, mestre! Pensei que os homens pudessem ter um momento de descanso, já que nossa caminhada está sendo tão árdua.

E, percebendo o olhar de contrariedade de Moisés, Josué disse com convicção, retendo as lágrimas que insistiam em escapulir:

— Isso não se repetirá! Trabalharemos à noite, se for preciso, utilizando a luz das fogueiras.

Moisés então respirou fundo, colocou a mão sobre o ombro de Josué, e com um olhar penetrante falou mais tranquilo:

— Melhor assim! Antes pecar pelo excesso que chorar pela falta.

Depois, olhou para os lados e disse, mais para si mesmo

do que para Josué:

— Não sei o que é, mas sinto um mau pressentimento no ar...

Nosso líder desejava retomar a caminhada o mais breve possível, pois o recente conforto obtido começava a estimular os mais vulgares sentimentos entre o povo eleito de Yahwéh. Somente a severidade da caminhada no deserto poderia conter os demônios que estavam latentes no coração dos escravos recém-libertos.

Seguindo a orientação de Moisés fui falar imediatamente com Kermosa. Ela me recebeu com indignação, pois já estava cansada das minhas censuras. A discussão, como era de se esperar, mais uma vez girou em torno de sua insistência em cultuar o estilo de vida egípcio. Kermosa não aceitava de forma alguma assumir uma identidade hebraica.

Irritada, ela gritou com uma voz estridente, procurando me afrontar na frente de toda a multidão:

— O meu nome usual e o sagrado são egípcios e eu desprezo totalmente a cultura dos apirus.

Conforme relatei no livro Akhenaton — A Revolução Espiritual do Antigo Egito, os egípcios possuíam dois nomes: um era o nome usual e o outro era o nome mágico, que todos recebiam no ritual de nascimento, e somente a deusa Ísis, a deusa da magia, deveria conhecer. Assim, ninguém poderia lançar-lhe feitiços porque somente a mãe da criança e a deusa Ísis conheciam o seu nome sagrado, que era o nome que protegia a alma (ká) contra feitiçarias. Claro que os familiares mais próximos conheciam esse nome, que não deveria ser proferido de forma alguma, nem mesmo em pensamento!

Quando Kermosa me disse aquilo, não pensei duas vezes; comecei a gritar o seu nome mágico para que todos ouvissem:

— Kaineferu! Kaineferu! Kaineferu!

Ela ficou pálida como uma estátua de mármore, mas em poucos segundos o seu rosto alterou-se para um tom vermelho escarlate, emoldurado por uma contração facial que demonstrava todo o seu ódio contra mim.

Kermosa olhou para os lados e viu no rosto daquelas pessoas supersticiosas um sorriso de vitória, como se a alma dela estivesse em suas mãos. E quase enlouqueceu ao ver o rosto enigmático de uma velha curandeira que afirmava conversar com os mortos. Essa mulher dissimulada, chamada Abigail, viria a causar graves transtornos a Moisés alguns anos depois.

Kermosa pulou no meu pescoço desejando me matar. Eu reagi segurando os seus braços e falei para que todos ouvissem:

— Kaineferu ou Kermosa estão mortas! A partir de hoje, assumirás uma nova identidade, de natureza hebraica, honrando o nome de seu pai que era da tribo de Judá.

Percebendo a agitação, Moisés aproximou-se e disse:

— Em nome de Yahwéh, nosso Deus Todo-Poderoso, ordeno o teu renascimento sob o nome Rebeca, que significa "Aquela que Une".[2]

O profeta colocou a mão sobre a cabeça de minha esposa e falou:

— Rebeca! É isso que espero de ti de hoje em diante, que possas unir o nosso povo, ao invés de dividi-lo.

Mas ela afastou a mão dele com violência e se jogou no chão como uma louca, chorando de forma desesperada. Moisés olhou para os rebeldes e disse-lhes:

— Espero que isso vos sirva de lição. Espero que todos vós mudeis de nome muito em breve... Não quero lembranças de nossos algozes. A cultura egípcia deve ser eliminada de nosso meio. A partir de hoje, quem utilizar o "nome morto" de Rebeca será punido segundo as severas leis de nosso Deus, que nos serão legadas assim que chegarmos ao monte Horeb, na península do Sinai.

Moisés, então, retirou-se pensativo para a sua tenda. Os rebeldes acompanharam os seus passos com um misto de revolta e indignação, ao passo que Rebeca comportava-se como uma dementada. Tive de contê-la, pois ela desejava jogar-se numa das fogueiras para encerrar a própria vida.

A muito custo, consegui segurá-la. Depois, desferi-lhe uma série de bofetadas que a acalmaram. Henok, chocado com a minha selvageria, ajudou-me, ministrando-lhe uma bebida que possuía efeito anestésico. Logo ela dormiu um sono pesado e sofrido.

---

2 A partir deste momento, irei me referir à personagem Kermosa somente pelo seu novo nome: Rebeca.

Enquanto eu a colocava no leito, em nossa barraca, aproveitei para me aconselhar com o mestre da tribo de Levi:

— Mestre Henok, que fiz eu para merecer uma mulher como essa? Os seus sentimentos são desequilibrados e parece que o mal a domina de forma assustadora, como se o demônio lhe roubasse a razão.

Acariciando os longos cabelos negros de Rebeca, como se o fizesse a uma criança, Henok me disse com ternura:

— Natanael, ninguém é verdadeiramente bom ou mau. Aqueles que julgamos maus, poderíamos classificá-los apenas como "menos bons"; ou então, aqueles que são bons seriam apenas "menos maus". No fundo, são dois extremos de uma mesma realidade, assim como o frio e o calor, que são apenas as oscilações da temperatura. O que deves fazer é transmutar a tua esposa de um extremo ao outro. E isso se faz por nosso próprio esforço em direção ao bem. Nada conseguirás impondo as tuas idéias arbitrariamente. Deves amá-la incondicionalmente, para que ela perceba a beleza desse sentimento. Assim, irás transformá-la numa criatura "menos má", gradualmente. As pessoas respondem positivamente apenas por meio do exemplo constante das nossas reais intenções. Não basta exigir dignidade; temos de ser dignos constantemente. E de ti, meu amigo, espero mais compreensão e menos violência.

Então, coloquei a mão na cabeça, procurando assimilar aquele conceito profundo.

— Quereis dizer que tudo é uma questão de reverter os pólos? Transformar ódio em amor, tristeza em alegria, rancor em perdão...

Henok sorriu e respondeu:

— Exatamente! Não existe ódio, e sim menos amor. O sentimento de vingança é uma ilusão; o que precisamos é alimentar os nossos corações com misericórdia.

Eu meditei um momento e falei:

— Depois de ouvir vossas palavras, mestre, enchi o meu coração de ânimo. O problema está em como nos manter convictos de nossa reforma interior, pois logo chega o monstro de nossos caprichos inferiores e nos rouba a paz, envolvendo-nos num torvelinho de paixões mesquinhas. Eu também estou preocupado com a nossa libertação física e espiritual. Às vezes, sinto que a liderança de Moisés está por um fio.

O sábio da tribo de Levi levantou-se, fazendo menção de retirar-se, e respondeu, antes de voltar para a sua tenda:

— A resposta tu mesmo acabaste de dar. Temos de orar a Deus a todo instante e vigiar as nossas atitudes, a fim de verificar se elas espelham as nossas resoluções. De nada valem as promessas vazias! Precisamos manter as nossas mentes voltadas para a elevação de nossos valores, tornando-nos pessoas melhores a cada novo dia. Quem não vigia os seus atos, procurando melhorar-se, abandona o melhor da vida, que é o crescimento espiritual que Deus espera de todos nós, que somos os Seus filhos amados.

Os amalecitas 4

No dia seguinte, Moisés ordenou que levantássemos acampamento. A simples menção de que teríamos de voltar para o deserto inóspito causou uma histeria generalizada. Muitos se negaram a prosseguir e tivemos de ameaçá-los com as espadas, causando novamente uma forte tensão.

Nosso líder, então, reuniu todo o povo de Israel.

— Irmãos, não é possível permanecer nem mais um dia neste oásis. Aqui, somos como os gafanhotos que destruíram as plantações no Egito. Somos em número muito grande para subsistir com os poucos recursos disponíveis aqui. Vede como, em poucos dias, deixamos este local em situação de penúria! Somente na Terra Prometida por nosso Deus encontraremos recursos abundantes para viver tranquilos e felizes por muitos anos. Lá, geraremos uma descendência muito maior, a fim de nos tornarmos a nação que revelará o verdadeiro deus ao mundo. Portanto, recolhei os vossos pertences e segui-me!

O povo não gritou vivas, após o discurso eloquente de Moisés, mas pelo menos reconheceu a necessidade de partir. Algumas horas depois, estávamos novamente caminhando no meio do deserto de Sin, que era tão escaldante quanto aquele que havíamos abandonando há alguns dias: o deserto de Sur.

Quando já estávamos saindo de Elim, pude ouvir Ali, o chefe do oásis, dizer:

— Raça maldita! E ainda tem a ousadia de considerar-se o povo de Deus. Sois aves de rapina que destroem tudo por onde passam!

Resolvi fazer que não ouvia, pois, na verdade, Ali tinha razão. O estado em que deixamos o seu paraíso foi lamentável. Além de acabar com as suas provisões, nosso povo terminou poluindo as águas das fontes e exterminou as suas plantações, que nem estavam prontas para a colheita.

Realmente uma multidão de cinquenta mil pessoas era como uma praga de gafanhotos por onde quer que passasse. E assim, mesmo tendo levado todos os mantimentos do oásis de Elim e os consumido moderadamente, em menos de três dias já estávamos sem água e com nossa reserva alimentar quase esgotada. Precisávamos agora de água potável não só para beber, mas também para cozinhar; para outras necessidades, usávamos a água do mar.

Passamos por vários vilarejos, mas os recursos eram infinitamente inferiores aos de Elim e só conseguimos pouca água e alguns mantimentos para as crianças e as pessoas doentes.

Ao nos aproximarmos desses povoados, os habitantes diziam com um olhar triste, demonstrando impotência diante de nossa invasão:

— Bem que nos avisaram que uma praga tinha invadido este deserto sem fim e estava rapinando a tudo e a todos!

No oitavo dia de caminhada, adentramos a região conhecida como Rafidim, mais ao sul. Lá, nossa carência de água atingiu o seu auge, e então novamente Moisés foi ameaçado pelo povo, porque os últimos poços cavados ofereceram apenas água salobra.

Esse foi o momento mais tenso de nosso percurso, pois os mais inconformados haviam furtado algumas armas dos guerreiros de Josué e ameaçavam nosso líder:

— Dai-nos a água e a comida que estão reservados às crianças e aos doentes; depois podereis seguir viagem — diziam com os dentes cerrados.

Moisés olhou para eles com um misto de indignação e surpresa e respondeu com um riso irônico:

— Sois piores que os lavadores de cadáveres do Egito!

Onde está a vossa dignidade? Roubar o alimento reservado às crianças e aos doentes demonstra como Israel perdeu os seus valores durante o longo período de escravidão. Agora largai essas malditas espadas e voltai para o acampamento! Hoje mesmo Yahwéh vos dará água pura e em abundância. Esperai aqui, que já vos indicarei onde encontrar as águas do Senhor e o maná para que consigais suportar este trecho difícil da viagem. Vossa falta de fé ofende nosso Deus!

Mas os rebeldes se negaram a largar as armas, alegando:

— Não acreditamos mais em vossa palavra! Iremos pegar as reservas que escondestes e vamos embora deste lugar amaldiçoado!

Antes que eles pudessem esboçar qualquer reação, Moisés gritou com violenta energia:

— Largai as armas, imediatamente, antes que eu peça a Yahwéh que vos fuzile com um de seus raios!

As fortes e determinadas palavras do profeta fizeram que aquela turba covarde e manhosa largasse as armas, que foram imediatamente recolhidas pela equipe de Josué.

O libertador de Israel fez um gesto com a cabeça e falou:

— Agora esperai aqui, como eu já disse! Mostrar-vos-ei a água que o Senhor nos reservou.

Ele então se dirigiu à encosta das montanhas que margeavam o deserto de Sin; o povo não resistiu e o seguiu. Poucos minutos depois de andar de um lado para o outro, Moisés cravou fundo o seu cajado entre algumas rochas e algo espetacular aconteceu:

— Senhor, saciai este povo incrédulo! Mostrai-lhe Vosso poder! — gritou de forma solene. — Se o privais de água e comida é para que seja estimulada a fé nesta gente descrente! — e, em poucos segundos, a rocha começou lentamente a verter água. O líquido sagrado era puríssimo e mais agradável do que as próprias águas do Nilo.

A multidão atirou-se ao jorro d'água, como faz uma manada sedenta e descontrolada, enquanto Moisés observava:

— Foi o Senhor, nosso Deus, quem nos ofertou essa dádiva. Isso porque Ele é misericordioso. Contudo, se fosse eu, não teria piedade de vós, pois sois descrentes e maus.

O povo parou de beber a água e chorou, arrependido por ter duvidado do Senhor. Moisés então lhes disse, com os olhos voltados para os Céus:

— Esta fonte divina se chamará Provação e Contestação (Massa e Meriba), porque duvidastes do Senhor e contestastes minha autoridade. E que isso não mais aconteça para que o Senhor não se revolte contra o Seu povo e deixe de nos amparar, pois até a paciência divina tem um limite!

Israel permaneceu acampado na fonte por três dias. Tudo estava tranquilo até que algumas mulheres se aproximaram gritando:

— Senhor, um grupo de homens raptou as nossas crianças. Nada pudemos fazer. Eles só nos disseram que vivem no outro lado da montanha e que estão à vossa espera para negociar a devolução de nossos meninos. Se ninguém aparecer por lá em uma hora, todas as crianças serão mortas!

Moisés virou-se para Henok e falou:

— Serão os amalecitas? O que querem com as nossas crianças?

Henok sacudiu a cabeça angustiado.

— Talvez eles estejam irritados porque estamos em suas terras nos apropriando desta fonte. Como bem sabes, no deserto a água vale mais que o ouro.

Moisés caminhou de lá para cá com as mãos na cintura, olhando para o céu, como se tentasse encontrar uma solução em meio às nuvens. Depois de refletir por alguns instantes, murmurou ansioso:

— O que fazer meu Deus?

Foi então que Josué se aproximou dizendo:

— Mosheh, deixai-me ir com o nosso exército e esmagaremos esses malditos que se aproveitam da fragilidade de mulheres e crianças. Em menos de uma hora estaremos de volta.

Moisés fez um gesto afirmativo com a cabeça, mas não demonstrou-se muito seguro. E quando Josué e os seus homens já estavam partindo, uma das mulheres achegou-se e lhe disse:

— Senhor, não sei se é importante o que vos direi, porém sinto uma palpitação no coração me forçando a fazê-lo. Um dos homens que raptaram as nossas crianças é justamente o chefe dos salteadores que nos atacaram alguns dias, antes de chegarmos a Elim.

O profeta virou-se imediatamente para a comitiva de Josué, que já se afastava, e gritou:

— Josué, volta imediatamente! É uma armadilha!

Nosso exército retornou, curioso, e então Moisés explicou melhor:

— Eles querem nosso ouro. O rapto das crianças é um ardil para que afastemos os nossos guerreiros do acampamento. Provavelmente os saqueadores do deserto se uniram aos amalecitas e estão planejando um ataque surpresa.

Todos então começamos a olhar discretamente para o topo das imponentes montanhas próximas ao local de nosso acampamento, mas nada percebemos.

Aiezer aproximou-se de Moisés e falou:

— Mosheh, permiti-me ir até esse suposto local que eles indicaram às mulheres. Assim posso ter uma idéia do que se passa por lá.

Eu também me ofereci para acompanhar Aiezer nessa aventura. Moisés então olhou-nos com satisfação e disse:

— Está certo! Parti com discrição para não serdes percebidos pelos amalecitas; possivelmente eles estão nos vigiando — depois, virou-se para Josué e completou:

— Descobre onde estão os nossos inimigos! Assim que salvarmos as crianças, cuidaremos deles. Ninguém se aproveitará do ouro de Yahwéh.

Imediatamente eu e Aiezer seguimos através da escassa vegetação, em direção ao outro lado da encosta, conforme indicado pelas mulheres. Não demorou muito para que percebêssemos a presença de um acampamento de porte considerável. Não sabíamos que povo era aquele; somente depois constatamos que se tratava de um dos infindáveis povoados de beduínos, descendentes de Esaú, que era liderado por um homem muito temido na região, chamado Amalec, assim como o seu célebre antepassado.

O acampamento dos inimigos estava bem protegido, mas era possível perceber que nem todos os homens se encontravam lá. Provavelmente estavam de tocaia entre os arbustos da encosta do morro onde acampamos, para nos assaltar assim que fôssemos reaver as nossas crianças.

Rondamos rapidamente todo o acampamento procurando os nossos pequeninos sequestrados. O tempo corria contra nós: tínhamos de ser rápidos para cumprir o prazo estipulado pelos inimigos. Depois de procurar por vários pontos, percebi uma fumaça negra subindo entre as rochas, no outro lado do extenso acampamento. O cheiro desagradável me causou repulsa. Indiquei o local a Aiezer, no que ele falou:

— Que cheiro estranho! Parece carne de algum animal sendo queimada.

Será que eles estão sacrificando aos seus deuses, para obter sucesso no ataque ao nosso povo?

Olhei para Aiezer, com um sinistro aperto no coração e falei com os dentes cerrados:

— Deus queira que estejamos presenciando somente sacrifício de animais! Pois se forem as nossas crianças, eles conhecerão a ira de Yahwéh!

Os olhos de Aiezer brilharam de ódio.

— Não posso crer em tamanha sordidez.

— Lembra-te, meu amigo, de que os adoradores dos deuses Moloc e Marduk também fazem holocaustos humanos! — eu lhe disse.

Sem mais demora, corremos até o local das oferendas, ocultando-nos por entre os arbustos. Lá, constatamos o gesto cruel e revoltante: sacerdotes com roupas solenes, caminhando em passos lentos, com os filhos de nosso povo nos braços, já ensanguentados pela espada inimiga. Os criminosos usavam um sinistro capuz, talvez para esconder a vergonha pelo ato vil cometido, e ofereciam as nossas pobres crianças a uma maldita estátua de pedra, realizando gestos de submissão ao seu cruel deus.

Aiezer não suportou a cena e vomitou, extremamente enojado e revoltado com aquela atitude desumana. Depois, tive de segurá-lo, porque ele desejava ir até lá e matar os sacerdotes com as próprias mãos.

— Vou rasgar o peito desses animais e arrancar-lhes o coração frio e impassível com minhas próprias mãos! — bradava o amigo, desesperadamente.

Voltamos cabisbaixos para o nosso acampamento e eu tive de dar a triste notícia ao nosso líder, pois Aiezer não conseguia falar, tal era o ódio e a indignação que abrigava em seu coração. Sem mais delongas, falei a Moisés, com uma imensa dor no peito:

— Todas as crianças estão mortas. Talvez eu não veja nesta vida uma execução tão sórdida, ainda mais tratando-se de crianças indefesas.

Moisés colocou as mãos sobre o rosto e meditou, enquanto Josué gritava enlouquecido:

— Matarei esses malditos porcos, um a um, com minhas próprias mãos!

Aiezer sacou a espada e, motivado pela revolta de Josué, começou a urrar enlouquecido:

— Morte aos inimigos! Vamos lavar o nosso ódio com o sangue dos algozes de nossas crianças!

Logo, um tumulto se formou e a notícia percorreu rapidamente o nosso acampamento. As mulheres choraram desesperadamente pela perda dos filhos e os homens contestaram Moisés mais uma vez. Abiram aproximou-se e disse:

— Por que não matastes essa corja quando tivestes oportunidade? Fostes clemente e agora os nossos filhos estão mortos! Os inimigos de nosso povo devem ser exterminados. Não podemos ter indulgência com eles.

O povo, empolgado com as palavras de Abiram, exaltou-o como nunca. Moisés, então, ergueu os braços e falou:

— Não tenho como discordar de Abiram! Só peço a todos que mantenham o equilíbrio. Lembrai-vos de que estamos sendo vigiados pelos nossos inimigos! Acredito que eles entenderam essa nossa reação como um gesto de desespero e desentendimento para obter os nossos filhos de volta. Eles não sabem que já estamos a par de suas monstruosidades. Logo, vamos nos aproveitar dessa situação para dominá-los.

Moisés meditou um pouco e depois de trocar um rápido olhar com Henok falou, meio contrariado:

— Vamos dar-lhes o troco à altura da monstruosidade que cometeram contra Israel!

A multidão vibrou, dando a entender aos inimigos que

havíamos caído em sua armadilha. Assim, Moisés ordenou que as mulheres entrassem com os homens nas tendas e se vestissem com trajes masculinos. Em seguida, elas deveriam marchar em direção ao acampamento amalecita dando a falsa impressão de que havíamos caído na armadilha deles. Nós, os homens, nos escondemos dentro de nossas tendas e aguardamos com ansiedade.

Quando os amalecitas invadiram nosso acampamento, acreditando que haveria apenas mulheres e idosos, saímos enraivecidos de dentro das tendas com as lanças feitas pela equipe de Josué e as nossas espadas egípcias. A ira de Israel foi tão grande que eles não conseguiram esboçar quase nenhuma reação. E quando começávamos a esmorecer, diante do pesado ataque do inimigo, Moisés erguia o seu cajado e gritava:

— Lutai homens, para que Yahwéh sinta orgulho de nosso povo e receba em Seus braços os nossos infantes covardemente assassinados!

As palavras de nosso líder encheram os nossos músculos com um vigor sobre-humano e desconhecido. A morte de nossos pequeninos e a força que Moisés nos transmitia fez que o nosso organismo fosse irrigado por elevadas doses de adrenalina, intensificando nossa força e desejo de vitória. Nem mesmo a luta contra os egípcios no mar dos Juncos tinha nos exaltado daquela maneira.

Ao final da rápida batalha, ainda era possível ver os nossos guerreiros perfurando as centenas de cadáveres com as suas lanças, demonstrando um ódio completamente incontrolável. Em alguns casos, tivemos de segurá-los ou esbofeteá-los para que não esquartejassem mais os corpos dos inimigos.

Depois do fulminante ataque, muitos tiveram crises histéricas de choro, por causa da intensa emoção e revolta. Não saía de nossas mentes a imagem das indefesas crianças sendo queimadas, talvez ainda vivas, num sacrifício bárbaro a um deus rival.

Alguns instantes depois, em que tentamos recompor nossas emoções, Josué subiu num vigoroso cavalo e se dirigiu a todos:

— Agora vamos ao povoado desses monstros! Nós os mataremos sem piedade, saquearemos o acampamento e sepultaremos as nossas inocentes crianças!

O chefe do exército olhou para Moisés, que se manteve em profundo silêncio. As ordens de Josué não foram rechaçadas por nosso líder. Rapidamente, transpomos a curta distância que nos separava do acampamento inimigo e uma nova e intensa batalha se travou. Ainda ali havia um grande número de homens com quem tivemos de guerrear para invadir os seus domínios. Porém, rapidamente a nossa vitória se repetiu. Todos foram mortos, inclusive as mulheres; somente as crianças que não empunhavam armas foram poupadas.

As mães israelitas que perderam os seus filhos correram para o altar do deus amalecita e ainda encontraram algumas das crianças nas frias escadas de pedra. Infelizmente, apesar de ainda não terem sido entregues à fornalha insensível do deus macabro, elas estavam mortas. Pelo menos a essas pobres crianças, foi-nos possível realizar um enterro digno.

Moisés olhou aquele caos ao nosso redor e ordenou:

— Pegai até o último grão de alimento e todas as armas deste acampamento! Depois, ateai fogo em tudo para purificar este maldito lugar, povoado por mil demônios.

Depois, ele virou-se para o local dos sacrifícios e falou com desdém:

— Poupai somente o altar desse deus sanguinário! Tenho outro destino para ele.

— E o que fazemos com essas crianças? — gritou um homem.

Josué olhou para Moisés e disse:

— Por mim, mataria todas. Certamente elas possuem o sangue ruim dos pais.

Mas nosso líder sacudiu a cabeça.

— Não sejamos bárbaros como esse povo que nos atacou! As crianças ainda não estão intoxicadas com o mal que habita os homens. Vamos levá-las conosco e educá-las para que sirvam ao nosso Deus, o único e verdadeiro. Assim, elas jamais cometerão as atrocidades que aqui presenciamos.

Moisés respirou fundo e depois de alguns segundos falou, pensativo:

— Todos aqueles que aprenderem a amar e servir a Yahwéh

serão considerados filhos do povo eleito, já os que se negarem, o destino será a morte ou o desterro.

Finalmente os ânimos se acalmaram. Então olhei para as minhas mãos e para as minhas vestes. Assim como a espada que eu segurava, tudo estava coberto de sangue, vermelho como o próprio inferno. Respirei fundo, olhei para o Alto e disse para mim mesmo:

— Quanta insânia, meu Deus! Onde está o Vosso reino de paz e amor?

Imediatamente uma voz ecoou em minha mente:

— Deves construir a paz em teu coração, mesmo que ao redor só encontres ódio e loucura... Chegará o dia em que a paz e a civilidade reinarão na Terra.

Virei-me para os lados na busca do autor daquelas palavras, mas não encontrei ninguém de carne e osso, com equilíbrio para proferir aqueles sábios conselhos. Então, pensei: "Deve ser a palavra dos anjos que descem até nós, neste momento angustiante, para nos convidar a recuperar a lucidez".

Retornamos ao acampamento e ainda tivemos de limpá-lo. Depois, fizemos uma refeição reforçada com o alimento dos inimigos, mas sem nenhuma alegria, com lágrimas intensas nos olhos, como se fôssemos animais feridos de forma bárbara.

Alguns de nossos irmãos mais traumatizados choravam e gritavam de forma descontrolada, ao relembrar os horrores daquele dia. Lentamente, os ânimos foram se acalmando e alguns conseguiram dormir, com uma respiração opressa e sofrida, pois nossa noite foi repleta de terríveis pesadelos. Vez ou outra, eu acordava sobressaltado com os gritos assustados de nossos irmãos traumatizados.

O profeta de Deus então nos disse:

— Precisamos descansar até amanhã de manhã, para que consigamos prosseguir viagem. Este lugar já não é mais puro como nosso Deus deseja.

Quando tudo parecia mais calmo, Moisés chamou os sábios anciãos de Israel, entre eles Henok, Bezaleel, Absalão e Aisamac, e alguns chefes dos clãs mais fiéis, e falou:

— Sinto imensa dor pelo que aconteceu. Saímos do Egito para fundar uma nação de nobres valores, temente ao Grande

Deus, porém parece que é ser impossível viver neste mundo sem matar e morrer. Onde está o reino de amor e paz de nosso Deus?

Um dos mais respeitáveis sábios de nosso povo, chamado Absalão, respondeu pausadamente, com voz respeitosa:

— Meu filho, tranquiliza-te! Logo chegaremos em um local onde poderemos nos instalar e nos proteger. O deserto é lugar para chacais. Infelizmente, somos uma presa que desperta a cobiça dos homens.

Moisés concordou com um gesto e redarguiu:

— Os nobres conceitos de "amor aos semelhantes" e "não matar" teremos de restringi-los ao nosso próprio povo. Como exigir de nossos soldados que não matem os inimigos? Se assim o fizermos, nos tornaremos escravos novamente em poucas semanas.

Depois dessas palavras finais, estabeleceu-se um profundo silêncio. Todos entreolhavam-se sem saber o que dizer.

Nosso líder sentou-se e, com uma respiração pausada, nos disse:

— Vamos descansar! Amanhã será um novo dia e pretendo transmitir uma forte mensagem ao nosso povo.

Na manhã do dia seguinte, arrumamos as tendas rapidamente, mas quando íamos partir Moisés determinou que retornassêmos às terras dos amalecitas.

Vale a pena ressaltar que as tribos árabes do deserto povoavam diversas regiões. Algumas vezes, elas se separavam e fundavam novos acampamentos. Por esse motivo, era comum ver povoados de amalecitas e madianitas em várias regiões do deserto. Jetro, o sogro de Moisés, presidia uma comunidade madianita aos pés do monte Horeb, porém essas tribos se estendiam por todo o leste do golfo de Ácaba.

Veremos no transcorrer desta narrativa que, em sua jornada, Israel cruzará com uma dessas comunidades dissidentes e terá desentendimentos com os madianitas.

Assim, retornamos ao acampamento incendiado. Moisés dirigiu-se diretamente ao altar do deus inimigo, subiu os degraus e voltou-se para o povo, aguardando que todos se aproximassem. Em seguida, olhou para a estátua de metro e meio do deus amalecita, que era a imagem de um homem forte e mau, com dois cornos na cabeça, aguardou um instante e perguntou à multidão, apontando para ela:

— Israel, o que vedes aqui?

Alguns mais espontâneos gritaram:

— Vemos o deus de nossos inimigos.

Nosso líder sacudiu a cabeça de forma negativa e disse-lhes com convicção:

— A resposta está errada. Só existe um único deus, que é Yahwéh, o Criador da vida. Já vos disse isso por diversas vezes. O que temos aqui é um símbolo da ignorância humana, que cultua imagens estúpidas como estas e ainda sacrifica vidas inocentes, para algo que nem de longe representa o poder de Deus. Talvez este ídolo de pedra seja obra do demônio, tentando desgraçar a vida dos homens deste povoado, como realmente aconteceu.

Moisés parou de falar e continuou olhando para a estátua com desdém. A assembléia nem respirava, acompanhando as intenções de nosso líder. Alguns minutos depois, ele pegou uma pesada pedra da escadaria e, sem nada dizer, com a força de seus vigorosos braços, começou a golpear a estátua do deus, quebrando-a em diversos pedaços. O povo se assustou, acreditando que aquele gesto poderia trazer maus presságios.

O profeta de Deus, ofegante, então lhes disse, como se ouvisse o pensamento da multidão:

— O povo de Deus não pode ser supersticioso e crer na força de uma imagem que nada simboliza. Devemos crer somente na força de nosso Senhor que está em toda a natureza. Esta noite orei para Yahwéh e perguntei-lhe por que havíamos sofrido a desgraça de ontem, perdendo as nossas crianças nas mãos desta imagem desprezível.

Moisés olhou para o povo com os seus profundos olhos negros que irradiavam uma tênue luz prateada e perguntou, em tom solene:

— E vós, sabeis o que nosso Deus respondeu?

A multidão em silêncio apenas balançava a cabeça para os lados, revelando desconhecer o colóquio divino de seu líder.

— Yahwéh me disse — prosseguiu Moisés — que Israel foi

punido por sua traição em Elim, onde o povo festejou e realizou rituais de culto aos falsos deuses egípcios, desprezando o verdadeiro deus que lhes libertou da escravidão.

O povo ficou chocado e começou a se lamentar. Olhei para Rebeca, que se mantinha cabisbaixa, como se a troca de seu nome fosse a maior vergonha de sua vida, me aproximei dela e sussurrei-lhe ao ouvido:

— Viste a desgraça que causaste? Espero que isso te sirva de lição, para jamais cultuares novamente essas malditas imagens!

Apesar de indignada, Rebeca prosseguiu calada, enquanto nosso líder concluiu, com o pé direito sobre os destroços da estátua do deus do povo de Amalec, num evidente gesto de superioridade sobre o inimigo:

— Israel, nosso Deus é misericordioso. Porém, Ele não pode furtar-Se de nos penitenciar quando pecamos. Para a nossa própria felicidade e paz, devemos seguir as Suas leis. Aquilo que vos digo deve ser cumprido. Caso contrário, padeceremos por nossa própria culpa. Prestai atenção quando vos digo que só há um deus, que não devemos cultuar imagens e que é imprescindível amar e respeitar Yahwéh, além de outras determinações que deverão ser sempre seguidas.

O povo concordou sem protestos, até que um dos homens perguntou:

— Mosheh, não deveríamos oferecer um dos cordeiros dos inimigos ao nosso Deus em gratidão pelo amparo que recebemos na batalha?

Nosso líder ergueu as mãos para o céu e falou:

— Nosso Deus é superior a tudo que conhecestes, ó Israel! Yahwéh não Se alimenta de carne, mas sim dos valores espirituais de Seu povo. Se desejais agradar ao vosso Deus, tornai-vos pessoas melhores; sejais dignos, assim como vosso Pai Celestial o é!

Esse era um conceito difícil para a humanidade daquela época. Todos os povos sacrificavam aos seus deuses. Por que Israel seria diferente? Poucos séculos depois da morte de Moisés, os israelitas instituíram o sacrifício de cordeiros nos templos, adequando os textos bíblicos segundo os seus interesses e crenças.

Os rebeldes que tinham enorme dificuldade em aceitar a liderança de Moisés se indignaram. Coré, então, disse:

— Por que sempre tendes razão? Por que vossas palavras devem ser aceitas? Gostaríamos que o deus que dizeis nos proteger nos falasse diretamente. Assim, acreditaríamos em vós.

O sangue de Moisés subiu à cabeça numa fração de segundo. Indignado, ele respondeu com seus olhos marcantes pregados nos de Coré:

— Os deuses egípcios e fenícios que cultuavas jamais te falaram pessoalmente. Ouvias os sacerdotes egípcios e te prostravas como um cordeiro. O que queres agora? Desejas que Yahwéh desça das nuvens para render-te homenagens? Eu sou o porta-voz de nosso Deus e as Suas ordens e leis serão proferidas pelos meus lábios.

Era isso que os rebeldes temiam. Se os israelitas o reconhecessem como o mandatário divino, sua autoridade sobre eles seria absoluta; todos teriam de se curvar, sem argumentações, às intenções de Moisés.

Abiram, Coré, Datan, Naason, Elizur e outros influentes membros da comunidade israelita, antes da chegada de Moisés, entreolharam-se preocupados. Ele os libertara, porém agora cobrava o seu preço: o domínio absoluto sobre os clãs de Israel por meio da vontade divina.

Para nós, partidários de Moisés, isso era insignificante, pois acreditávamos em seu mandato divino e na importância de sua missão, mas para aqueles que não comungavam com as idéias de nosso líder, isso era algo muito preocupante e que precisava ser rechaçado enquanto ainda havia tempo.

Os rebeldes abaixaram a cabeça e não mais contestaram naquele dia. Por fim, Moisés disse:

— Pois bem, acho que todos compreenderam a terrível lição que vivemos neste local amaldiçoado. Vamos prosseguir nossa jornada, pois o pior já passou. Logo chegaremos ao sopé do monte Horeb, na península do Sinai, onde nosso Senhor nos dará as Suas leis.

E olhando para Coré, completou:

— Talvez lá, Yahwéh nos fale pessoalmente, Coré, pois no monte Horeb a presença espiritual do Grande Deus torna-se visível até para os mais incrédulos, como tu.

E o povo de Israel reiniciou a sua marcha para vencer a última etapa da caminhada, antes de chegar à montanha de Deus. A liberdade era muito recente, e ela não tinha apresentado resultados positivos. Somente dor e sofrimento campeavam entre os israelitas. Era necessário montar acampamento por um período mais longo. Povos nômades geralmente não conseguem manter a unidade. E a unidade do povo de Israel era fator vital para que o monoteísmo vingasse finalmente na Terra.

O deus da montanha 5

Nos dias que se seguiram, nossa jornada foi bem mais tranquila. Não tivemos nenhum imprevisto com salteadores, e o mar Vermelho, à nossa direita, tornou-se milagrosamente abundante em peixes. As redes saíam do mar repletas do abençoado alimento para o povo faminto. Por isso, pouco nos socorríamos do maná, utilizando-o apenas como complemento alimentar durante as longas caminhadas que iniciavam-se ao amanhecer e, salvo raras paradas, encerravam-se somente quando o astro-rei se escondia no horizonte. As fontes e os poços cavados também se tornaram generosos, fornecendo-nos água potável em abundância.

Com o povo mais bem-disposto, a marcha ganhou ritmo mais intenso; ao contrário dos primeiros dias, em que avançávamos muito pouco pelos mais variados motivos.

Todos pareciam ter compreendido a mensagem de seu Deus: "Sejais dignos e a vida vos será uma sucessão de bênçãos; de outro modo, o inferno se fará presente na Terra". E assim, depois do conflito com os amalecitas, não ocorreram mais protestos públicos; percebíamos somente alguns resmungos isolados. Vivíamos um novo período de paz.

Vários dias depois, percebemos a aproximação lenta de um grupo de beduínos do deserto, com um porte nobre e um belo sorriso no rosto. Eram amigos. Moisés sorriu e um deles lhe disse, olhando para o mar de pessoas atrás de nós:

— Pelo que vejo, Mosheh, acho que conseguiste!

Era Hobab, um dos irmãos de Séfora. Ambos se abraçaram efusivamente e conversaram envolvidos num profundo sentimento de alegria.

Poucas vezes tínhamos visto nosso líder tão alegre. Era um colóquio familiar, muito íntimo. O povo olhava-o intrigado e se perguntava quem seriam aqueles estranhos beduínos.

Depois de alguns momentos de conversa fraterna, Moisés subiu no lombo do camelo mais alto e falou ao povo:

— Israel, nós estamos chegando à montanha de nosso Deus. Lá, teremos água em abundância; poderemos plantar e colher e, enfim, poderemos descansar em segurança.

Um dos homens, que estava mais à frente da caravana, parecendo um farrapo humano, perguntou:

— Se poderemos plantar e colher é porque ficaremos um longo tempo nesse lugar. Essa é a Terra Prometida por nosso Deus?

Nosso líder sorriu.

— Não, meu irmão, ainda não é a Terra Prometida; porém esse local será uma verdadeira bênção em nossa jornada, pois nele o nosso Deus nos dará as Suas leis e nos tornará uma nação inigualável no mundo. Na encosta do monte Horeb acabará o nosso período de escravidão e privação, porque depois do momento em que Deus nos der os Seus mandamentos começará o período de glória de Israel. Seremos a maior nação do mundo, não pelo nosso poder de guerra, mas sim pela nossa sagrada missão de difundir a verdade suprema que é a vontade soberana do Deus Todo-Poderoso que criou a vida.

O povo gritou com emoção o nome de seu líder, e este, num arroubo de alegria, disse a todos:

— Ó Israel, quando chegardes à encosta do monte sagrado, cravai fundo as estacas de vossas tendas, porque ali faremos um acampamento por muitas semanas!

Moisés se virou para o cunhado e falou:

— Sigamos, quero ver minha esposa e meus filhos imediatamente! A saudade em meu coração é grande demais.

Duas horas depois, o povo de Israel estava ao sopé do imponente monte sagrado de Yahwéh, que era chamado pelos habitantes da região de El Shaddai. Enquanto a multidão montava as suas barracas, Moisés e Henok dirigiram-se para o acampamento dos madianitas, que ficava a trinta minutos de caminhada do monte Horeb.

No final da tarde, Moisés retornou carregando no colo duas belas crianças: eram os seus filhos Gerson e Eliezer. Ao seu lado, caminhava uma deslumbrante mulher cujos olhos pareciam duas safiras que irradiavam uma energia belíssima: era Séfora, a esposa do grande profeta. Diziam que ela tinha recebido esse nome pela beleza inconfundível de seus olhos, que pareciam estrelas, tal o seu brilho. Junto deles, caminhava um homem que possuía o mesmo porte soberano de Henok, ou seja, a postura dos sábios. Eu só tivera a mesma sensação na presença do sacerdote da tribo de Levi e de Amenófis. O olhar sempre sereno e amigável de Jetro demonstrava todo o seu amor e sua sabedoria.

Ao percebermos a chegada de nosso líder, paramos as nossas atividades e nos aproximamos lentamente para ouvir as suas palavras. Ele e a família se mantiveram num pequeno morro, para que toda a assembléia de Israel pudesse vê-los e ouvi-lo satisfatoriamente. Em seguida, ele nos falou, enquanto irradiava-se uma tênue luz branca, com centelhas prateadas, do alto de sua cabeça:

— Queridos irmãos, estes são os familiares que me abrigaram quando tive de fugir do Egito, por causa da ira de Ramsés. Eu vivi aqui por muitos anos, bebendo da sabedoria divina de Jetro, o líder desta comunidade. Casei-me com sua filha Séfora e estes são os meus filhos.

Moisés se abaixou e pegou o pequeno Eliezer no colo, que passou a acariciar o rosto do pai com a sua mãozinha. Gerson pendurou-se na destra do pai e insistia para também ganhar colo.

O profeta de Yahwéh sorriu e falou:

— Agora, meu povo, podemos descansar. Os madianitas são os donos destas terras e nos cederão o seu uso pelo tempo que for necessário. Poderemos contar sempre com a colaboração desses irmãos. E enquanto formos seus hóspedes, estaremos à disposição para auxiliá-los no que for preciso, desde o plantio até a defesa deste recanto sagrado. Portanto, lembrai-vos, Israel, esta é mais uma dádiva que nosso Pai Celestial nos oferta! Sejamos dignos de merecê-la, para que a bênção divina não se reverta em cólera, pois nosso Deus nos ama intensamente, mas não tem piedade para com os ímpios!

Moisés se manteve em silêncio por instantes, parecendo falar com Deus, e, por fim, prosseguiu:

— Abençoados filhos de Israel, vós que fostes escolhidos por Deus para que Ele se revele ao mundo, ajoelhai-vos, neste instante, para que possamos elevar aos Céus uma súplica de agradecimento pelas dádivas conquistadas.

Lentamente todos flexionaram os joelhos e se curvaram perante o Todo-Poderoso. Alguns tocaram no solo fértil da encosta do morro, que vertia água em abundância, e disseram para si mesmos: "Obrigado, meu Deus!".

A multidão estava extasiada com o frescor e a umidade daquele recanto protegido por frondosas árvores. Depois de longos dias peregrinando por um deserto árido, as belíssimas montanhas de granito rosa do Sinai e a vegetação abundante do sopé do monte sagrado causaram-nos uma sensação de imenso bem-estar. Naquela época, a região era muito mais fértil do que nos dias atuais.

Em seguida, nosso líder ergueu os braços para os Céus e orou com sua voz imponente que percorria com facilidade todo o imenso acampamento:

> Ó Senhor onipresente que criastes tudo o que vemos e também o que nos é impossível enxergar, recebei de Vossos filhos esta oração de agradecimento pelas vitórias que conquistamos. Libertastes-nos de nossos algozes no Egito; saciastes-nos com Vossa água sagrada no deserto, e algumas vezes fizestes-nos beber Vossas lágrimas, para nos lembrar de nossa iniquidade; oferecestes-nos o maná sagrado que nos salvou da fome nos momentos críticos e fizestes chover aves do céu para que não sucumbíssemos no deserto. Obrigado, nosso Senhor!
>
> Protegestes-nos dos homens maus que desejavam nos roubar e escravizar; nos destes forças sobre-humanas para que vencêssemos exércitos maiores que o nosso, porém nos

lembrastes do erro cometido com a dor da perda dos nossos filhos, quando cultuamos os deuses do mal, os quais temos de abolir e colocar na conta de demônios malditos.

Confiamos em Vossa providência, ó Senhor! Alertai-nos sempre que sairmos do caminho que traçastes. Ouvi as nossas súplicas e recebei o nosso agradecimento.

Que assim seja feito!

Depois do encerramento da prece, alguns repetiram o mantram que confirmava a oração: "Que assim seja feito!". Entretanto, um grande número de pessoas, muito mais por força dos antigos hábitos do que por protesto, falou em uníssono: "Amém!".

Moisés, que estava de cabeça baixa em sinal de submissão ao Grande Deus, ergueu o queixo rapidamente e fuzilou o povo com o olhar, pois a palavra "amém" no final da oração significava um gesto de submissão e confirmação ao deus Amon, soberano do Egito. Aliás, o nome Amon, utilizado nos dias atuais, é uma corruptela do termo original (amen), na língua egípcia. Portanto, a escrita correta da palavra Tutankhamon era Tutankhamen, que significava "a imagem viva de Amon"; o nome Amenófis (Amenhotep) também é uma referência a Amon e quer dizer "Amon está satisfeito".

Nosso líder ficou relmente indignado com aquela heresia. Mas, ao ver que o povo se curvou até o solo e começou a pedir perdão a Deus, ele nada disse, pois percebeu que os filhos de Israel haviam entendido o seu recado.

Durante toda a vida de Moisés, jamais o termo "amém" foi utilizado novamente no final das preces. Porém, ressurgiu nos séculos futuros, tornando-se presente em algumas religiões até os dias de hoje, sem que os atuais adeptos compreendam o seu real significado pagão.

O mais intrigante foi o que ocorreu em seguida. Enquanto as pessoas se penitenciavam por ter cometido aquela heresia, começamos a ouvir estrondos no pico do monte Horeb, como se pedras maiores que as das pirâmides de Gizé estivessem sendo arrastadas aos solavancos. Quando olhamos para o alto, poderosas descargas elétricas iluminavam a "Casa de El Shaddai". O povo então ficou completamente apavorado e começou a gritar pedindo perdão ao Grande Deus.

Aproveitando-se do momento, Moisés procurou Coré em meio à multidão e disse-lhe, para que todos ouvissem:

— Coré, quem sabe agora desejas perguntar algo diretamente ao nosso Deus?

Entretanto, a multidão, em pânico, respondeu de forma tumultuada:

— Mosheh é o nosso porta-voz. Somente ele deve falar com o nosso Deus. Perdoai-nos, ó Senhor Todo-Poderoso!

O planalto do Sinai está situado numa região onde ocorrem intensas tempestades eletromagnéticas. Particularmente no monte Horeb, as descargas elétricas eram frequentes naquela época do ano, o que levava o povo a acreditar que lá habitava El Shaddai, o deus do trovão.

Com sua capacidade magnética impressionante, Moisés então utilizou-se desse fenômeno físico para fazer o povo rude compreender a "presença divina", marcando para sempre a história religiosa de nossa humanidade, pois somente os iniciados percebiam Deus pela sua natureza puramente espiritual. Se Moisés não tivesse agido dessa forma, a evolução espiritual das massas não teria se processado a contento, no decorrer dos séculos.

Jetro e Séfora observaram com surpresa os métodos de Moisés, mas, com o passar do tempo, acabaram concordando com sua estratégia, principalmente depois dos fatídicos episódios que para ocorrer na montanha de Deus.

O monte sagrado logo silenciou. O povo, então, voltou para os seus afazeres, mas não sem antes lançar olhares temerosos para a "Casa de Deus"; alguns até especulavam se pesadas pedras não poderiam desprender-se da encosta da montanha, precipitando-se sobre o acampamento, tal a intensidade dos raios.

Chamei meu irmão Uziel e lhe pedi que cuidasse de nosso clã. Livre das tediosas atividades para montagem das tendas, me aproximei dos sábios que confabulavam sobre o fenômeno. Por diversas horas, várias teses foram levantadas. Depois de muita especulação, chegamos à conclusão de que Moisés era verdadeiramente o porta-voz de Deus na Terra e que ali, naquele local, Yahwéh poderia fazer-se mais presente ao homem comum, em razão das poderosas energias elétricas daquela região montanhosa.

Abidã, falou-nos com sabedoria:

— Sabemos que Deus está presente em toda a Criação, porém, em alguns lugares específicos, sua presença pode ser percebida de forma mais intensa. Certamente, essa montanha é um desses lugares sagrados de nosso planeta.

Os demais sábios concordaram com um gesto de cabeça. Então Abidã prosseguiu:

— É preciso que nosso povo permaneça neste local o tempo que for necessário para perceber, com os sentidos físicos, o que suas almas ainda não estão preparadas para entender. Refiro-me à "presença espiritual" de Yahwéh.

Todos concordaram dizendo:

— Sim. Este local foi uma sábia escolha.

Olhei para Henok e disse-lhe:

— Que o nosso bom Deus seja louvado! Acho que agora Israel contestará menos nosso líder; ainda mais que o período de provação parece ter ficado no deserto de Sin, onde passamos maus momentos. Neste local sagrado, naturalmente nosso povo vibrará numa sintonia espiritual mais elevada.

O sábio da tribo de Levi, me olhou com serenidade, ao dizer:

— Esperamos que sim, Natanael, mas não devemos nos descuidar. Nosso povo é como uma criança de humor instável que, sem apresentar motivo sensato, toma as atitudes mais imprevisíveis.

Concordei com a exposição do grande mestre e voltei para a minha tenda. Rebeca tornara-se muito introspectiva desde sua mudança de nome. Ela mal falava com os familiares mais próximos. Parecia-me que esse episódio tinha realmente afetado a sua personalidade. Como críamos nisso, a princípio achei sua transformação muito natural.

Entrei em nossa tenda e comecei a me lavar com a água de uma jarra de cerâmica utilizada para esse fim. Rebeca aproximou-se e sentou-se no chão, perto de mim, abraçando as próprias pernas. Com o queixo sobre os joelhos, ela disse:

— Natanael, parece mesmo que morremos e renascemos

para uma outra vida. Tudo aqui é diferente do nosso Egito. Já reparaste que até a nossa maneira de falar está mudando?

Ela olhou para os lados, enquanto eu secava os braços com um pano, e depois continuou:

— Eu fiquei impressionada com a oração de Mosheh. É diferente dos rituais nos templos de Amon ou Ísis.

Então virei-me para Kermosa e perguntei:

— E gostaste?

— Não sei — respondeu ela. — Só sei é que senti muito medo. Algumas vezes, Mosheh me parece divino; outras parece um enviado de Seti.

Olhei para ela com reprovação. Além de falar mal de Moisés, ainda o comparava ao deus egípcio do caos e da maldade; àquele que havia matado o grande deus Osíris e se apresentava ao imaginário popular sempre que problemas surgiam na vida dos egípcios.

Relevei as suas considerações e sentei perto dela. Rebeca então deitou o rosto no meu ombro, enquanto eu falava:

— Sim, tens razão! Um mundo completamente novo está se descortinando aos nossos olhos. E parece que Mosheh irá aprofundar esse novo modelo social e religioso de forma irreversível. Decididamente, ele deseja extrair a cultura egípcia de nosso meio.

Rebeca me olhou com profunda tristeza. Ela amava intensamente o estilo de vida do Vale do Nilo. Por fim, eu concluí:

— Se eu estivesse no lugar dele, faria a mesma coisa. O único meio de formar nossa identidade e nos transformar num grande povo é criando nossa própria cultura. E o alicerce dessa cultura é a crença no Deus Único. Se assim não procedermos, rapidamente nosso povo se desmembrará e ficará como esses povoados do deserto, sem identidade, sem rumo, negando as próprias origens. Portanto, Rebeca, Mosheh está certo! É fundamental para a sobrevivência de nossa nação que venhamos a nos submeter às rígidas leis de Yahwéh.

Ela olhou para mim e sorriu. Em seguida, nos deitamos e, antes de dormir, eu lhe disse:

— Rebeca, que bom que estás "renascendo". Acho que agora vou te amar muito mais.

Ela estremeceu e abraçou o meu peito, respirando profundamente, como se finalmente tivesse encontrado paz em seu tumultuado coração. Não imaginávamos que estávamos sendo agraciados com a proteção e o amparo de elevadas vibrações espirituais, geradas por iluminados seres astrais que possuíam um sublime propósito.

Naquela noite, eu e Rebeca nos unimos intensamente, como se fôssemos um só. Assim, ela ficou grávida de nosso primeiro filho, entre os muitos que geraríamos. A abençoada criança viria a chamar-se Rute.

A visita de Amenófis 6

Sonhei com Isetnefret, o anjo tutelar que me amparou durante toda aquela difícil caminhada. Todavia, em determinado momento, um respeitável ancião vestido de branco, com traços tipicamente orientais, aproximou-se conduzindo nos braços uma pequena e angelical menina que parecia ter menos de um mês de idade.

Eu fiquei encantado com a luz daquele pequenino ser e nem percebi quando o abençoado fardo foi passado delicadamente para os meus braços. Então, o sublime mentor, com o rosto emoldurado por maravilhosa luz violeta, falou:

— Abençoados sois vós. Que tua união com Rebeca frutifique e gere muitos filhos valorosos, para tornar Israel uma grande nação!

Atônito, perguntei:

— Como devo chamar este anjo de Deus?

O sábio deu um sorriso.

— Sabes quem ela é. Deves decidir o que esperas que ela seja para ti.

Eu meditei alguns segundos e disse, com os olhos marejados de lágrimas:

— Preciso que ela seja uma amiga querida; alguém muito especial, que me ouça nos momentos difíceis em que ninguém parece entender os meus anseios. Tenho de ouvir o drama de todos, mas não encontro ninguém que esteja disposto a me escutar e me compreender. Estou cansado de pessoas que só desejam me sugar. Preciso de alguém que alimente o meu coração com o divino combustível do amor sincero e desinteressado.

— Pois bem, então deves chamá-la de Rute, que em tua língua significa "amiga" — aconselhou-me a entidade.

Agradeci com um olhar significativo e me retirei lentamente do ambiente iluminado em que nos encontrávamos, adentrando, enfim, um túnel escuro que representava o caminho para a vida humana.

Assim a noite se passou, até que, pela manhã, senti algo cutucando as minhas costas insistentemente. Acordei sobressaltado e, ao me virar, pude ver o pequeno Benjamim se divertindo com o meu susto, rolando pelo chão de tanto rir, fora da barraca. Ele tinha encontrado um longo galho de árvore e, para evitar o susto que lhe dei na última vez, ele resolveu me acordar à distância.

Depois que fiquei bem desperto, Benjamim empunhou o galho e brincou, esboçando o seu largo sorriso infantil:

— Agora não me pegaste, tio! Eu sou que nem os guerreiros de Josué, prefiro lutar com lanças, assim o inimigo não pode me atingir.

Eu sorri e falei baixinho para não acordar Rebeca:

— Cuidado rapazinho! A melhor arma é a presença de espírito. Um bom guerreiro sabe utilizar a inteligência para livrar-se de poderosas armas.

Ele fez uma cara de desdém e falou:

— Acho difícil me pegares com a minha "lança"!

Mal terminou essas palavras e parti para cima dele. Sua lança improvisada era muito grande e pesada; ele deu um passo para trás e o galho se prendeu no alto da barraca, desequilibrando-o. Benjamim caiu de costas e eu o desarmei rapidamente, colocando uma mão sobre o seu peito e encostando uma pequena adaga em seu pescoço, com a outra. Por fim, disse-lhe com ironia:

— Vê, querido sobrinho, armas longas e pesadas exigem mais destreza e força para manejá-las! Todas as armas são boas, porém deves conhecer melhor a sua utilização.

Ele esboçou um sorriso amarelo e disse, assustado:

— Não vou esquecer disso, Natanael!

Então levantei-o e perguntei:

— O que queres a esta hora?

— Mosheh está chamando todos os chefes e os sábios. Ele também convocou Josué e Misael. Como parecia que estavas tendo aqueles sonhos estranhos, resolvi me precaver.

Meditei sobre as palavras de Benjamim e lembrei-me vagamente dos acontecimentos daquela noite, no plano invisível. Depois, sorri e pensei: "Sinto que esta foi uma noite maravilhosa!". Olhei para Rebeca e percebi que ela dormia como um anjo. Ela era uma linda mulher, muito especial, mas o seu temperamento fazia que o meu amor esmorecesse. Assim, quando Rebeca estava serena e amorosa, nosso casamento era o paraíso na Terra.

Levantei-me rapidamente, dei um beijo em Rebeca e fomos para a reunião, que aconteceria no mesmo lugar onde Moisés havia nos falado no dia anterior. Aquela pequena elevação na encosta do morro protegia-nos do Sol, com as suas enormes árvores; um local bem aprazível, onde corria uma brisa refrescante e úmida vinda das cascatas próximas do acampamento.

Ao chegar lá, lembrei-me da aridez do deserto e dei graças a Deus por já ter vencido aquele trecho cruel da jornada. Perguntei, então, a Aiezer qual era o motivo da reunião. Ele deu de ombros e falou:

— Também não sei. Mosheh convocou-nos a todos faz poucos minutos.

Nosso líder logo se aproximou com seus longos cabelos esvoaçando ao vento e sua espessa barba ajeitada de forma irrepreensível, e nos saudou dizendo:

— Que Yahwéh esteja conosco!

Retribuímos a saudação e, sem rodeios, ele começou a nos falar:

— Irmãos, encerramos a primeira parte de nossa jornada. Graças ao amparo de nosso Deus, chegamos até aqui sem maiores perdas. Vencemos o faraó do Egito e os amalecitas do deserto de Sin. Entretanto, nossa caminhada ainda exigirá muitos desafios. Quando sairmos da montanha do Senhor, teremos de cruzar o golfo de Ácaba; lá, invadiremos terras cujos povos estão muito bem armados, como os madianitas, edomitas e moabitas, mais até do que os amalecitas.

Como não conhecíamos metade daqueles povos, apenas nos entreolhamos e depois perguntamos a Moisés:

— Mas se vamos apenas passar por essas regiões, não podemos fazê-lo como aqui, onde se estabeleceu um contato amigável?

O profeta fez um gesto afirmativo com a cabeça e respondeu:

— Deus permita que seja assim, porém vimos o que aconteceu quando cruzamos as terras dos amalecitas; alguns desses povos não desejaram dialogar. Portanto, é possível que tenhamos de usar a força. O problema não se resume somente em invadir terras alheias; aparecerão em nosso caminho aqueles que desejarão as nossas riquezas e os que pretenderão nos tomar como escravos. E isso jamais permitiremos! Além do mais, quando chegarmos a Canaã talvez tenhamos sérios conflitos com os seus habitantes.

Selumiel, da tribo de Simeão, perguntou:

— Mas eles não são nossos irmãos? Não foi de lá que Israel trouxe os seus filhos para o Egito?

Josué respondeu antes de Moisés.

— Selumiel, isso foi há muito tempo. Talvez os cananeus nem saibam desse fato e nos tratem como invasores de suas terras.

Moisés confirmou as palavras de Josué e complementou:

— Além disso, eles terão de aceitar o nosso Deus. Os cananeus são politeístas e nós não podemos tolerar o convívio com adoradores dos deuses Baal, Moloc e outras divindades dos povos do Norte. Caso contrário, o trabalho que realizamos de libertação da influência egípcia poderá se perder.

Eu olhei para Moisés e perguntei:

— O que faremos se eles não aceitarem o nosso Deus?

Nosso líder meditou um pouco e depois respondeu, convicto:

— Tomaremos as terras que ficam entre o rio Jordão e o Grande Verde.[1] Lá, imporemos a nossa cultura e aqueles que não seguirem as leis de nosso Deus sofrerão punições. Não haverá escolha para eles.

Todos nos entreolhamos, preocupados. Moisés, então, prosseguiu:

---

1 Grande Verde — O personagem se refere ao mar Mediterrâneo.

— Sim, o que pensais está correto. Será uma invasão! Não há outra forma, pois a terra que iremos habitar já está ocupada. Espero que os cananeus aceitem essa transformação inevitável em suas vidas e se sujeitem a dividir o seu território conosco. Acredito que o povo simples da região aceitará a mudança sem maiores problemas. Ainda mais que desejamos estabelecer uma estrutura social justa, sem privilégios de castas, o que certamente não é comum naquela região. Teremos dificuldades com os líderes cananeus. Contudo, isso não será problema para o nosso exército, que estará bem treinado quando chegarmos às margens do rio Jordão.

Josué interveio perguntando:

— E quando isso ocorrerá? Eu preciso de tempo para treinar os homens e fabricar mais lanças e escudos.

Moisés sorriu.

— Não te preocupa, meu amigo! Terás bastante tempo para isso. Ficaremos por um longo período aqui. É necessário ainda cuidar da formação espiritual e social do nosso povo. Não pisaremos com pés impuros na Terra Prometida — e concluiu olhando para o pico do monte Horeb:

— Além do mais, quero obter o poder de nosso Deus para as batalhas que enfrentaremos. É preciso evitar perdas humanas nesse nosso longo caminho. Não desejo que o nosso povo chegue à Canaã destroçado física e psicologicamente, por causa de lutas infindáveis contra os inimigos que encontraremos no deserto. Se nosso Senhor estiver "fisicamente" conosco, poucos terão coragem de nos afrontar.

Muitos não compreenderam as palavras de Moisés naquele instante. Nosso líder então dispensou os homens de guerra dizendo:

— Por enquanto é só! Podeis vos retirar. Desejo falar agora somente com os sábios anciões de Israel.

Josué e seus guerreiros, e quase todos os chefes de clãs, se retiraram. Eu tive dúvida se ficava ou saía, mas minha curiosidade era tanta que resolvi arriscar. Moisés apenas sorriu, divertindo-se com minha ousadia em incluir-me entre os sábios, porém nada disse a respeito.

— Sábios irmãos, não poderemos contar apenas com a força de nosso exército durante a jornada até a Terra Prometida. Além do mais, somente a nossa palavra não será suficiente para obter êxito na formação espiritual de nosso povo. Precisamos desenvolver a ciência dos mestres do passado para conquistar o diferencial que mostrará a Israel e às diversas nações do mundo o poder de nosso Deus.

Ele fez uma breve pausa e voltou a falar, com um brilho intenso nos olhos:

— Temos de reviver a sabedoria dos antigos construtores das pirâmides que vieram do continente perdido, e dos antigos sacerdotes da Mesopotâmia. Há pouco mais de cem anos, o faraó Akhenaton tentou realizar essa missão na cidade que fundou no centro do Vale do Nilo, mas não obteve êxito por causa das forças do mal que destruíram o seu abençoado reinado. Talvez alguns aqui não saibam, mas Akhenaton tinha o mesmo objetivo que nós: implantar no mundo a crença no Deus Único.

Moisés aguardou alguns instantes para que assimilássemos aquela informação e só então continuou:

— Estudei aqui, aos pés do monte Sinai, com Jetro, Henok e Amenófis, os textos sagrados desse faraó que possuía notável sabedoria espiritual e contrariou a tendência dos reis do Egito dos últimos séculos. Avaliei nesses escritos a profunda filosofia espiritual e, principalmente, as iniciativas realizadas na capital fundada por ele, que se chamava Horizonte Radiante do Deus Único, onde os seus estudiosos procuraram explorar as forças energéticas, a fim de obter avanços tecnológicos para a nossa humanidade.

Moisés voltou-se para o pico do monte Horeb, que naquele momento estava novamente instável, dispersando violentas descargas elétricas, e falou:

— Eu quero que Israel domine o poder do Electrikus, tal como fizeram os egípcios, até a quarta dinastia, e os reis da Suméria, antes de os babilônios dominarem a região dos rios Tigre e Eufrates. Que os sábios de Israel não meçam esforços para transformar essas informações, aparentemente teóricas, em resultados práticos! Obtendo o domínio da técnica do Electrikus,[2] ficaremos a um passo da manufatura da "pedra sagrada", ou seja, da transformação do ouro no misterioso pó

2 Electrikus — Segundo o autor, termo iniciático utilizado pelos antigos sábios da Suméria para designar a eletricidade.

branco dos iniciados da Antiguidade. Se conseguirmos isso, nada nos será impossível.

Enquanto Moisés expunha os seus planos, tive mais uma vez aquela sensação de déja vu[3] que me acompanhava com frequência, desde o meu nascimento. Pude mentalmente me ver caminhando pelas largas ruas da cidade sagrada de Akhetaton, cem anos antes, durante o reinado do faraó Filho do Sol. Na personalidade de Radamés, vivi experiências inesquecíveis naquele lugar muito à frente de seu tempo, conforme o leitor poderá relembrar em Akhenaton — A Revolução Espiritual do Antigo Egito.

Apesar de não fazer parte da equipe que pretendia dominar o Electrikus, já naquela encarnação eu ouvia Ramósis falar com frequencia sobre esses estudos. Durante aqueles anos gloriosos, eu voltei a minha atenção para o desenvolvimento de energia motriz, a partir do vapor, com o superaquecimento da água, a fim de gerar movimentos mecânicos automatizados. A intenção era criar máquinas que moessem o trigo e fizessem o trabalho de tecelagem, sem o esforço humano.

Essas lembranças tornaram-se tão vivas em minha mente que lágrimas intensas começaram a descer pelo meu rosto. Não resisti à curiosidade e resolvi interpelar nosso líder, esquecendo completamente que nem deveria estar presenciando aquela reunião.

— Mas...

Percebendo a minha profunda emoção e insegurança, Moisés disse:

— Pode perguntar, Natanael! Fica à vontade.

Então tentei controlar a ansiedade.

— Desculpai-me, mestre, por intrometer-me em assuntos que desconheço, mas a energia dos Céus não é o poder de Deus? Desejais dominar o poder do próprio Criador?

Moisés fez um gesto simpático, de quem compreendia a pergunta, e respondeu, sem afetação:

— Natanael, a energia dos Céus não é o poder de Deus, mas umas das manifestações de Sua força. Jamais poderemos nos igualar ao Criador. No entanto, nada impede que estude-

---

3 Déja vu — Palavra de origem francesa que quer dizer: sensação de já haver estado em determinado lugar ou em certa situação.

mos as forças da natureza e as coloquemos sob nosso controle. Yahwéh espera que nos tornemos sábios como Ele e que cresçamos a cada dia para nos tornar realmente os Seus filhos, refletindo a Sua sabedoria eterna. Quem dominar o que os outros desconhecem será o senhor do mundo. Cabe a nós utilizar essa força divina para dar novos rumos à evolução da humanidade. Quanto mais forte Israel se tornar, maior será a projeção de nossa mensagem por todas as nações. Senão, seremos apenas um pequeno grupo de fugitivos do Egito que logo será esquecido, ou então massacrado pelo demais povos do deserto. Mais alguma pergunta?

Todos me ohavam demonstrando infinita paciência com minha ignorância a respeito daquele assunto. Eu apenas disse:

— Gostaria de pedir autorização para participar desses estudos. Quero ajudar de alguma forma a atingir esse grande objetivo. Eu faço qualquer coisa, até mesmo lavar as mãos e os pés dos sábios que promoverão esse fantástico progresso para o nosso povo, pois sinto que não poderei viver sem ajudar nesse projeto de alguma forma. Estranhamente, o que aqui ouço tornou-se tão importante como o ar que respiro.

Moisés lançou um olhar significativo para Henok, que apenas sorria. Certamente, o sábio da tribo de Levi, reencarnação do grande Hermes Trimegisto, mestre da alquimia, já havia identificado a minha encarnação anterior, junto dele e de Akhenaton, e conversou sobre isso com nosso líder.

Mas as sensações mais intensas ainda estavam por vir, quando Amenófis, a reencarnação de Akhenaton, chegasse para nos ajudar e orientar nesses empreendimentos científicos, assim como havia feito em sua vida pregressa de forma brilhante.

Moisés sorriu e falou:

— Será um prazer contar com tua ajuda, meu amigo; mas, como bem sabes, todo o conhecimento profundo deve manter-se oculto, longe de mãos profanas que possam utilizá-lo para o mal. Contamos com tua discrição!

Depois daquela reunião, fiquei fascinado pelo assunto. Eu já não tinha mais cabeça para outra coisa senão estudar aqueles textos impressionantes que falavam sobre a faculdade de capturar o poder do Electrikus de Deus, dentro de uma "caixa".

Entreguei-me de corpo e alma aos aprendizado sobre a criação de rudimentares baterias, semelhantes às confeccionadas na antiga Mesopotâmia, que geravam energia elétrica de baixa voltagem.

A famosa Arca da Aliança dos israelitas começava naqueles dias a ser idealizada na mente de nosso líder e dos demais sábios. Logo o poder de Deus se manifestaria no mais precioso bem do povo de Israel pelos séculos futuros, de Moisés ao rei Salomão, quando então finalmente teve de sair de cena, por causa da corrupção de valores que dominou novamente o povo escolhido.

Nas semanas que se seguiram, enquanto Moisés se estressava com as querelas entre as famílias hebraicas, eu me debruçava sobre os papiros que explicavam o Electrikus e a origem do "grande poder", que era chamado também de a "pedra sagrada".

Os assuntos da tribo de Issacar estavam integralmente nas mãos de meu irmão Uziel. Ele não teve maiores problemas; tudo estava tranquilo e as queixas eram raras. As famílias cultivavam a terra e compravam animais para criação, com o ouro e a prata que possuíamos.

Uma das características principais de nossa tribo era a dedicação ao trabalho. Não havia esforço que fosse demasiado para nós. Mesmo os trabalhos mais pesados eram encarados com alegria; tanto que éramos conhecidos entres os filhos de Jacó como os que eram fortes como jumentos. Além disso, nosso clã não era ambicioso como o de Judá, que a todo momento causava transtornos a nosso líder, desejando sempre dominar nossa comunidade.

Ainda assim, algumas vezes minha mãe me repreendia:

— Natanael, enlouqueceste? Por que abandonas a sagrada missão de chefiar a herança de teu pai para dedicar-te a esses assuntos dos anciãos? És jovem, deixa esses assuntos para os velhos, que já não possuem mais vigor para as nobres atividades.

Diná não tinha compreensão para avaliar a dimensão daquela tarefa e a importância da sabedoria para o futuro dos povos. Como todos naquela época, minha mãe acreditava que a força era sinônimo de nobreza, enquanto a sabedoria era destinada apenas aos velhos e fracos.

Eu respondi para ela, sem, no entanto, tirar os olhos dos papiros:

— Fica tranquila, minha mãe! Quem mais confiável para dirigir os assuntos de nossa família do que nosso querido Uziel? É bom que ele vá amadurecendo nesses assuntos. Nunca sabemos quando o Grande Deus vai nos chamar para o Seu reino celestial.

Diná ficou brava com as minhas palavras.

— Nem digas uma coisa dessas, Natanael! Isso pode atrair maus presságios.

Eu sorri e falei:

— E que Mosheh não te ouças! Tu bem sabes que ele detesta superstições.

Ela se retirou, resmungando, enquanto eu continuei estudando os textos. Cheguei a me esquecer completamente de Rebeca, que passava os dias inteiros sempre calma, analisando as mínimas questões da vida, até mesmo o vôo ingênuo de uma borboleta. Ela começou a ter desejos por alimentos estranhos; contudo, não percebemos naquele momento que se tratava de uma gravidez. A aproximação física de Isetnefret, agora reencarnando como Rute, estava transformando completamente Rebeca, tornando-a mais tranquila e meditativa. Seu estado de espírito era de puro êxtase, em razão do ser angelical que carregava no ventre. Rebeca tornara-se uma nova mulher e isso facilitou muito o nosso relacionamento, antes sempre tão tumultuado.

Aiezer também estranhou o meu interesse pelos assuntos dos sábios e se aproximou para descobrir o que tanto chamava a minha atenção. No entanto, nessa encarnação, ele não era muito interessado pelos assuntos da mente, que achava sempre muito tediosos. Em compensação, era comum vê-lo diariamente junto de Josué, acompanhando os treinamentos de nosso exército, ou então flertando com a bela Raquel, uma das mais nobres descendentes da tribo de Dã, que viria a tornar-se sua esposa depois que Moisés retornasse da montanha sagrada com os mandamentos de Deus. Além desses afazeres, ele tratava dos assuntos inerentes ao seu clã.

Assim, quando eu menos esperava, Moisés convocou os chefes dos clãs e nos disse:

— Jetro teve uma excelente idéia. Não posso ficar cuidando de assuntos pequenos, relativos à cada família. A partir de hoje, cada chefe de clã nomeará auxiliares que avaliarão as questões apresentadas. Os assuntos mais graves serão decididos por vós, segundo o que achardes justo, até que recebamos a Lei de nosso Deus. Os temas que não souberdes resolver, trareis a mim. Eu não quero mais perder o meu tempo com assuntos fúteis como o roubo de um cordeiro.

Expressei no rosto a minha insatisfação, porém nosso líder me falou em particular, após o término da reunião:

— Natanael, teu irmão Uziel está se saindo muito bem na chefia do clã de Issacar. Deixa que ele execute essa atividade que acabei de delegar. O que fazes no momento é mais importante aos interesses de nosso povo.

Agradeci, comovido, e procurei me empenhar ainda mais naqueles estudos que haviam se tornado o ar que eu respirava. Às vezes, eu mais atrapalhava os sábios do que os ajudava, mas eles se sensibilizavam com a minha boa vontade e dedicação.

Aoliabe, da tribo de Dã, era o que mais tinha paciência comigo; talvez em consideração à minha amizade com Aiezer, que era o chefe de seu clã. Eu o ajudava a fazer os vasos de cerâmica, no qual enfiávamos pela boca um cilindro de cobre que era fixado por uma rolha; introduzíamos um bastão de ferro dentro do cilindro, de forma que este se projetasse até um pouco acima da tampa; depois, despejávamos no seu interior um vinagre bem ácido, feito a partir do vinho misturado com outros elementos cítricos que intensificavam de forma única a reação elétrica. O vaso, enfim, era selado com um fino disco de cobre coberto de piche. Todas essas peças eram manufaturadas pelo artesão Bezaleel, e sua equipe, que tinha sido um dos mais habilidosos artífices dos faraós Ramsés e de seu filho Merneptah.

Os resultados eram bem animadores. Algumas vezes levávamos pequenos choques quando tocávamos a ponta do cilindro. Dessa forma, constatávamos a presença de eletricidade em baixa voltagem.

Um dia, curioso, perguntei a Henok:

— O que é a "pedra sagrada"?

Ele me respondeu:

— Basicamente, significa o que leste nos textos sagrados. É a transformação do ouro, que está em estado metálico, em pó. E isso só se obtém com o poder do Electrikus. Se conseguirmos gerar um calor elétrico, a partir de um arco de corrente contínua, poderemos submeter o metal à transformação em pó. O ouro desagregado em pequenas partículas possui poderes inimagináveis. Se obtivermos sucesso na descoberta do Electrikus, nosso Deus caminhará lado a lado conosco; e se conseguirmos produzir a "pedra sagrada", Yahwéh nos abençoará com a ampliação de nossa capacidade de captar a sabedoria divina. Nosso povo, então, tornar-se-á glorioso. Os antigos reis chamavam a "pedra sagrada" de "ouro dos deuses", por suas propriedades fantásticas.

— Não compreendo. Por que o ouro em pó nos trará sabedoria?

Henok sentou-se ao meu lado e falou:

— O ouro em pó, quando ingerido, estimula as glândulas pineal e pituitária, despertando os seus respectivos chacras: o coronário e o frontal. Isso faz que o individuo entre em estados superiores de consciência, em que, segundo os antigos mestres, "conversa-se" com os deuses. Claro que não são divindades, pois como bem sabes só existe um único e soberano deus! Na verdade, o indivíduo adentra o mundo espiritual de forma muito lúcida e fala com os mestres da Espiritualidade, obtendo sabedoria e discernimento para melhor conduzir sua missão.

Concordei com as sábias elucidações de Henok e perguntei:

— E por que não aquecemos o metal com fogo?

— O fogo derrete o ouro e pode até enegrecê-lo; ele não transforma o metal em pó. Não sabemos o porquê, mas somente o calor do Electrikus o transforma na "pedra sagrada". Ainda não temos noção da metade da aplicabilidade desse elemento místico. Acreditamos que com a transmutação do ouro encontraremos muitas respostas sobre diversos segredos, como a profunda ciência utilizada na construção das grandes pirâmides, por exemplo, fato ocorrido há muitos séculos.

Digeri as palavras do grande mestre dos levitas com os

olhos saltando das órbitas, tal era o meu espanto. Desse modo, passei aquelas semanas descobrindo um mundo novo e me surpreendendo a cada nova descoberta. Até que, em certo final de tarde, chegou ao nosso acampamento o sacerdote Amenófis. Ele foi recebido com muita alegria por Moisés, Jetro, Henok e os demais sábios, que se sentaram à sombra de uma frondosa árvore, perto das fontes, e aguardaram que o sacerdote egípcio narrasse os acontecimentos ocorridos desde nossa saída da terra de servidão.

Os chefes dos clãs e alguns comerciantes de nosso povo também se aproximaram, curiosos para obter informações sobre a devastada terra de Kemi.

Amenófis então suspirou profundamente, enquanto bebia a água cristalina das fontes do monte Horeb servida numa taça de ouro ornamentada com deslumbrantes pedras preciosas, um dos diversos tesouros que trouxemos do Egito. Em seguida, nos falou:

— Meus amigos, muitas coisas aconteceram depois de vossa saída do Egito. Com a morte de Merneptah, seu filho Seti deveria ter assumido o título de Senhor das Duas Terras, em substituição ao pai, mas não foi o que ocorreu. Amenmés, um dos filhos de Ramsés, usurpou o trono com o auxílio dos sacerdotes de Amon; porém isso não abrandou em nada a situação de penúria do Vale do Nilo. O povo e os sacerdotes estão entregues a intermináveis orações, tentando desvendar qual malefício causaram aos deuses para que nossa terra seja vítima desse sofrimento apocalíptico. Muitos estão convictos de que fomos punidos por manter o povo de Israel cativo por tanto tempo, sob um regime cruel de escravidão. Certos segmentos, tanto no sacerdócio como no governo, defendem a idéia de que fomos punidos pelos deuses única e exclusivamente por esse motivo. No entanto, os sacerdotes de Amon, sempre muito influentes, convenceram o novo rei do contrário. Os relatos oficiais que os escribas estão confeccionando em nenhum momento citam a intervenção do Deus dos israelitas, que tanto pânico trouxe ao Vale do Nilo. Acredito que eles farão questão de esquecer tudo o que se passou. Para os arrogantes egípcios, ser derrotados pelo deus de um povo escravo é uma vergonha grande demais para ser suportada. Inclusive o teu nome, Hepmose,[4] está sendo apagado de todos os registros para que não venhas a ter vida eterna, conforme as crenças de nosso povo.

Moisés meditou por alguns segundos e falou:

— Acreditais então que eles deixarão registrado para a posteridade que foram vítimas da ira de seus próprios deuses, e não da ação poderosa de Yahwéh?

Amenófis concordou, com um gesto simples, e disse:

— Os faraós jamais relatam derrotas. Acredito que eles darão uma dimensão muito menor a tudo o que aconteceu nas semanas que antecederam a saída de Israel do Vale do Nilo.

Moisés então concluiu:

— Isso já era esperado. Não devemos nos preocupar com a arrogância do faraó e dos sacerdotes de Amon. Além do que, o Egito agora também não nos diz mais respeito, apesar de desejarmos que a mensagem do Deus Único se propague pelo mundo. Certamente chegará o dia em que a terra dos faraós se libertará de sua cegueira e se conscientizará da verdade que desprezou, primeiro pelas mãos do sábio Akhenaton e agora por meio da dura mensagem de Yahwéh.

Depois de narrar o caos em que se encontrava a nossa antiga terra, Amenófis ouviu o relato de nossas aventuras no deserto e do progresso que estávamos conquistando na busca da ciência rudimentar dos povos antigos.

Fiquei deslumbrado com a sabedoria e o conhecimento que o sacerdote egípcio detinha sobre esses assuntos. O que para mim era novo, para ele parecia um conhecimento elementar.

Em poucos minutos de conversa, comecei a sentir algo diferente dos outros raríssimos contatos que eu tinha tido com aquele grande homem. Em alguns momentos, pensei reconhecer aquela fisionomia que agora não me parecia mais tão estranha: o tom sereno e conciliador de sua voz e, principalmente, a elegância de seu andar me faziam viajar no tempo, relembrando intuitivamente minhas aventuras de inesquecível progresso espiritual na personalidade de Radamés, durante o reinado do

---

4 O leitor deve estar lembrado de que Hepmose, que significa "o filho do Nilo", foi o nome dado a Moisés quando ele nasceu. Como a língua egípcia era de difícil pronúncia para os apirus, eles o chamariam no futuro de "Mosheh", que no dialeto hebraico quer dizer "o salvo das águas".

faraó Akhenaton.

Os cabelos grisalhos de Amenófis denunciavam a sua experiência. Ele, que havia educado os filhos de Ramsés e o próprio profeta de Yahwéh, agora atingia a plenitude de sua sabedoria e dispunha-se a nos auxiliar em nossa empreitada. Talvez até tenha se dirigido ao monte Horeb exclusivamente com essa finalidade, conhecendo as intenções de nosso líder.

Nos dias que se sucederam, Moisés, Henok, Jetro, Bezaleel, Absalão e os demais sábios de Israel acompanharam, deslumbrados, as teorias magníficas de Amenófis, que revivia, nessa encarnação, os seus dias gloriosos que se concretizaram parcialmente depois da edificação da cidade celestial de Akhetaton. A união dos sábios reforçou a busca pelo conhecimento, tanto no campo científico, como no espiritual. A multiplicação do saber, pelo diálogo entre mentes brilhantes, sempre rende belos frutos.

Às vezes, participávamos de forma descontraída dos estudos para a construção do modelo social e religioso que serviria de base para a formação espiritual da humanidade ocidental. Algo realmente fantástico! É uma lástima que muito dessas informações tenham sido deturpadas, causando graves problemas para Jesus, quando Ele desceu ao mundo físico para nos legar a "mensagem perfeita". Se isso não tivesse acontecido, provavelmente o mestre nazareno teria sido reconhecido como o Messias Prometido e poderia ter vivido entre nós por mais tempo, legando-nos ensinamentos ainda mais profundos, sem ter sofrido a condenação cruel e ignominiosa da qual foi vítima. Mas isso é apenas uma suposição! Como podemos conjecturar sobre os mais elevados desígnios de Deus?

Aqueles dias foram realmente inesquecíveis. Moisés entregou o controle do povo aos respectivos chefes dos clãs, para dedicar-se somente ao projeto de criação de uma grandiosa nação. Ele até percebia algumas atitudes reprováveis entre o povo, mas deixou o julgamento a critério dos líderes das tribos de Israel. Estes, ao perceberem que tinham recuperado o poder e o status, amenizaram as críticas ao profeta, promovendo um gradual apaziguamento das tensões, que anteriormente eram diárias.

Vez ou outra, brotava entre as pessoas alguns hábitos culturais ou religiosos cultuados por nossos algozes; mas Moisés mantinha-se à distância, pois logo ele subiria ao monte Horeb para falar com Yahwéh e estabeleceria definitivamente as leis para o povo de Israel, que ressurgiria como nação soberana após quatrocentos anos de escravidão no Egito.

Portanto, seria insensato ser exageradamente severo sem antes deixar claro o código moral que todos deveriam seguir. Era comum ver pessoas reclamando das cobranças de Moisés e alegando desconhecerem as diretrizes que ele desejava traçar. Alguns diziam: "Não sabemos como devemos nos comportar; nós desconhecemos as leis de Yahwéh.".

De vez em quando, Moisés conversava com o povo e procurava manter fértil em sua mente a necessária devoção ao Deus Único, pois mentes primárias precisavam ser lembradas diariamente de suas responsabilidades. Só assim criariam raízes definitivas e duradouras no caminho do bem.

Desse modo, nessas breves semanas, muito aprendemos, chegando a conclusões notáveis. Nada poderia ser melhor! Algumas vezes, eu conversava com Aiezer e lhe dizia:

— Meu amigo, tu te lembras dos dias em que vivemos situações infernais no deserto? Parecia que nosso povo estava à beira de uma ruptura. Em alguns momentos, senti que as tribos de Israel iriam se separar, como irmãos que se odeiam para sempre. Agora, porém, vivemos num clima inacreditável de paz e ventura. Até os rebeldes estão satisfeitos com a liderança de Mosheh.

Aiezer concordou e completou:

— Que Yahwéh seja louvado! Espero que o nosso povo continue assim. Tu tens de ver o progresso realizado por Josué. Nossos homens tornam-se a cada dia verdadeiros guerreiros. Com a proteção do Grande Deus e com a direção hábil desse menino, nenhum exército fará frente para nós.

Eu sorri, desconcertado.

— É verdade! Josué é quase um menino. Às vezes esqueço disso, tal a seriedade com que ele encara a sua missão. Fico impressionado com a sua ascensão. Alguns são muito mais velhos que ele e, no entanto, demonstram um respeito notável ao seu general.

Aiezer então me revelou:

— Natanael, não vais acreditar no que vou te dizer. O gênio militar de Josué é tão grande que já não estamos mais fabricando somente lanças. Ontem, ele fez o nosso primeiro arco e flecha e já está ensinando os guerreiros a escolher madeiras de boa envergadura para esse fim; sem contar as táticas militares que ele nos ensina. É impressionante o seu dom para a arte de comandar exércitos.

Coloquei as mãos no ombro do amigo e falei:

— E tu não imaginas o que estamos realizando por meio de nossos estudos. Em breve, teremos a "presença" de Yahwéh diretamente no meio de nosso povo. Nosso Deus descerá da montanha sagrada e viverá entre nós, protegendo-nos para que Israel se torne uma grandiosa nação.

Aiezer então mirou-me com um olhar assustado.

— Não posso crer no que falas. Isso é impressionante! Tal fato reforçará definitivamente a fé desse povo incrédulo.

Fiz um gesto afirmativo com a cabeça e concluí:

— Podes ter certeza disso meu amigo! Ainda mais agora com o auxílio do sacerdote Amenófis.

Aiezer fechou o semblante e falou, um tanto intrigado:

— Não sei se devemos confiar nele. Esse sacerdote é egípcio, e os egípcios são nossos inimigos. Não entendo qual o seu interesse em nos ajudar.

Eu me indignei com as colocações do amigo:

— Não deves duvidar das intenções de Amenófis. Lembra-te de que ele foi o principal instrutor de Mosheh, que também possui sangue egípcio.

Aiezer colocou a mão no meu ombro e disse:

— Vou acreditar em tuas palavras porque és meu amigo e porque sei que em tuas palavras e ações eu posso confiar. Só sei que existem muitos comentários no acampamento desde a chegada dele. O povo não vê com bons olhos a sua presença aqui. É isso que ouço a todo instante.

O amigo fez um sinal de despedida e foi cuidar de seus afazeres. Enquanto ele se afastava, eu lhe disse:

— Não há motivo para preocupação. Amenófis é um homem de confiança e está nos conduzindo a grandes avanços em nossas pesquisas.

Aiezer lançou um sorriso preocupado e arrematou:

— Dize isso para o nosso povo, pois eles não acreditam em boas coisas vindas do Egito. Somente aqueles que se beneficiavam na terra de Kemi se mantêm indiferentes à presença desse homem aqui.

Então, sacudi a cabeça e retruquei:

— Vá entender esse povo! Rechaçam um egípcio que quer nos ajudar, mas é só vacilarmos que eles cultuam os deuses do inimigo com a maior facilidade...

Depois das palavras de Aiezer, voltei para os meus afazeres profundamente chateado com aquelas insinuações a respeito de Amenófis. Já naquele momento, tão pouco tempo após a nossa nova condição de homens livres, surgia em meio ao povo uma de suas piores características: a xenofobia. Eles criticavam a presença de um egípcio, e logo seria Jetro e sua filha Séfora quem seriam vistos com maus olhos por serem descendentes de Ismael, patriarca do braço árabe do povo semítico.

E assim, Israel atravessaria os séculos gerando carmas e pagando o devido preço pelo sentimento preconceituoso que se enraizou em sua cultura.

Pensei em conversar com Moisés sobre o assunto, mas ele estava voltado para um dos momentos mais importantes de sua missão: subir a montanha divina para receber as leis sagradas que se tornariam o roteiro de evolução espiritual de nosso povo.

Nos dias seguintes, me solidarizei ainda mais com Amenófis, que atravessara o deserto para nos ajudar e era visto com desprezo pelo próprio povo que se beneficiaria de seu auxílio. Passei a ficar mais perto dele, demonstrando que nem todos criticavam a sua presença entre os filhos de Israel.

Com toda a sabedoria que lhe era peculiar, Amenófis logo percebeu as minhas intenções.

— Natanael, eu fico muito feliz com a tua preocupação, porém não te aborreças com os teus irmãos. A intolerância é fruto da ignorância e da imaturidade espiritual. Compreendo e sei que se hoje sofro a ação desse sentimento negativo é porque no passado, em vidas anteriores, devo ter agido assim. Agora experimento a ação da sábia Lei de Causa e Efeito. Só me resta aceitar esse sentimento com dignidade e honradez, procurando sempre iluminar a todos com o amor de Deus.

Agradeci a sinceridade do grande sábio e lhe disse:

— Mestre Amenófis, já que falais sobre outras vidas, eu gostaria de vos confidenciar algumas sensações que percebo faz tempo. Já falei sobre isso com Henok.

Ele me olhou com atenção, aguardando serenamente o meu relato. Percebendo o seu interesse, falei-lhe sem constrangimento, com o olhar voltado para o horizonte, como se isso me fizesse reviver aquelas lembranças:

— Sonho com frequência que estou vivendo feliz numa cidade muito avançada para a época, onde realizamos tudo o que estamos tentando pôr em prática aqui. Porém, a intolerância dos homens que não compreendem a luz divina surge, vinda de longe, e destrói a tudo e a todos, matando não somente as pessoas, mas também os nobres ideais. Depois dessas cenas, sinto-me sufocado por águas profundas, por longo tempo, quando então surge um anjo amigo que me resgata, afirmando que o meu período de expiação terminou, e que é preciso reconstruir o que foi destruído pela ignorância dos homens. Ao ouvir as palavras desse espírito iluminado, eu desperto com uma crise respiratória aguda. O ar parece não penetrar em meus pulmões, sinto que vou morrer, mas essa sensação não dura mais que alguns segundos, desfazendo-se tal como surge: do nada.

Depois desse relato inicial, meditei alguns segundos e concluí, voltando o olhar para o sábio mestre na esperança de que ele me esclarecesse tal dilema que me acompanhava há muitos anos:

— Depois que volto a respirar novamente e desperto desse sonho intrigante, só me resta uma sensação de espanto, e percebo que o meu corpo está todo encharcado de suor.

O sábio sacerdote egípcio então falou:

— É difícil dar-te uma explicação precisa sobre esse sonho, mas me parece que vives no íntimo a mesma sensação que eu, só que sob um outro aspecto. Em minhas reflexões, acredito que vivemos ao tempo do faraó Akhenaton e sentimos de muito perto todo o horror dos últimos anos de seu reinado. O que sei, e posso dizer-te, é que sinto uma necessidade muito grande de que os homens conheçam e creiam no único e verdadeiro deus.

Aceitarei vivenciar todos os desafios necessários para que isso se concretize. Não me importa se os homens me amarão ou me desprezarão; o importante é que seja feita a vontade de Deus na Terra.

Fiz então um sinal afirmativo, concordando com as palavras do mestre, e prosseguimos as nossas pesquisas. Contudo, quando achei que aquela conversa já estava encerrada, alguns dias depois ele se voltou novamente para mim e falou algo que me impressionou muito, quando as suas palavras se confirmaram:

— Natanael, faço o que faço por amor aos homens e à vida. Sinceramente, não espero nada em troca, nem ao menos a compreensão e o carinho daqueles que se beneficiarão com as minhas ações. Se a intolerância imperar no mar da ignorância humana, olharei nos olhos de meus algozes e direi: "Estou aqui somente para amar e servir, porque sei que somos todos irmãos, filhos do único deus, que é o nosso Pai Criador. O que nos torna diferentes, é somente a maldade e a ignorância humana".

Mantive os meus olhos fixos nos do mestre, bebendo toda a sua infinita sabedoria. Eu já tinha ouvido aquela frase final da boca de Henok. Era de autoria de Akhenaton, o próprio sacerdote Amenófis que estava reencarnado à minha frente. Portanto, apenas respondi:

— Tende razão, meu mestre! Agradecerei a Deus, todos os dias de minha vida, pela oportunidade que tenho de vos ter na condição de grande amigo.

Ele me abraçou fraternalmente e completou:

— Tua amizade, Natanael, é mais forte do que o ódio desses milhares de almas obscurecidas pelos próprios sentimentos negativos. A amizade é a maior das riquezas que podemos almejar, pois é irmã do amor. Aquele que tem um amigo, jamais estará só, pois a sintonia entre aqueles que se querem bem nos dá forças para caminhar pelo escuro vale das sombras.

Moisés sobe a montanha de Deus 7

Eu dormi muito pouco na noite que antecedeu a subida de Moisés ao monte Horeb. Não saberia explicar o porquê, mas sentia em meu coração um pressentimento de que fatos notáveis estavam por acontecer. O pior é que um profundo sentimento de melancolia me oprimia o peito, convidando-me a refletir sobre presságios desagradáveis.

Isso muito me impressionou, porque esse era um sentimento raro em minha personalidade. Olhei para Rebeca, dormindo tranquilamente ao meu lado, e fiquei imaginando se aquele pesar no meu coração teria algo a ver com ela. Nosso relacionamento andava muito tranquilo e cordial. Entristeci-me com a idéia de que algo poderia acabar com o clima de paz em que vivíamos nos últimos dias.

Às vezes, eu me impressionava com a sua nova conduta. Ela voltara a me tratar com carinho e criara o hábito de me confidenciar os seus sonhos e impressões mais secretas, demonstrando toda a confiança em nosso amor, tal como nos dias em que nos conhecemos às margens do rio Nilo.

Desse modo, quando o Sol começou a clarear na península do Sinai, levantei-me e fui lavar o rosto. Era inútil permanecer deitado. O sono não viria mesmo. Aquela noite tinha me proporcionado apenas uma desagradável dor muscular nas costas, sobre a omoplata direita, e alguns pesadelos confusos que eu não saberia explicar.

Em seguida, retornei à nossa tenda e fiquei alguns instantes observando o doce sono de Rebeca. Deitei-me ao seu lado e cheirei os seus longos e belos cabelos negros, sempre perfumados. Desde criança ela conservava o hábito de perfumá-los com as essências finas que o seu pai trazia do Oriente, e também adorava tomar banhos diários nas piscinas filtradas ou então no próprio Nilo, algo que viria a se tornar pouco comum entre um povo que tinha de se acostumar às privações do deserto. Por isso, em poucos anos, o asseio egípcio tornar-se-ia coisa do passado, obrigando Moisés a instituir o hábito da circuncisão de recém-nascidos do sexo masculino, com o propósito de evitar infecções.

Vale lembrar que a circuncisão era um costume dos sacerdortes de Amon, que se preocupavam mais com a pureza do corpo do que com a do espírito. Eles raspavam todos os pêlos, cortavam o prepúcio e tomavam banhos antes de todas as orações, para estar puros para o seu deus, costume que foi incorporado ao sacerdócio israelita, a cargo dos levitas, nos anos futuros.

Fiquei então mais alguns minutos abraçado a Rebeca e, para não perturbar o seu sono, retirei-me da tenda e fui sentar-me numa pedra alta, enquanto o Sol fazia evaporar o orvalho da noite. Lá, apreciei a beleza e o silêncio sagrado daquele lugar que transpirava espiritualidade. Observei que, naquele instante, o silêncio só era quebrado pelo barulho incessante das cascatas, convidando-me a uma agradável meditação. Porém, não demorou muito até que as mulheres começassem a acordar para moer trigo e fazer o pão de cada dia, rotina matutina que acompanhou a vida das mulheres da Antiguidade por muitos séculos.

Sem pressa, acompanhei os pequenos pássaros da encosta da montanha de Deus acordando para a sua labuta diária em busca de alimento. Respirei profundamente e absorvi o ar fresco da manhã, algo realmente muito revigorante e relaxante.

Refém de meus pensamentos mais íntimos, caminhei pelo acampamento, de peito aberto, mesmo sofrendo a ação implacável da brisa gélida da noite que insistia em reagir à ação do sol bruxuleante da manhã. Isso era muito arriscado para mim, que sofria de dificuldades respiratórias, agravadas pelas terríveis oscilações de temperatura do deserto.

Naquela manhã, o topo da montanha de Deus estava tranquilo, sem os pavorosos trovões que, vez ou outra, assustavam o povo acampado no sopé. Ainda assim, era possível ver alguns clarões que pareciam fagulhas elétricas iluminando serenamente a "Casa de Deus". Aquele era um fenômeno muito curioso: enquanto o tempo se apresentava tranquilo na encosta, no alto do monte a natureza parecia ter uma vida independente do restante da região.

Parei e fiquei olhando para o alto, tentando compreender aquele extraordinário fenômeno. Seriam aquelas descargas elétricas o próprio Yahwéh tentando se comunicar conosco? Talvez procurasse nos lembrar de nossos compromissos, assumidos quando aceitamos a Sua augusta paternidade, em troca da liberdade e da conquista da Terra Prometida a Abraão, Isaac e Jacó?

Voltado às minhas reflexões, não percebi a aproximação de Henok e Amenófis, que me disseram:

— Natanael, Mosheh deseja nos falar antes de subir à montanha para receber as leis sagradas. Vem conosco!

Ergui as sobrancelhas, demonstrando espanto e retruquei:

— Eu não sabia que nosso líder partiria hoje!

— Sim, ele irá ainda esta manhã, pois os filhos de Israel parecem estar se esquecendo de seu Deus. É necessário trazer ao seio de nosso povo a Lei Suprema de Yahwéh, antes que seja tarde demais.

Não mais do que meia hora depois, estávamos todos reunidos em volta do profeta de Deus. Os chefes dos clãs e principais sábios de Israel aguardavam ansiosos para ouvir as recomendações de nosso líder, que não demorou a nos dirigir sua palavra enérgica, modulada por sua voz metálica e autoritária.

— Queridos irmãos, filhos de Yahwéh, sinto que o nosso povo começa a esquecer-se de Deus, o Ser Soberano que os libertou do Egito e que caminha lado a lado conosco por este deserto impiedoso. Ontem mesmo, presenciei diversas manifestações de indiferença entre as famílias de Israel.

Moisés então colocou as mãos na cintura e, sacudindo a cabeça de um lado a outro, com o olhar voltado para o chão, prosseguiu, demonstrando todo o seu desgosto:

— Não somos um povo unido. Na verdade, talvez nunca o tenhamos sido. Quando Israel estava cativo no Egito, mantinha-se unido por causa da ação coercitiva do faraó e pelo desprezo dos egípcios, que os tratava com indisfarçável desdém. Talvez somente isso tenha mantido a nossa identidade: a dor e o medo da escravidão, aliadas ao desprezo e desrespeito de nossos algozes. Mas agora que somos livres e, pouco a pouco, o medo vai abrindo espaço à confiança e orgulho, sinto que nosso povo abandona os sentimentos nobres de amor e fraternidade para tentar impor-se sobre os seus irmãos. A falta de valores nobres no caráter dos israelitas faz que este se comporte tal qual aqueles que nos exploravam.

Selumiel, chefe da tribo de Simeão, perguntou, intrigado:

— Mas Mosheh, o que vistes para estar tão acabrunhado?

Nosso líder suspirou e respondeu:

— Não é apenas uma coisa, Selumiel. São muitas atitudes demonstrando que Israel não acolheu em seu coração o Grande Deus. Eu esperava que a ação generosa de Yahwéh, nos libertando e nos protegendo como uma águia vigilante, fizesse nosso povo tornar-se mais fiel, generoso e honrado. Entretanto, vejo a todo instante a prática de velhacarias e a preguiça para o trabalho. Para o lado que eu olhar, vejo nossos irmãos tentando enganar uns aos outros com mentiras sórdidas; os mais ingênuos sendo explorados, como se a exploração não fosse algo deplorável e que necessitasse ser esquecida, haja vista a servidão injusta da qual fomos vítimas durante todo esse tempo no Egito.

Todos nos entreolhamos e ficamos em silêncio. Não havia nada a dizer ou retrucar. Bastava olhar ao redor para ver nos semblantes do povo a típica malícia que só traz dor e atraso para as nações, inclusive nos dias atuais.

Moisés olhou para o pico do Horeb, que faiscava sem alarde, e nos disse:

— Temo que a ação de nosso Deus venha a tornar-se tão implacável como a que ocorreu contra os egípcios, pois Yahwéh é generoso com os justos, mas cruel com os ímpios. E a Lei Sagrada dos grandes sábios sempre nos ensinou que toda a ação gera uma reação de mesma intensidade. Se formos cruéis uns com os outros, assim Deus o será conosco. A cada dia me convenço mais de que teremos de trazer a "presença divina" ao nosso acampamento, pois nosso povo tem memória fraca e se esquece do seu Deus, assim como se distrai com as obrigações mais elementares. No Egito, as estátuas e templos mantinham o sentimento de espiritualidade do povo, mas aqui no deserto, com um deus que jamais será representado por meio de imagens, sinto que o povo perderá, dia a dia, a sua fé e o seu respeito ao Grande Deus.

Por fim, o profeta nos olhou com firmeza e concluiu:

— Espero que quando eu retornar tenhamos dominado o poder do Electrikus, a fim de trazer o Todo-Poderoso para o centro de nossas vidas. Enquanto isso, que os chefes de Israel não permitam que os seus clãs se percam nas tentações do demônio!

Nosso líder virou-se e falou para si mesmo, enquanto alguns, mais distanciados de nossas pesquisas, se perguntavam sobre o que seria o Electrikus:

— Sinto algo no ar; algo que muito me preocupa.

Depois ele voltou-se novamente para nós e concluiu suas palavras finais:

— Reuni o povo de Israel ao meu redor. Vou falar-lhes antes de partir. É necessário que eles sejam despertados, a fim de que a ira divina não os puna por seu desprezo ao Santo dos Santos. Aquele que voltar as costas para Yahwéh perderá as suas bênçãos.

Saímos imediatamente para atender as ordens de nosso profeta. Pouco mais de uma hora depois, a multidão imensa rodeava a colina que ele elegera para falar ao povo.

Após meditar alguns instantes, Moisés voltou-se para o povo e vislumbrou rostos dedicados e amorosos, mas também criaturas enegrecidas por sentimentos negativos, demonstrando em seus semblantes a vulgaridade de intenções que abrigavam no coração. Aquilo causou-lhe um grande desgosto, mas, mesmo assim, ele nos falou com empenho e dedicação:

— Ó Israel, povo escolhido de Yahwéh, subirei em instantes à Casa de nosso Deus para pedir-Lhe que nos abençoe com a Sua Magnânima Lei! Sem ela e sem o amparo de nosso Senhor, não seremos mais do que um bando de mendigos do deserto, perdidos pelos descaminhos da vida. É a Lei Soberana de Yahwéh que estabelecerá a aliança sagrada entre o Criador e Israel, o seu povo escolhido. É o perfeito cumprimento dessas leis que nos levará a ser dignos de Sua divina proteção. Portanto, esperarei com paciência que nosso Senhor nos conceda os Seus mandamentos sagrados. Mas para que isso aconteça é necessário que Ele ouça, lá de cima, as preces de Seus filhos.

Moisés calou-se, acompanhando a reação da multidão que se mantinha em solene silêncio. Ao ver que havia obtido a atenção de todos, prosseguiu:

— Estive ocupado com a organização de nosso acampamento, com a formação de nosso exército e com os estudos dos sábios; mesmo assim, não deixei de observá-los nesses dias e o que vi pouco me agradou. Em raros momentos, presenciei as famílias de Israel agradecendo ao nosso Senhor pela água e pelo alimento obtidos. Muito menos presenciei demonstrações de gratidão perpétua que devemos ao Senhor pela nossa liberdade, a maior de todas as nossas riquezas. Sem o amparo de nosso Deus, talvez já estivéssemos mortos; no entanto, não vejo o povo de Israel agradecer-Lhe por isso. Se um de vossos filhos desprezasse o carinho e a dedicação que os dedicais, como se sentiríeis e o que diríeis? Certamente falaríeis: "Ingratos, não reconheceis o amor de vossos pais?".

Moisés estendeu as mãos para o povo e falou, com ternura e empolgação:

— Meus amados irmãos, assim o nosso Pai que está nos Céus se sentirá pela vulgaridade de vossos sentimentos. Ele, então, chamará os filhos ingratos e dirá: "Ide daqui, pois não vos amo mais. Dediquei o Meu amor a vós e recebi apenas desprezo. Escolherei outros filhos mais zelosos e selarei a Minha aliança com eles. Quanto a vós, entregar-vos-ei à própria sorte!".

Moisés manteve-se em silêncio, aguardando a reação da multidão, que não demorou a se pronunciar, por meio de lamúrias isoladas:

— Yahwéh, perdoai-nos por nossa ingratidão! Iremos orar todos os dias para que o Senhor nos ampare e nos conduza por meio de Sua Lei.

O profeta de Deus então ficou satisfeito.

— Agora posso subir mais tranquilo, pois o povo de Deus acordou para a sua responsabilidade. Lembrai-vos, Israel, orai todos os dias, ao amanhecer e ao entardecer, para que Yahwéh nos abençoe com uma lei justa que nos traga paz e fartura!

Moisés aproximou-se de Séfora, que lhe entregou uma bolsa com alguns poucos mantimentos. Em seguida, despediu-se dela e dos filhos e falou mais uma vez à multidão:

— Vou para junto de nosso Deus e esperarei o tempo que for preciso para que Ele me conceda a Sagrada Lei. Confiarei em vós, a fim de que nosso Senhor me diga, lá no alto do monte: "Aqui está, Mosheh, a Lei que dedico ao Meu povo amado e que tanto me ama!". Portanto, vivei, Israel, com dignidade e amor aos vossos semelhantes, porque aquele que não deseja o bem aos seus irmãos não é digno do amor de Deus.

O profeta então colocou sobre os ombros os mantimentos e começou a caminhada, despedindo-se de todos:

— Ouvi, meu povo, as recomendações dos chefes de vossos clãs e de Josué, em quem deposito integralmente a minha confiança. Nos dias em que eu estiver junto a Yahwéh, concedo a direção de nossa nação a eles. Não decepcionem a mim e ao Vosso Deus!

Depois dessas palavras, ele seguiu pela pequena trilha que levava ao alto do monte. Ficamos todos em silêncio acompanhando a sua silhueta desaparecer. E quanto mais Moisés avançava, maior tornava-se o ribombar dos trovões na "Casa de Deus", como se o Todo-Poderoso aguardasse ansioso a aproximação de seu grande profeta.

O povo acompanhava, angustiado, as extraordinárias reações da montanha, tentando compreender o que significavam aqueles sinais que lhe eram ininteligíveis. Logo Moisés desapareceu de nossas vistas e as pessoas se dispersaram lentamente para atender aos seus interesses rotineiros.

Eu também voltei para os meus afazeres e logo percebi a ausência de Amenófis. Fui encontrá-lo no mesmo lugar, com o olhar voltado para a trilha que dava acesso à montanha sagrada. Então me aproximei e disse:

— Mestre, vamos trabalhar!

Mas ele demorou alguns segundos para me responder.

— Eu estava me despedindo de Mosheh em pensamento. Para mim, foi um orgulho ter participado de sua educação desde menino. Que o Grande Deus o abençoe sempre, para que ele conclua com êxito a sua indispensável missão!

Olhei intrigado para o sacerdote egípcio e fiquei pensando o que ele queria dizer. Suas palavras me pareceram uma despedida, como se ele não fosse mais ver o grande legislador. Porém, não dei maior importância àquela intuição, e logo em seguida passei a me dedicar ao trabalho.

Assim, no final da tarde, depois de tocar as nossas vidas, toda a assembléia de Israel se reunia para orar ao Grande Deus, pedindo-Lhe que atendesse aos apelos de nosso líder. Vários dias se seguiram nessa rotina, em que milhares de pessoas se ajoelhavam ao sopé da montanha sagrada e oravam. Entretanto, não demorou muito para o povo, sempre relapso, entregar-se ao vício e ao ócio.

Dia após dia, o número de pessoas que seguia as recomendações de Moisés diminuía. As mais absurdas desculpas eram sempre apresentadas. Assim como nos dias de hoje, aqueles que não compreendiam a importância dos valores espirituais, desdenhavam o gesto solene e necessário para evitar a ação sorrateira das sombras entre o povo. Sem a proteção da oração, os espíritos das trevas logo começaram a inspirar as criaturas mais desequilibradas. Então, gradualmente, nossos valores começaram a ser corrompidos pelos rebeldes, contagiando a todos. Nós, os chefes dos clãs, tentamos de todas as formas neutralizar as ervas daninhas infiltradas em nosso povo, mas era um trabalho difícil e que revertia em modestos resultados.

O povo de Israel tornava-se cada dia mais individualista; cada um pensando em si, desprezando até mesmo os pais. Os soldados de Josué eram chamados a todo instante para estabelecer a ordem nas mais simples e infundadas discussões. Os juízes que nomeamos por determinação de Moisés perderam a sua autoridade; ninguém mais os respeitava. Tive de auxiliar meu irmão

Uziel porque muitos não queriam nem mesmo receber ordens dos chefes dos clãs. Em alguns momentos, tivemos de bramir as nossas espadas para arrefecer os ânimos mais exaltados.

A situação tornava-se preocupante. E o pior era que Moisés não dava nenhum sinal de vida, fazia muito tempo. O povo imaturo não tinha paciência. A ausência de nosso líder terminou despertando ainda mais os sentimentos inferiores de todos que, sem o freio de Moisés, libertaram os seus demônios interiores.

A muito custo, mantivemos a ordem naqueles dias. Exortávamos a todo instante as palavras de Moisés antes de sua partida, mas parecia que o povo estava sendo vítima de uma estranha magia que terminava por ensurdecer os seus ouvidos.

A partir do décimo dia da partida do profeta, a montanha de Deus começou a trovejar com mais intensidade, certamente respondendo a vibração negativa que se apossava de nosso povo. Entretanto, a ação de Yahwéh, que deveria nos despertar, surtiu efeito contrário. Os mais rebeldes diziam:

— Acredito que o deus da montanha acabou com a vida de Mosheh e deve estar se banqueteando com as suas carnes, lá no topo, pois ninguém pode demorar tanto assim só para anotar a vontade divina. Existem sacerdotes no Egito que vêem isso nas vísceras de um animal, em pouco mais de quinze minutos.

A todo instante, as pessoas simples de Israel nos procuravam, angustiadas, para perguntar se Moisés realmente havia morrido. Com enorme paciência, tentávamos explicar que para receber a Lei Soberana de Deus era necessário um esforço muito maior do que as práticas utilizadas pelos curandeiros e sacerdotes comuns, o que na verdade não passava de puro charlatanismo.

A situação tomou tal vulto que não pude mais acompanhar Bezaleel e os demais sábios na conquista do Electrikus. Por vezes, eu me abria com Aiezer, que estava tendo também muitas dificuldades com a tribo de Dã.

— Por Deus, Aiezer, não vejo a hora de Mosheh voltar! Não sei mais o que responder ao povo. Até eu me pergunto o porquê de ele estar demorando tanto.

Aiezer dava de ombros e falava que também não compreendia o motivo do atraso no retorno de nosso líder. Resolvemos então perguntar a Henok sobre o assunto. O grande sábio da tribo de Levi apenas nos respondeu:

— Acreditais que Mosheh, tendo dobrado o faraó do Egito, morreria nas mãos Daquele que lhe deu tantos poderes? Acho que Yahwéh está retardando a entrega de Sua Lei para testar a fidelidade de Seu povo. Ai de Israel, se entregar-se à descrença e à infidelidade!

Saímos preocupados da reunião com Henok e nos dirigimos às nossas tendas. Pouco depois, Rebeca entrou correndo e jogou-se em meus braços. Com um olhar preocupado, ela me disse:

— Natanael, eu ouvi alguns homens conspirando. Eles pretendem apropriar-se das armas do exército de Josué para tomar o controle do acampamento, destituindo os líderes dos clãs.

Eu sorri, totalmente magnetizado pelo olhar de minha esposa. Ela, intrigada, me falou:

— Natanael, estás louco? Eu te digo que há uma rebelião em andamento e ficas rindo?

Eu a abracei e respondi com carinho:

— Não é isso. Estou feliz pela tua dedicação e amor. Há um tempo atrás, provavelmente estarias torcendo ou até incentivando esse grupo de rebeldes...

Rebeca abaixou a cabeça e sentou-se, colocando as mãos sobre o ventre. Depois de alguns instantes, ela me falou num tom sereno, emoldurado por um lindo sorriso:

— Sabe, Natanael, é que eu acho que estou esperando um filho teu.

Ao ouvir aquelas palavras, corri e a beijei, dizendo:

— Mas esse é um motivo para grande alegria! Que Yahwéh seja louvado!

Ela sorriu e falou, quase que em tom de confidência:

— Eu acho que o nosso filho é um anjo do Senhor, pois sinto e ouço coisas divinas faz algumas semanas. E me parece que uma energia maravilhosa brota do meu ventre, colocando-me sempre nas nuvens.

Então deitei-me sobre as pernas de Rebeca e fiquei procurando escutar a sua barriga. Ela sorriu e disse:

— Seu bobo, eu ouço com a mente! Nosso filho ainda não fala.

Eu me virei para ela e segurei a sua mão, demonstrando-lhe confiança e paz. Ela, porém, com ar preocupado, completou:

— Tenho medo, Natanael! Esta noite, sonhei que uma desgraça está para acontecer. Nosso filho não está feliz com a reação de nosso povo. Ele me disse que Israel sofrerá muito se voltar a se corromper, cultuando os falsos deuses e traindo a confiança de Yahwéh.

Eu me sentei ao seu lado e falei, com um semblante sério:

— Se nosso povo se corromper, serei o primeiro a tornar a vida dos rebeldes um inferno, fazendo que a ira de Yahwéh desça sobre as suas cabeças.

Ela estremeceu e me abraçou, deitando o rosto em meu peito.

Nos dias que se seguiram, a desordem se intensificou, fazendo que nos reuníssemos para tomar medidas mais efetivas. Mas Josué estava tendo dificuldades com os seus próprios homens, que estavam relaxando na vigília do acampamento e não desejavam mais treinar para manter-se em forma.

O contato diário com os madianitas, que eram experientes comerciantes, trouxe diversos luxos ao nosso acampamento. Nós tínhamos ouro e prata e muitas mercadorias apreciáveis. Em pouco tempo, nosso povo começou a entregar-se às mesmas futilidades da corte egípcia, e tudo isso regado a muito vinho.

Os madianitas eram artesãos do ferro; o ouro, portanto, causava-lhes uma incontrolável cobiça. A todo instante, eles rondavam nosso acampamento procurando trocar qualquer coisa pelo metal nobre. Pouco a pouco, Israel oferecia não somente o ouro, mas também a sua aliança sagrada com Yahwéh.

Antes, as noites eram dedicadas ao repouso para restabelecer as energias das jornadas de trabalho. Com a partida de Moisés, tornaram-se motivo para festas frequentes ao redor das fogueiras. As gargalhadas vulgares atravessavam a madrugada, perturbando o sono das famílias honradas que desejavam trabalhar, prenunciando uma ruptura de Israel com o seu Deus.

Naqueles dias, senti uma força invisível me impelindo para as sensações inferiores da alma. Mesmo sendo casado com uma bela mulher que voltara a me amar intensamente, senti um desejo intenso de me entregar àquelas festas, que já estavam descambando para orgias vulgares.

Rebeca estava entregue a uma estranha prostração, talvez refletindo a tristeza do espírito iluminado que dormitava em seu ventre e que se repugnava com as vibrações inferiores que dominavam nosso acampamento.

As orações coletivas determinadas por Moisés haviam sido completamente abandonadas, abrindo as portas para uma invasão de espíritos trevosos que desejavam destruir a mensagem divina que estava para surgir na Terra. O ambiente tinha ficado saturado de energias sensuais, atiçando os instintos animais entre todos os invigilantes que relaxaram nas orações. Raras pessoas mantinham-se em equilibrado estado d'alma e cultivavam a oração em suas próprias tendas.

Além disso, os mais idosos, que não se sentiam atraídos pela escravidão da libido, tornaram-se irritadiços e mesquinhos. Nada lhes agradava e parecia que um ódio incontrolável dominava os seus corações. Todos estávamos sendo vítimas de uma insofreável obsessão coletiva de ordem espiritual.

Como Rebeca mantinha-se apática, negando-se a um contato carnal, em determinada noite convidei Aiezer para nos integrarmos àquelas festividades, em que belas mulheres terminavam a noite dançando nuas em volta das fogueiras. Quando estávamos nos dirigindo para o centro das danças, nos deparamos com Henok, que barrou a nossa passagem dizendo:

— Para onde estais indo?

Ficamos atônitos com a intervenção do grande sábio, que raramente se envolvia em nossas questões pessoais. Ele aguardou a nossa resposta com um semblante austero, quase petrificado. Ficamos magnetizados por sua figura majestosa, de braços cruzados ao peito e com os profundos olhos negros irradiando tênue luz. Tentei responder, dizendo-lhe quase gaguejando:

— Vamos relaxar um pouco... A espera por Mosheh está nos desgastando a cada dia.

Henok olhou-nos com severidade e falou-nos num tom ríspido:

— Retornai imediatamente às vossas tendas! Quando Mosheh voltar da montanha, nosso povo se arrependerá amargamente por seus desatinos. Fazei o que vos digo, para que vossas vidas não sejam desgraçadas! Além do mais, sois responsáveis pelos vossos clãs. Não envergonheis os vossos antepassados com essa atitude desprezível.

Sem dizer mais uma palavra, o sábio girou sobre os calcanhares e retirou-se de forma solene. Eu olhei para Aiezer e este fez um sinal de submissão às palavras do grande mestre. Então, voltamos imediatamente para às nossas tendas, em absoluto silêncio.

Dormi pessimamente naquela noite, por causa do barulho das cantorias e dos tamborins, que pareciam me convidar a todo instante para aquele encontro de almas falidas. Era um sentimento muito estranho, pois eu desejava apenas a troca de energias sexuais. Só a idéia de compactuar com os desejos daquelas pessoas já me provocava uma insofreável ânsia de vômito.

No décimo nono dia da partida de Moisés, os rebeldes se aproximaram de Aarão, meio-irmão de Moisés, e disseram:

— O que foi feito de teu irmão? Acreditamos que ele está morto e o deus dele nos abandonou. Faze-nos um deus que marche à nossa frente e te proclamaremos nosso líder, assim como fizemos com teu irmão!

Aarão titubeou alguns instantes e respondeu:

— Os chefes dos clãs e os sábios não permitirão que façais o que prometeis. Todos seremos punidos!

Um dos mais exaltados, chamado Efraim, falou ao pé do ouvido de Aarão:

— Sei que sonhas em ser líder de Israel. Faze um deus de ouro para nós e tomaremos as espadas de nosso exército para defender a tua posição. É melhor que sejas tu quem irá apropriar-se da posição de teu irmão do que um desses arrogantes que te desprezam.

Aarão havia sido tocado em sua maior fraqueza. A inveja que sentia do irmão e o desejo ardente de obter uma posição de destaque na comunidade fizeram-no aceitar as intenções condenáveis dos rebeldes.

Até aquele dia, Aarão tinha se conformado apenas em sonhar. Ele passava as tardes isolado da comunidade escrevendo em papiros ou em peles de carneiro. Seus misteriosos textos, que ele não mostrava a ninguém, narravam nossa saída do Egito e as primeiras experiências do povo de Deus no deserto. No futuro, essas anotações seriam lidas e divulgadas de forma verbal, de geração em geração, até que vários séculos depois os primeiros livros da Bíblia fossem compilados conforme os conhecemos hoje.

Na manhã do dia seguinte, ocorreu então a inesperada surpresa: os rebeldes se reuniram e roubaram as nossas principais armas, atando os pés e as mãos das sentinelas do acampamento. Depois, avançaram sobre todo o arraial aprisionando aqueles que pudessem retaliar as suas intenções.

Só então tive a real noção da situação em que nos encontrávamos. Eu jamais tinha imaginado que eles seriam tão ousados, mesmo após o alerta de Rebeca. Naquele dia, me penitenciei por não ter avisado Josué sobre essa possibilidade.

Eu tinha subestimado a intenção dos rebeldes porque era um gesto muito arriscado e insensato, pois se Moisés retornasse certamente sua decisão seria a execução sumária dos traidores. Acredito que eles foram levados a cometer tal ação tresloucada, em decorrência do consumo de narcóticos, ou então por crer piamente que Moisés havia morrido na montanha.

Fomos levados com as mãos atadas para a encosta do morro, num local cercado onde os nossos animais eram mantidos. De lá, podíamos ver a movimentação dos rebeldes, que pediam a Aarão:

— Faze-nos, Aarão, um deus de ouro, assim como o dos egípcios! Queremos cultuar Amon, como fazíamos lá na terra do faraó.

Ao ouvirmos aquelas palavras, ficamos chocados. Aiezer ergueu-se com dificuldade, por causa das cordas que atavam os seus pés e mãos, e gritou:

— Que fazes, Aarão? Estás traindo teu próprio irmão e teu Deus? Imagina o que Mosheh fará quando retornar da montanha e te ver cometendo esse desatino! Cultuar os deuses egípcios é uma heresia imperdoável.

Aarão fremiu os lábios, assustado com as palavras de Aiezer, mas os rebeldes estimularam ainda mais o instável irmão de nosso líder.

— Não dês atenção a eles! São todos uns fracassados que não aceitam outra idéia que não seja a imposição severa de Mosheh. Queremos um deus livre, que nos permita dançar e gozar a vida! Chega de escravidão! Já não nos foi suficiente os anos de sofrimento no Egito?

Aarão, então, se encheu de ânimo e falou com voz empolada:

— Trazei-me todo o ouro que tiverdes em vossas tendas! Eu farei a maior e mais bela estátua de um bezerro já vista, para homenagear Amon.

Logo, o expressivo número de rebeldes trouxe muito ouro e colocou aos pés de Aarão, que correu a Bezaleel e pediu:

— Tu que és mestre na metalurgia do ouro, faze para nós um bezerro de ouro para o adorarmos.

O artífice de Moisés virou as costas para Aarão e disse:

— Sirvo somente a um deus, e este é Yahwéh, quem nos libertou do Egito!

Os rebeldes cuspiram nos pés de Bezaleel e falaram:

— Construiremos um ídolo para nós. Não precisamos de ti.

Assim, em poucos dias, uma grotesca estátua de ouro, em forma de bezerro, cravejada de pedras preciosas, era reverenciada como a mais abençoada das divindades. As pessoas beijavam as mãos de Aarão, em agradecimento, e o intitulavam o novo líder de Israel. Até o povo simples, que antes se mantinha arredio, agora estava junto ao deus de metal e o adorava, esquecendo-se das advertências de seu verdadeiro líder.

Com mãos e pés atados e sob forte vigilância, assistíamos aquela insanidade, boquiabertos. Henok então nos falou, com um tom de voz pesaroso:

— Que Deus tenha piedade desses loucos, porque quando Moisés voltar ninguém controlará a sua ira!

O bezerro de ouro 8

Antes de iniciar este capítulo, preciso preparar o leitor para um aspecto importante desta narrativa: somente sendo fiel ao relato dos fatos que se desenrolaram após a confecção do bezerro de ouro, poderemos compreender, em seu mais amplo significado, as ações cometidas por Moisés ao retorar da montanha de Deus. Sim, os relatos são fortes, porém necessários para que possamos entender acontecimentos marcantes que mudaram a história moral de nossa civilização.

A forma como o mundo passou a ver questões como sexualidade, devoção divina, disciplina, justiça, e até supremacia masculina, tiveram sua origem nesse grandioso evento. A mensagem do Deus Único de Moisés fundou as bases das três maiores religiões do mundo: o judaísmo, o cristianismo e o islamismo. Sendo assim, o mundo, tal como o conhecemos hoje, tanto nas questões espirituais, como nas religiosas e sociais, teve o seu destino traçado depois dos acontecimentos relatados neste capítulo.

O direito romano, base das leis ocidentais, foi influenciado indiretamente pela lei mosaica, a partir do advento do cristianismo, que tem a sua origem no decálogo de Moisés. Portanto, é fundamental que o leitor perceba a necessidade da severidade imposta pela lei mosaica para as gerações futuras. Só assim a humanidade conseguiria conter sua índole rebelde e indisciplinada e realizar as conquistas evolutivas necessárias para o atual ciclo de avanço espiritual.

Se os espíritos em processo de evolução na Terra não fossem tão imaturos, talvez esta jornada evolutiva na qual estamos inseridos poderia ter ocorrido mais tranquila e harmoniosamente, sem tantos cerceamentos e condenações morais. A mensagem do Deus Único de Akhenaton previa isso, mas infelizmente a consciência coletiva da época demonstrou que o caminho da dor era o mais indicado. E isso terminou se confirmando na repulsiva crucificação de Jesus, mil e trezentos anos depois da mensagem de Akhenaton.

Ainda hoje, é possível perceber a imensa importância do pulso de ferro de Moisés na formação espiritual de nossa humanidade. Em contrário, já teríamos perdido completamente os bons valores morais. Somente a partir da Nova Era — a Era de Aquário —, em que a Terra passará a planeta de regeneração espiritual, poderemos viver sem um cerceamento tão presente. Em resumo: a vigilância só é necessária porque ainda existem criminosos, pois liberdade sem sabedoria é poder sem direção.

Nos dias posteriores à confecção do bezerro de ouro, os rebeldes realizaram diversas homenagens à nova divindade: compraram muito vinho e ópio, para extravasar os instintos mais baixos, utilizando-se das riquezas que Moisés separou para administrar o acampamento; adquiriram e confeccionaram os mais diversos tipos de amuleto, que haviam sido proibidos por nosso líder, e não demorou muito para os adivinhos ressuscitarem as antigas crenças nas pedras mágicas que Moisés havia abolido com tanta determinação. Passaram também a prever o futuro no reflexo da água e nas entranhas de animais sacrificados.

Esses pseudo-sábios assustavam o supersticioso povo a todo instante, dizendo que Moisés tinha sido destruído pelos deuses, em razão de sua heresia em destituí-los e chamá-los de falsos, como acontecera na época de Akhenaton. Mesmos espíritos... em encarnações diferentes! Logo eles passaram a afirmar que era imprescindível realizar infindáveis agrados aos deuses ofendidos.

Eu sentia um forte aperto no coração, pois inconscientemente pressentia uma repetição macabra dos acontecimentos ocorridos durante o reinado de Akhenaton, cem anos antes. Novamente, aquele mesmo grupo de espíritos inclinava-se para o erro, evitando o compromisso assumido, antes de reencarnar, de estruturar na Terra a crença no Deus Único. Só que desta vez o final da história seria bem diferente...

Abigail, uma velha bruxa cheia de artimanhas, caminhava cambaleando com as costas curvadas, de um lado para o outro, ameaçando os fracos de espíritos com os seus sortilégios. Ela se dizia uma enviada do deus Baal dos fenícios, e tentava impor-se como nova sacerdotisa do povo de Israel. E, utilizando-se de artifícios simplórios, pouco a pouco foi impressionando o povo ingênuo, a fim de angariar riqueza e prestígio.

Prometia a todos fortuna fácil, mulher ou homem desejados, mesmo que este já estivesse comprometido, e todo o tipo de desejo vil, tão comum entre almas vulgares que se esquecessem do real significado da vida, que é amar e evoluir rumo à luz de Deus. Sem o menor escrúpulo, ela ameaçava desgraçar a vida alheia em troca de algumas moedas ou benefícios que enaltecessem o seu nome. Desse modo, os nobres ideais de formação de uma grande nação submergiam em meio à vulgaridade daquela gente torpe.

Sentado no chão, naquele chiqueiro, junto aos animais, pensei: "Não existe mesmo injustiça na vida criada por Deus. Se éramos escravos no Egito, é porque merecíamos viver nessa condição. A liberdade nas mãos de criaturas vulgares jamais termina bem".

Os conceitos de dignidade, respeito e auxílio mútuo, por diversas vezes exortados por Moisés, foram rapidamente substituídos por um comportamento desonroso e degradante. O povo agia como um corcel selvagem posto em liberdade, correndo enlouquecido, sem rumo, próximo a um perigoso despenhadeiro. A máxima principal dos rebeldes resumia-se em: "Atende os teus desejos, leva vantagem em tudo, mesmo ao custo do sofrimento alheio!".

Os jovens dedicavam-se aos perigosos jogos de sedução, em que o ato sexual resumia todos os objetivos e intenções. Como lobos sedentos, os homens procuravam conquistar as moças de nosso povo utilizando-se de todos os artifícios, até mesmo traindo os amigos mais queridos. Vários jovens foram encontrados mortos porque eram empecilho para as conquistas sexuais maquinadas por criaturas inescrupulosas.

Já os mais velhos, dedicavam-se somente ao ganho de riquezas e status. A ausência de Moisés despertava a cobiça de algumas raposas que não admitiam as imposições de nosso líder e que desejavam derrubar as chefias dos clãs. A conspiração crescia entre copos de vinho e jogatinas baratas.

Enquanto isso, alguns religiosos radicais desejavam se impor como senhores da nova ordem vigente. Não demorou muito para o tímido Aarão ser completamente desprezado pela multidão ensandecida. Por mais que ele se esforçasse, ninguém ouvia as suas palavras, ainda mais que ele não possuía o pulso de ferro do irmão, tão necessário naquele momento.

O povo de Israel era assim mesmo. O amor e a brandura não tinham forças para controlar o cavalo indomável. Talvez, por isso, o sofrimento dessa nação tenha sido tão cruel durante os séculos. Um povo com uma história grandiosa e rica, mas que se perdeu diversas vezes em meio a tantas dádivas, deixando-se seduzir pelo orgulho e ambição!...

No meio dessa multidão de loucos, pude ver minha irmã mais nova, Electa, esgueirando-se para chegar até mim. Quando ela se aproximou o suficiente para me ouvir, eu lhe disse de forma ríspida:

— Que fazes aqui, Electa? Volta para junto de nossa mãe! Se esses homens colocarem as mãos em ti, por Deus, nem sei do que sou capaz.

Minha irmã mais nova havia sido abençoada com uma beleza deslumbrante; seus olhos claros eram lindíssimos e seus cabelos cacheados, cor do breu, brilhavam sob o luar da noite, contrastando com o frescor de sua impecável pele alva. Aqueles animais insaciáveis certamente não resistiriam à sua beleza.

Ela fez um sinal para eu me calar e disse, com sua voz adorável:

— Natanael, fica tranquilo! Só vim avisar-te que Rebeca foi levada para a nossa tenda e que estamos todos bem. Raquel também está conosco. Ontem, eles tentaram nos arrastar para as orgias da noite, mas Rebeca está delirando em febre e falando palavras desconexas e, ao verem isso, se assustaram, acreditando que ela tem uma doença contagiosa. Nossa mãe lhes disse que poderia tratar-se da peste. Desde aquele momento, os homens não nos importunaram mais.

Eu me assustei com a informação e perguntei:

— O que Rebeca tem?

— Não sabemos — respondeu Electa. — Creio que não é nada preocupante, pois ela fala em seus delírios a língua dos anjos. Acho que Rebeca está se comunicando com Yahwéh, pedindo socorro para o nosso insensato povo. Ela parece que não vive mais neste mundo, desde que engravidou.

Fiz um sinal com a cabeça, como se estivesse concordando com as suas palavras e, enfim, falei-lhe:

— Obrigado, já estou mais tranquilo! Agora vai e não saias mais da tenda. Logo Moisés voltará e porá um fim nesta loucura.

Electa concordou e desapareceu tão rápido como surgiu. Avisei Aiezer de que Raquel também estava em segurança. Ele respirou aliviado e passamos a aguardar os fatos.

Já fazia dois dias que estávamos presos, dormindo ao relento. O sereno da noite estava arruinando a minha precária saúde. Uma tosse insistente me acompanhava a todo instante, tanto de dia como de noite. Em determinados momentos da madrugada, eu precisava fazer um esforço gigantesco para conseguir aspirar um pouco de ar para os pulmões.

Ao anoitecer daquele dia, novas orgias em volta do bezerro de ouro foram realizadas. Homens e mulheres entorpecidos pelo vinho e ópio gritavam enlouquecidos enquanto realizavam o ato sexual de forma vil, desrespeitando a celebração sagrada que permite a geração da vida.

No antigo Egito, a sexualidade era vista com respeito, como um ato verdadeiramente divino, porém o comportamento dos israelitas em volta do bezerro de ouro selou uma nova compreensão para as gerações futuras. A nudez e o sexo passariam a ser severamente reprimidos; a beleza feminina seria interpretada como tentação do demônio e o desejo masculino como algo sujo que deveria ser oprimido, fato que levou as sociedades futuras a um estado permanente de hipocrisia no que diz respeito às questões do amor.

Sob o sereno e o frio da noite, mal alimentado e longe das fogueiras, acabei agravando as minhas dificuldades respiratórias. Essa talvez tenha sido a pior noite para mim. Se não fosse a intervenção de Henok e Amenófis, não sei se teria sobrevivido, pois, em determinado momento, a altas horas da madrugada, ingressei num grave estado de asfixia. Com o rosto caído sobre o solo, literalmente beijando a terra úmida, delirei por diversas vezes, lembrando-me inconscientemente do sufocamento que sofri quando subtraí a vida de forma insensata, em minha encarnação anterior, lançando-me nas águas caudalosas do Nilo.

Amenófis rastejou até mim, pois estava com as mãos e os pés atados, e com enorme esforço ele colocou minha cabeça sobre o seu colo, tentando, de todas as formas, aquecer-me e evitar o bloqueamento total de minhas vias aéreas. Ele e Henok também evitaram isso por meio de vigorosos passes energéticos. Durante os meus delírios, eu ouvia a generosa voz do mestre e amigo:

— Eu estou contigo. Não te preocupes, ainda não chegou a tua hora de regressar aos braços do Grande Pai. Não tenhas medo; estou junto a ti para proteger-te, meu eterno amigo.

As palavras de Amenófis fizeram-me novamente viajar à minha encarnação anterior, em que ele, na personalidade de Akhenaton, tinha me socorrido, em espírito, no momento em que quase enlouqueci, quando Ramósis e Ise foram murados vivos no anexo do Templo de Amon, em Tebas, no Alto Egito. Eles haviam se negado a amaldiçoar Aton, o deus criador da vida, e enaltecer o obscuro deus Amon.

Nada falei. Apenas fechei os olhos e orei para que o Arquiteto Supremo nos auxiliasse naquele delicado momento, poupando-nos de mais um fracasso na busca da luz.

Na manhã do dia seguinte, acordei um pouco melhor, mas com uma certeza na mente: era necessário intervir imediatamente, pois parecia que a cada dia a loucura do povo tornava-se maior. Talvez fosse melhor correr o risco de morrer para evitar o pior.

Assim, por diversas vezes, chamamos Aarão para tentar recobrar-lhe a razão. Porém Henok nos disse:

— Aarão não possui ascendência sobre esta turba descontrolada. Mesmo que ele nos ouça, não terá forças para conter esta multidão, de desejos desenfreados, que domina o povo. Olhai com os olhos do espírito e vereis que as forças das sombras dominaram a nossa nação, escravizando-a aos sentimentos impuros.

Com profundas olheiras e completamente debilitado, perguntei para Henok:

— E por que Yahwéh permitiu que isso acontecesse com o Seu povo?

O mestre da tribo de Levi meneou a cabeça:

— Natanael, nós temos o livre-arbítrio para decidir os nossos atos. Os espíritos do mal só governam as nossas vidas quando nos afastamos da luz. Nosso imaturo povo abandonou o seu Deus e isso fez que as portas para a invasão das sombras se abrissem. Agora só nos resta orar para que a harmonia seja restabelecida o mais breve possível. Mosheh recomendou ao povo que orasse, pois ele conhece a natureza primitiva de nossa nação. Infelizmente, a falta de caráter de nossa gente prevaleceu.

Por volta do meio dia, quando o Sol já estava alto, eu já me sentia bem recuperado, mesmo sem o uso de qualquer medicamento. A energia fantástica dos mestres havia me revitalizado e sanado a infecção respiratória. Além disso, o silêncio que dominou o acampamento, depois que os rebeldes caíram no sono, amenizou a minha angústia permitindo que o meu sistema imunológico reagisse.

Olhei então ao meu redor, e vi somente corpos embriagados caídos por todos os lados. Além disso, a sujeira por todo o arraial e o abandono em que se encontravam as plantações demonstravam o estado de caos que tinha se instalado após a partida de Moisés. Até os animais que estavam junto de nós, encontravam-se sem alimentação.

Os rebeldes só se aproximavam da cocheira para buscar novos animais para as suas intermináveis festas e para o sacrifício ao seu abominável deus de ouro — o objetivo era tão-somente satisfazer a gula e o prazer. Logo estaríamos novamente sem alimentação, apesar da boa terra e da grande aquisição de ovelhas e cabras para a criação.

Olhei para Henok e disse:

— Podíamos pedir socorro a Jetro. Ele poderia intervir com o auxílio dos madianitas.

O sábio mestre sacudiu a cabeça e falou, olhando para o pico da montanha de Deus, como se pudesse interpretar os seus misteriosos sinais:

— Olha para a montanha! Mosheh deve voltar muito em breve. Não devemos expor o povo de nosso amigo a uma luta em que o grande vencedor será a morte. Aguardemos com paciência a vontade divina!

Eu olhei para o topo do monte Horeb e vi raios mais intensos se desencadeando e pensei: "Será mesmo que Mosheh voltará?".

No meio da tarde, a multidão possuída por mil demônios acordou sonolenta e novamente entregou-se à bebida e à farra. Os olhos das pessoas estavam vermelhos, os rostos inchados e as expressões faciais refletiam a degradação moral a que se entregaram. Muitos tinham as feições similares às de porcos. O culto à carne era tão grande que a animalidade os envolvera completamente, inclusive degenerando os seus semblantes.

A situação começou a se tornar insustentável quando, no fim da tarde, vários rebeldes se aproximaram da prisão improvisada onde nos encontrávamos e arrastaram Amenófis com violência em direção ao bezerro de ouro. Lá, eles começaram a gritar, com a boca espumando, tal a embriaguez e a loucura que dominava a turba endemoninhada:

— Vede, Israel, este homem é filho da nação que nos escravizou! Quantos anos fomos servis a essa raça imunda? O que devemos fazer com ele?

A multidão de rebeldes então gritou, com um sinistro brilho no olhar:

— Punição! Punição! Punição!

Amenófis recebeu, sem aviso, três violentos socos no estômago e caiu de joelhos. Ele já era um homem idoso. Eu olhei, então, para Henok e não contive as lágrimas, já prevendo o desfecho trágico daquela agressividade brutal. O mestre dos levitas mirou-me com ternura e falou:

— Vê, Natanael, o quão grande é a incompreensão dos homens! Amenófis abandonou o conforto de sua terra somente para nos ajudar e sofre agora essa violência estúpida daqueles que deveriam ajoelhar-se à sua frente e beijar-lhes os pés. Se desejamos mudar o mundo, temos de compreender e tolerar a ignorância humana, pois todo aquele que procurar renovar a humanidade sempre se deparará com esse problema. Não é o mal que devemos temer, mas a ignorância, pois onde ela for extinta o fruto do ódio não encontrará combustível para alimentar-se.

Eu abaixei a cabeça, desconsolado, e perguntei:

— Nós não podemos salvá-lo?

O sábio mestre apenas respondeu:

— A vontade de Deus às vezes foge à nossa compreensão. Se for possível, lutaremos com todas as forças. Caso contrário, só nos resta orar para que os anjos possam trabalhar segundo os desígnios do Senhor.

Alguns instantes depois, os rebeldes embriagados desferiram uma série de chutes no rosto do sacerdote egípcio, que estava caído quase desacordado, e depois cuspiram nele com intenso ódio em seus corações. Como bestas humanas, eles riam de sua estúpida violência e cambaleavam de um lado para o outro, apoiando-se nos ombros uns dos outros para evitar a queda iminente por causa do excesso de álcool e drogas.

Após essa série de agressões, o antigo mestre de Moisés foi amarrado numa árvore próxima ao cenário dantesco que se desenrolava junto ao bezerro de ouro, e ali foi esquecido, para a nossa alegria. Respiramos aliviados, enquanto o povo entregava-se mais intensamente às orgias e brincadeiras estúpidas.

Em alguns momentos, eu olhava nos olhos da fria estátua de ouro e parecia sentir que dentro dela vivia o demônio, procurando, de forma sutil, desgraçar nosso povo e nossas vidas. Os olhos do ídolo pareciam me mirar de forma macabra, rindo de sua vitória sobre nós.

Quando o Sol começou a pôr-se no horizonte, os desejos sexuais da ralé enlouquecida se intensificaram ainda mais, sendo atiçados pelo poder misterioso dos espíritos das sombras, que agem de forma mais intensa à noite. Algumas meninas, quase crianças, foram arrastadas para as festividades orgíacas e violentadas sem dó nem piedade, causando imensa dor nas honradas famílias de Israel. Outros homens iniciaram práticas de sodomia entre si, enquanto algumas mulheres se beijavam e trocavam carícias abomináveis, demonstrando o império dos prazeres degradantes no acampamento de Deus. Jamais imaginávamos que aquela insanidade poderia chegar a tal ponto. O povo parecia hipnotizado pelo poder demoníaco do bezerro de ouro. Alguns abandonavam momentaneamente os seus gestos deploráveis e beijavam as patas da estátua ou seus cornos.

Os gritos de excitação ganhavam mais força a cada instante, intensificando toda aquela loucura que não sabíamos onde terminaria. No transcorrer das horas, houve brigas entre os próprios rebeldes, e alguns foram mortos a pauladas. Os homens disputavam as mulheres como verdadeiras feras assassinas. No início, os rebeldes eram amigos entre si, agora todos estavam tendo delírios, acreditando ser perseguidos ou traídos pelos demais. O poderoso efeito do álcool e das drogas, aliados a obsessão dos espíritos das trevas, causava-lhes delírios psicóticos preocupantes.

A situação chegou a um ponto insustentável quando alguns falsos sacerdotes começaram a especular sobre a necessidade de realizar o sacrifício de crianças ao bezerro de ouro, assim como tínhamos visto entre os amalecitas. Ao percebermos aquele disparate, tentamos reagir, porém fomos logo contidos pelos guardas da improvisada prisão, que desferiram violentos golpes com os cabos das lanças em nossos rostos.

Amenófis, chocado com o que via e por estar bem perto dos agressores, gritou, num gesto de desespero:

— Parai imediatamente com essa estupidez! Estais cegos! Será que o povo de Israel virou um joguete nas mãos dos agentes das trevas? Ó meu Deus, despertai Vosso povo dessa insanidade e preservai os inocentes dessa fúria das forças do mal! Ó nosso Senhor, Deus Único, ouvi as minhas preces!

Um dos principais líderes da rebelião insana, chamado Namuel, da tribo de Rubens, ao ouvir as palavras do sacerdote egípcio, mandou silenciar a música e aproximou-se dele com passos cambaleantes. Com os olhos vermelhos, injetados para fora das órbitas, ele perguntou:

— O que disseste, verme desprezível? Quem pensas que és para nos dar ordens e clamar pelo deus do fracassado Mosheh?

Amenófis respirou com dificuldade e respondeu:

— Sou teu irmão. E quero-te muito bem. Vim do Egito para vos ajudar a formar uma grande nação, mas vejo que o povo escolhido corrompeu-se, desprezando as bênçãos de seu Deus.

Namuel, então, desferiu três violentas bofetadas em sua vítima e disse:

— Cala-te! Não estamos aqui para ouvir as tuas advertências. Duvido que ainda nos ames, depois de tudo que te fizemos.

O sórdido obsediado desferiu novos violentos golpes no rosto de Amenófis, que já sangrava intensamente no lábio inferior, e perguntou, com gargalhadas desequilibradas:

— Então, egípcio maldito, continuas a nos amar?

Amenófis sorriu, acreditando estar vivendo o seu momento extremo na Terra, e disse, com invejável serenidade:

— Eu estou aqui por amor aos homens e à vida. Não espero nada em troca, nem ao menos a vossa compreensão. Estou aqui somente para amar e servir. Mesmo que me agridas mil vezes, isso não mudará a minha opinião. O importante é que eu retorne ao reino de Deus com a minha consciência tranquila por ter feito a minha parte, dentro do Grande Plano Divino.

Após dizer essas palavras, o grande mestre egípcio, talvez o principal construtor do projeto de Moisés, virou-se para nós e lançou-nos um último olhar de despedida. De seus olhos amoráveis desceu uma lágrima solitária, enquanto o animal que estava sobre ele enterrou um longo punhal em seu ventre.

Amenófis apenas soltou um suspiro, que refletia o seu derradeiro lamento, enquanto um fio de sangue brotou de seus abençoados lábios, que tantos conceitos de luz haviam proferido em sua nobre existência. Eu fechei os olhos e procurei reter as lágrimas que escorriam sem controle pela minha face.

Em meio a angustiantes pensamentos, apenas pude balbuciar:

— Por que meu Deus? Que forças dominam o Vosso povo? Não há sentido para tudo isso que aqui estamos vivendo. Libertai as minhas mãos e pés e prometo-vos que não descansarei enquanto não matar um por um desses que abatem os Vossos queridos filhos como se fossem dóceis cordeiros.

Henok também entristeceu com a perda de seu querido amigo, que se dedicou exclusivamente a difundir o amor e a sabedoria à humanidade. O querido mestre de Israel manteve-se em profundo silêncio, de olhos fechados, realizando uma prece íntima pela alma do inesquecível amigo.

Ali, naquele gesto extremo, o faraó Akhenaton, reencarnado na personalidade de Amenófis, resgatou parte de seu carma, gerado quando, de certa forma, estimulou um sentimento de intolerância religiosa contra os sacerdotes de Amon, cem anos antes, no Egito, promovendo indiretamente e a contragosto várias mortes.

Akhenaton prosseguiu agindo em prol do pensamento religioso por várias encarnações, vindo a extinguir esse carma quando, cantando os seus ideais de liberdade, morreu queimado na fogueira da intolerância humana na personalidade de Jan Huss, no cruel período da Inquisição medieval, e, posteriormente, nos funestos acontecimentos ocorridos durante a famosa "Noite de São Bartolomeu", época em que reencarnou como um sacerdote protestante e sofreu a ira da desequilibrada rainha Catarina de Médici.

Por vários séculos, Akhenaton se sacrificou para que a indulgência religiosa ganhasse espaço no mundo, resgatando o espírito de harmonia entre as diversas crenças e convidando a humanidade à lucidez espiritual e ao progresso, tal como faz hoje das altas esferas espirituais de nosso planeta. Sua última encarnação foi na personalidade de Allan Kardec, que codificou os princípios da futura religião da Nova Era. Nessa existência missionária, os seus estudos acerca do que ele chamou de espiritismo foram queimados numa fogueira inquisitória pelos ortodoxos, episódio que ficou conhecido como "o auto-de-fé de Barcelona", um dos últimos rescaldos de intolerância que ele sofreu durante todo o seu longo trabalho para elevar a consciência espiritual da humanidade. Se hoje em dia desfrutamos de uma confortável liberdade religiosa, é porque esse grandioso espírito lutou por séculos para que isso acontecesse.

Mas as loucuras dos israelitas não pararam por aí. Logo depois, Namuel descobriu escondida numa das tendas a neta mais nova do venerável Abidã, do clã de Benjamim. A pobre menina foi arrastada para a orgia e violentada sem piedade. A dor no peito daquele nobre homem, ao ver a neta querida sofrer tal violência, dilacerou minha alma, levando-me a um sentimento de ódio incontrolável. Prometi a mim mesmo que assim que estivéssemos livres, eu deceparia a cabeça de Namuel, sem piedade, porém Moisés não me deu esse prazer.

As lágrimas daquela moça, quase uma criança, pareciam não sair da minha cabeça, enquanto eu ouvia as gargalhadas daquela gente maldita. Olhei então para o pico do monte Horeb, que continuava a emitir serenamente os seus poderosos sons e luzes policromáticas, e, muito angustiado, orei:

> Ó meu Senhor, socorrei-nos! Dai-nos a liberdade para lutar pelos nossos filhos amados. Não posso crer que não vedes o nosso sofrimento. Alertai o Vosso filho amado, Mosheh, para que ele desça do monte e lance sobre este povo ingrato a Vossa poderosa ira! Fazei-nos instrumento da purificação de Israel. Libertai-nos, ó Senhor, e nenhum destes monstros verá o Sol raiar novamente.

Penalizado pela minha dor, manifestada numa sofrida oração, Henok procurou me abraçar, mesmo com as mãos atadas, e falou:

— Tem fé, Natanael! Deus não irá nos desamparar.

Quando virei os meus olhos outra vez para aquela orgia deplorável, vi Namuel rasgando as roupas da pequena Sara para possuí-la novamente. A menina, já desmaiada, parecia um boneco sem vida em seus vigorosos braços. A cena dantesca lembrava um monstro sacudindo uma delicada boneca de pano.

Com uma forte dor no peito e esmagado por um sentimento de impotência, pude apenas balbuciar:

— Ó meu Deus, não permitais que ele faça isso novamente!

Porém, o abominável estupro prosseguiu por mais alguns

minutos, até que ouvimos estrondos fortíssimos vindos do pico do monte. Raios violentos, como jamais tínhamos visto, rasgaram o céu destruindo as árvores próximas ao nosso acampamento. Em seguida, uma chuva muito fina desceu do céu, sob forte ação do vento, e nos atingiu como se fossem minúsculas agulhas a nos ferir, prenunciando a chegada da ira de Yahwéh.

Quando olhamos para a trilha, vimos Moisés, ao longe, retornando com duas placas de pedra, medindo em torno de um metro de altura. Ele as segurava pela base, apoiando-as em seus largos ombros. Os cabelos do gigante de Israel estavam ainda mais grisalhos e de seu rosto parecia que resplandecia uma misteriosa luz prateada. Eu poderia afirmar, com toda certeza, que aquele Moisés era outro: dez anos mais velho na aparência, e cem anos mais experiente.

Ao ver o seu povo corrompido, o grande legislador fechou o semblante e irradiou toda a sua peculiar austeridade, que quebrou imediatamente o estado de embriaguez da malta. Uma onda de temor percorreu o acampamento, que identificou imediatamente em nosso líder a materialização da "presença divina".

Com passos lentos, ele se aproximou do local onde foi erigido o funesto altar do bezerro de ouro e observou, estupefato, as violências praticadas. Nosso líder encontrava-se a alguns metros de nós, sobre uma pequena elevação, no final da trilha que levava à montanha. Dali, ele olhou para o povo com um ar de tristeza e reprovação.

Ao deparar-se com Namuel, agarrando a neta de Abidã pelos cabelos e apoderando-se de seu frágil corpo, o profeta de Deus cerrou os dentes, largou as pedras sagradas e dirigiu-se até ele, com passos rápidos. Quando chegou bem perto do ato macabro, sacou a espada de um dos rebeldes atônitos e correu em direção ao filho de Eliab. Seus olhos brilhavam da mesma forma hipnótica que dobrou aos seus pés o poderoso faraó do Egito.

O rebelde tentou reagir empurrando Sara para longe e erguendo a espada, mas Moisés fez um gesto com a mão esquerda e congelou as intenções do rebelde, por meio de poderosa hipnose. Namuel manteve-se como uma estátua com o braço erguido e com os olhos arregalados, expressando todo o seu pavor. O inigualável profeta de Israel, então, segurou a espada com as duas mãos e, com um único e perfeito golpe, decapitou Namuel, sem pronunciar uma única palavra.

Depois de poucos segundos, a cabeça do vilão pendeu para o lado e caiu, como se tivesse sido deslocada pelas violentas rajadas de vento daquela famigerada noite, revelando a precisão do corte efetuado pelo inigualável guerreiro Menés, agora reencarnado em sua mais notável personalidade. Logo, o corpo de Namuel caiu morto, encerrando aquela sua desastrada existência nos charcos pestilentos do Astral inferior.

Namuel era irmão de Datan e Abiram, todos filhos de Eliab, da tribo rubenita. Eles possuíam um status privilegiado no Egito e resistiam de todas as formas a submeter-se ao comando de Moisés.

O profeta retirou rapidamente o manto e cobriu a nudez da menina, consolando-a com palavras amigas. A pobre Sara tremia intensamente e já se entregava a uma intensa febre nervosa. Logo depois, ele entregou-a aos pais e voltou para o local onde havia abandonado as duas tábuas de pedra que continham a Lei Divina. O silêncio era absoluto, apenas ouvíamos os ruídos da fauna local e o terrível barulho do vento e da chuva.

De cima da pequena colina, ele gritou ao povo, com sua voz metálica carregada de tom ameaçador. Era possível ver as veias do pescoço de Moisés dilatarem-se, tal a sua ira.

— Que fizestes, povo infiel? Peço-vos para orar com o propósito de agradar ao nosso Deus e vede o que acontece!... Eu passei vários dias lá em cima e nosso Deus não me dirigiu uma palavra. Hoje, pela tarde, o Senhor me falou apenas: "Volta para o acampamento, pois o Meu povo se corrompeu!".

Moisés então mostrou as pedras, sem nenhuma inscrição e disse-nos:

— Vede estas pedras vazias, assim como são os vossos frios corações! Nosso Senhor não nos abençoou com a Sua Lei, porque não sois dignos de ser chamados filhos de Deus!

Com o rosto enojado, Moisés arremessou as pedras contra o bezerro de ouro e falou:

— Observai o que o Senhor fará com essa medíocre estátua que endeusais! Ó raça estúpida, já vos disse que só existe um único deus e que essas imagens de animais refletem apenas a vossa ignorância!

As pesadas pedras talhadas a partir de grandes blocos de safira transparente, cor do céu, se chocaram contra a estátua de ouro quebrando-se em mil pedaços. Em seguida, poderosas descargas elétricas, vindas das mãos de Deus, atingiram em cheio o símbolo da perdição de Israel, golpeando-o por vários minutos e formando um arco elétrico de corrente contínua, que aqueceu a estátua de forma assombrosa. Quando achávamos que ela começaria a derreter, fez-se um grande clarão, iluminando toda a escuridão da noite de forma única, tornando-a quase tão clara quanto o dia. Depois, a luz dissipou-se como uma névoa branca e o bezerro de ouro então desfez-se num pó monoatômico branco.

A ação implacável da corrente elétrica realinhou os elétrons que giravam em torno do núcleo dos átomos de ouro, fazendo que estes girassem na mesma direção, tornando impossível para os átomos manterem-se unidos. O estado metálico então se desfez, e, ao invés de derreter, o ouro transformou-se na cobiçada "pedra sagrada" dos antigos sábios do Egito e da Mesopotâmia.

Os anciãos de Israel, ao perceberem o fenômeno, ajoelharam-se e oraram ao Grande Deus, reconhecendo o poder assombroso de nosso líder.

Todos mantivemos os nossos olhares fixos naquele misterioso pó branco que parecia radioativo, em razão da névoa luminescente que o envolvia. As partículas do pó de ouro eram tão infinitesimais que fazia o material místico parecer um líquido, porém era muito seco, com total ausência de água em sua composição.

Poucos segundos depois, Moisés voltou a nos falar, como se estivesse num êxtase misterioso:

— Israel, misturai o pó branco com água e bebei, para que possais ouvir e ver o que se passa no reino do espírito, e assim jamais esquecer as determinações divinas.

Imediatamente a multidão, em silêncio e atemorizada, uniu-se em volta do bezerro transmutado para beber a "pedra sagrada", diluída em água. O pó branco de ouro, quando ingerido, possui propriedades especiais que estimulam a glândula pineal, permitindo o ingresso em avançados estados de consciência. A epífise — como também é conhecida — é a glândula responsável pelo acesso da mente às dimensões extrafísicas. Tanto que o filósofo francês René Descartes pensou que ela fosse a "sede da alma".

O povo então vislumbrou a dimensão astral do acampamento e viu, sob forte espanto, as entidades espirituais das trevas estimulando os incautos à luxúria e à crueldade. Muitos perceberam nos Céus uma batalha épica das forças do bem contra o mal, à medida que Moisés nos falava:

— Enquanto Israel se comportava como o mais desprezível dos filhos, os anjos do Senhor lutavam contra as forças do mal. Mas como evitar a vitória do mal, se nosso povo se comporta com tamanha indignidade?

Sob o misterioso efeito do pó místico, víamos, para todo o lado que olhávamos, entidades horrendas sobrevoando o acampamento, vestidas com túnicas negras e com um sorriso malévolo no rosto, como se denunciassem sua vitória sobre nosso povo imaturo que se corrompera com facilidade. A cena era dantesca e aterrorizadora.

Todavia, algo estava bem claro naquele cenário metafísico. Todos os que se mantiveram com dignidade durante o evento funesto estavam envoltos numa aura branca e tinham próximo de si entidades espirituais pacíficas. Já os que se entregaram à devassidão e às praticas maléficas, tinham a companhia de espíritos enegrecidos, semelhantes às suas próprias energias astrais.

A multidão que se submetera aos rebeldes recuperou a razão, e fomos todos libertados. Os soldados de Josué armaram-se de espadas e passaram imediatamente ao fio da navalha diversos israelitas que haviam prostituído as suas almas, e que eram identificados pelas forças espirituais sinistras que os acompanhavam.

Durante o tempo que perdurou o efeito da "pedra sagrada" vários rebeldes foram mortos por aqueles que se assombravam com as entidades maléficas que os envolviam, e os que sobreviveram foram presos.

Enquanto isso, Moisés caminhou pelo acampamento e procurou inteirar-se da gravidade da corrupção que dominou o seu povo. Ao ver Amenófis morto de forma vil, chorou aos seus pés e disse:

— Meu mestre, não deveríeis terminar assim. Mais uma vez o povo não vos compreendeu. Contudo, tende a certeza de que a Missão Sagrada será concluída com êxito, nem que eu tenha de expulsar o demônio do meio de nosso povo com minhas próprias mãos ensanguentadas.

Henok percebeu que Moisés reconheceu Amenófis como a reencarnação de Akhenaton. Ele se abaixou ao lado do grande profeta e o abraçou, dizendo:

— Amenófis deve estar ao lado de Yahwéh neste instante, recebendo as glórias pelo longo trabalho que realizou durante séculos para promover a implantação do monoteísmo na Terra. Sua missão foi concluída com êxito. Cabe a nós, agora, fazer a nossa parte. Certamente, ele acompanhará os nossos passos lá do Alto.

Moisés apoiou-se no ombro do amigo e mestre, e desabafou:

— Por que é necessária tanta dor para a humanidade evoluir? Não seria mais fácil se caminhássemos pelo caminho do amor e da sabedoria?

Henok suspirou entristecido.

— Sim, meu amigo, seria mais fácil. Mas parece que a cegueira dos homens não lhes permite enxergar a beleza e a paz do caminho da luz. Sendo assim, optam sempre pelo espinhoso caminho da dor, que infelizmente sempre transita pelos sítios das trevas.

Após aquele momento de intensa dor, o profeta disse:

— Vamos ver a pequena Sara. Talvez ainda possamos salvar-lhe a vida.

Henok concordou e logo uma multidão assustada cercava o acampamento da tribo de Benjamim, enquanto Moisés e o sábio levita cuidavam dos ferimentos da pobre menina, com a ajuda de veneráveis senhoras.

Os ferimentos eram muito graves. O rosto da menina estava inchado por causa dos golpes que recebera na tentativa de reagir à violência brutal. Os braços e pernas também apresentavam hematomas, mas o mais preocupante era a região vaginal, de onde vertia um sangue intenso, provavelmente em razão de algum trauma uterino. A febre também já denunciava a situação clínica preocupante da jovem, que prosseguia desacordada.

Ao perceber a gravidade do caso, a multidão começou a chorar convulsivamente. Muitas mulheres quiseram vomitar a própria alma, de tanta dor. Já os homens, batiam com os punhos no peito e no rosto, perguntando-se como permitiram tal monstruosidade. Não foram poucos os que tiraram a própria vida nessa fatídica noite, motivados por intenso remorso. Alguns não se perdoavam pela indiferença e medo de enfrentar os algozes do culto ao bezerro.

Moisés, profundamente penalizado, orou Àquele que sempre ouvia as suas preces:

— Ó meu Deus, sei que sois misericordioso com os justos e com aqueles que Vos amam. Se eu posso pedir-Vos algo nesta vida, atendei este meu pedido: não deixeis que essa menina morra. Fazei dela um símbolo do Vosso perdão e de Vossa vitória sobre os ímpios.

E, com a garganta asfixiada pelas lágrimas, o grande líder concluiu, com uma voz estridente:

— Morrerão todos os que macularam a Vossa memória, prometo-Vos com a minha honra! Mas resgatai das trevas da morte essa Vossa inocente filha. Se a salvardes, eu a protegerei como se fosse minha filha, até o último de meus dias.

Depois da súplica divina, Moisés, soluçando intensamente pela emotividade do momento, expôs suas mãos sobre as chagas de Sara, irradiando o seu fantástico poder magnético. Suas mãos tremiam, enrijecidas, enquanto uma luz de tonalidade verde azulada descia, febril, sobre o corpo da enferma.

Poucos minutos depois, e com o auxílio energético de Henok, o sangramento cessou e a febre estabilizou-se, trazendo-nos imenso alívio. Só nesse instante respiramos mais tranquilos.

Graças a Deus, nos dias seguintes, Sara venceu a terrível prostração que experimentara. Porém terríveis marcas ficaram gravadas em seu inconsciente, que somente o amor paternal de Moisés viria a apagar.

Depois desse atendimento, o profeta nos perguntou:

— Onde está Aarão? E quem lhe deu autoridade para conduzir o povo em minha ausência?

Ficamos sem saber o que responder, até que Aiezer falou:

— Os rebeldes o aclamaram, e Aarão é vosso irmão. Não sabíamos como agir. E quando demos por conta já era tarde demais. Tendes de concordar que jamais poderíamos imaginar que alguém seria louco o suficiente para cometer a insensatez que aqui presenciamos.

Moisés concordou com as palavras de Aiezer:

— Que esse evento sirva-nos de exemplo! O povo de Israel ainda é imaturo e instável. Jamais poderemos virar-lhe as costas, pois corremos o risco de sofrer uma repentina represália.

A altas horas da noite, fomos todos dormir, mas acredito que ninguém conseguiu fechar os olhos. Aquele dia tinha sido impressionante demais para todos nós. Meu coração batia de forma descompassada. Rolei na cama e agradeci a Deus por Rebeca não ter vivenciado aqueles fatos, que poderiam ter prejudicado a sua gestação.

No dia seguinte, os chefes de clãs foram chamados e Moisés nos falou, num tom sereno, mas que não permitia contestações:

— Não podemos viver com essa chaga em nosso meio. Esses imprudentes que o demônio possuiu e fez criar raízes do mal entre os filhos de Israel devem ser eliminados. Que o chefe de cada clã execute os prisioneiros sob sua responsabilidade, sem piedade!

Nós nos entreolhamos assustados e não questionamos as ordens de nosso líder. Então, uma extensa fila, composta de homens e mulheres de joelhos, foi organizada aos nossos pés, bem distante de nosso acampamento. A cada golpe certeiro que desferíamos com a espada nos pescoços das vítimas, eram ditas frases sagradas pelos levitas, que nos acompanhavam com alguns textos religiosos da antiga religião de Abraão. Durante todo o dia, cumprimos aquela missão com um forte aperto no coração; somente os levitas demonstravam assombrosa indiferença. Eles interpretavam aquela execução como sendo apenas mais um ato da vontade divina.

Em alguns momentos, meditei sobre a minha intenção

inicial de me unir àquela orgia deplorável. Olhei para Aiezer e percebi que ele estava pensando a mesma coisa, a cada golpe que executava nos membros rebeldes da tribo de Dã.

É possível que a abençoada intervenção de Henok tenha nos poupado de estar ali, de joelhos, aguardando o golpe mortal. Senti um certo remorso, porém nada mais poderia ser feito além de aproveitar a lição daquele dia para toda a vida. Além do mais, eu havia prometido que, se Yahwéh nos libertasse, mataria com as próprias mãos todo aquele que tivesse disseminado o mal entre o nosso povo.

Assim o dia transcorreu, de forma desoladora. Alguns rebeldes choravam, pedindo clemência, mas em nenhum momento foram ouvidos. A fila era imensa e com o passar das horas éramos substituídos para descansar.

No caso de minha tribo, meu irmão Uziel deveria executar a sentença, mas eu sabia como aquilo lhe chocava, portanto parei poucas vezes. Uziel era uma alma muito sensível para ser protagonista daquela selvageria.

As execuções terminaram quase no final da tarde, quando uma outra equipe se encarregaria de lançar os corpos numa vala comum, onde seriam incinerados e cobertos com terra.

Com os braços cansados e o corpo banhado de sangue, lavei-me tentando conter as lágrimas, pois não podíamos chorar. Era necessário mostrar ao povo a nossa força e a inabalável convicção sobre a atitude que havíamos tomado. Era imprescindível dar sinais de que estávamos solidários com nosso líder, mesmo que discordássemos em alguns pontos. Do contrário, poderíamos viver mais uma crise interna que certamente não suportaríamos.

Assim, naquele dia, somando-se a noite anterior, foram executadas mais de cinco mil pessoas, ou seja, quase dez por cento de nossa nação.

À medida que eu lavava as minhas mãos e a água adquiria o tom escarlate do sangue, pensei, então, tentando justificar aquele ato insano: "Que esse gesto cruel possa cumprir o seu papel, ou seja, purificar a alma de Israel!". Depois, entrei na minha tenda e me deitei. Por uns instantes, voltei a refletir: "É o fim do sonho de nos tornar uma grande nação. Essa desgraça que se abateu sobre nosso povo fará que caiamos para nunca mais nos levantar!".

Contudo, eu estava enganado. Na verdade, os acontecimentos fatídicos do culto ao bezerro de ouro imprimiram em nossas almas a mensagem imorredoura de que jamais deveríamos cultuar outros deuses, amando e respeitando nosso Deus sobre todas as coisas.

Durante esses pensamentos, acabei adormecendo, exausto, e tive pesadelos horríveis com aquela matança sem fim que, apesar de tudo, tinha sido necessária. Nascemos e morremos todos os dias, durante os séculos sem fim; o importante é como conduzimos nossas vidas na busca da evolução.

O dia ainda não havia acabado para Moisés. Quando ele foi recolher-se, encontrou o irmão, de joelhos, dentro da tenda, com o rosto voltado para o solo e com os braços estendidos, num gesto de completa submissão.

O audacioso traidor, ao perceber a chegada de nosso líder, falou:

— Aguardei a tua chegada, meu irmão, porque prefiro morrer por tuas mãos. Sei que cometi um gesto indigno e desprezível. Por isso, faze de mim o que te aprouver.

Moisés suspirou e meditou sobre aquelas palavras, e, em seguida, falou com tranquilidade, enquanto andava de um lado a outro com os braços cruzados sobre o peito:

— Por que fizeste isso Aarão? Sabes bem que a idolatria de imagens é abominável aos olhos de nosso Senhor.

O imprevisível irmão de Móisés começou a chorar e disse:

— Perdoa-me, eu só queria ser útil e ter uma ocupação de destaque! Pedi-te isso, mas não me atendeste. Meu espírito invejoso e ciumento não resistiu quando os rebeldes me ofereceram o que tanto sonhei. Se me perdoares, prometo que te serei mais fiel do que Caleb, que tanto respeitas por sua integridade.

Moisés pensou nas recomendações de Jetro de que a justiça de Deus é sempre imparcial; somente assim um líder se afirma e é respeitado. O perdão a Aarão significaria um privilégio e uma injustiça para com os que foram condenados.

Depois de muito refletir, o profeta falou:

— Aarão, para redimir-te aos olhos de Deus, deverás fazer

vigília em frente à montanha e orar de joelho, ininterruptamente, pedindo perdão pelos teus pecados e pelos pecados dos rebeldes que permitiste transviar o povo de Deus. Se no final de três dias Yahwéh me enviar um sinal de teu arrependimento, serás poupado; caso contrário, morrerás pelas minhas mãos. Espero que mantenhas a dignidade, se esse for o desejo do deus de nossos antepassados.

Aarão então levantou-se lentamente e, cabisbaixo, disse:

— Vou agora cumprir a minha penitência. Tenho certeza de que Yahwéh ouvirá as minhas preces, pois serão sinceras. Eu sei que errei. E só agora compreendo como estava equivocado. A semente do mal havia germinado em meu coração, mas agora irei arrancá-la, como se extirpa o joio da terra.

Aarão caminhou até a elevação, de onde Moisés costumava nos falar, e ajoelhou-se sobre o chão coberto com o orvalho da noite. Ele orou intensamente durante toda noite, e pelo dia seguinte também, como se fosse uma estátua viva.

Todos nos impressionamos com o gesto determinado de Aarão. Enquanto reorganizávamos o acampamento, ele ficava lá, impassível, num colóquio íntimo com Deus. Até sua mulher, Isabel, foi proibida de levar alimento para ele. Moisés lhe falou, com voz pausada, quase profética:

— Aarão precisa jejuar para ouvir a voz de Deus. Assim ele estará pronto para prosseguir junto conosco na caminhada à Terra Prometida.

Isabel apenas olhou com irritação para Moisés e retrucou:

— Monstro insensível! Desrespeitais e humilhais o vosso próprio sangue. Se matardes meu marido, eu vos amaldiçoarei para a eternidade. Devíeis confiar na vossa família. Vede Maria, a vossa irmã... fazeis como se ela nem existisse!

Moisés olhou com irritação para ela e contestou:

— Acredito que não estavas aqui nesses últimos dias. Não viste pelo que passamos? Em teu egoísmo, talvez não tenhas percebido o que tenho vivido. Não tenho tempo nem para comer, quanto mais para dar atenção a todos. E, além disso, a única família sanguínea que reconheço é a minha esposa e os meus filhos. Mal vos conheço e jamais compactuaria com privilégios dentro de nosso povo, pois a Lei de Deus é igual para todos. A família de Deus é universal. Enquanto eu viver, não haverá privilégios, seja para quem for.

Cansado daquela conversa, o grande profeta arrematou:

— Por que não fazes como o teu marido? Ele agora está libertando o seu coração do rancor e do ódio. Vai purificar-te, mulher ingrata!

Isabel resmungou mais algumas palavras e correu para dentro da tenda, como um coelho assustado.

Moisés voltou o seu olhar para o topo do monte Horeb e disse para si mesmo:

— Perdoai o Vosso povo, meu Deus! Eles são como cavalos indomáveis, porém, antes de regressar ao Vosso reino de luz, eu os entregarei domesticados para que a Vossa glória se propague de geração em geração, até o fim dos tempos!

9 Os dez mandamentos

No dia seguinte, acordei ainda menos esperançoso com o nosso futuro. Depois de tudo o que tínhamos vivido, parecia que a união social e espiritual de nosso povo estava por um fio. O que nos unia naquela caminhada era a crença na proteção do Deus Único e a busca pela abençoada Terra Prometida; contudo Moisés tinha nos dito na noite anterior que Yahwéh estava muito triste com o Seu povo e que não nos legaria as Suas leis. E, sem a aliança divina, nossa nação estava fadada ao desaparecimento, pois certamente os clãs entrariam em conflito e se separariam, tornando-se tribos nômades como os beduínos do deserto.

Moisés mantinha-se calado e triste, como se tivesse desistido de nosso povo. Ele olhava para a multidão, como se esta fosse somente digna de pena, o que nos causou uma impressão muito forte. Nosso povo ficou muito ressentido com o desprezo daquele grande homem, assim tal como fazem as crianças rebeldes quando os pais magoados lhes negam carinho, para que reflitam sobre os seus erros, pois já tínhamos nos acostumado à paternidade espiritual de Moisés.

Naquele mesmo dia, o profeta foi até o acampamento de Jetro buscar a esposa e os filhos. Séfora tinha optado por ficar com o pai na ausência do marido, pois percebera por parte do povo de Israel um preconceito dissimulado em relação à sua nacionalidade.

Dois dias depois, eles retornaram para o sopé do monte Sinai. Jetro veio junto para orar sobre a sepultura de seu grande amigo Amenófis. O povo, envergonhado, olhou nos olhos daquele iluminado sábio e percebeu lágrimas serenas que demonstravam como ele estava penalizado pelos acontecimentos funestos ocorridos durante a sua ausência.

Daquele dia em diante, Moisés passou então a se preocupar apenas com a saúde de seus filhos e a atender a esposa, desprezando completamente a administração do acampamento. Tal comportamento levou o povo a se reunir frente à sua tenda e suplicar:

— Queremos pedir perdão a Deus pelos nossos pecados. O que devemos fazer?

Moisés olhou para aquela massa humana que se amontoava diante dele e disse, demonstrando pouca credulidade:

— Nosso Deus nos abandonou. Quando fui alertado a descer para salvá-los da corrupção, Yahwéh me disse: "Desce e salva Israel das forças do mal! Faze isso por ti, porque esse já não é mais o povo com o qual selarei a minha aliança. Não posso confiar numa raça ingrata que esquece a liberdade que lha dei para cultuar uma falsa e indecente imagem. Esse povo não está unido a Mim e não Me ama!".

O profeta então se calou e as pessoas começaram a chorar desesperadamente, dizendo:

— O que fizemos?! O que fizemos?! Ó meu Deus! Perdoai-nos, ó nosso Senhor!

Nosso líder ergueu os braços e voltou a falar:

— Vós vos entregastes às forças do mal. Os espíritos das trevas estão a nos espreitar e farão tudo para que a grande missão de mostrar ao mundo o verdadeiro deus não se concretize. Quando retornardes ao reino espiritual, Yahwéh vos perguntará: "O que fizestes das bênçãos que vos ofertei?". Nosso encontro com o Deus Único assinalará um novo marco na história espiritual da humanidade, mas pareceis não compreender isso. Quando o mundo conhecer a face do Deus Único, um novo passo será dado rumo à evolução. E então receberemos do Criador um reconhecimento perpétuo. O que Yahwéh nos pede é apenas honradez e fidelidade. Será esse um preço tão alto a ser pago em troca de tantas dádivas?

A multidão, chorosa, gritou a uma só voz:

— Não! Não! Faremos o que quiserdes para obter o perdão de nosso Deus e recuperar a Sua confiança. Dizei-nos o que fazer, e assim será feito!

Moisés refletiu um pouco e percebeu, com admiração, que Aarão ainda se mantinha de joelhos ao sopé da montanha, em plena contemplação divina. Ele olhou para o povo e disse:

— Uni-vos a Aarão! Segui o exemplo de fé e perseverança dele, porque assim talvez nosso Deus vos perdoe!

Alguns não vacilaram e se dirigiram rapidamente para o local onde Aarão se encontrava, e lá se uniram a ele. Outros, mais acomodados, perguntaram:

— Por quanto tempo teremos de ficar lá, ajoelhados?

Moisés respondeu, lacônico:

— O tempo que o Senhor achar necessário para expiar vossas faltas.

Outro então indagou:

— E quem fará a comida e cuidará do arraial?

Demonstrando impaciência, nosso líder respondeu-lhes:

— Ninguém. Não será necessário preparar comida, pois quem ora precisa jejuar. Só assim o indivíduo consegue manter a concentração para um colóquio íntimo com Deus. Esquecei as necessidades do corpo e preocupai-vos apenas com as da alma, que é a que mais deveis dar atenção neste momento. Quanto às crianças, os idosos cuidarão delas.

Alguns outros, indecisos, iam levantar novas dúvidas a Moisés, mas foram proibidos pelos demais. Logo, uma enorme multidão colocou-se de joelhos, aos pés do monte, e pôs-se a orar, em busca do perdão divino.

Moisés voltou para a sua tenda e resolveu acompanhar até onde persistiria a determinação do povo. No final do dia, ele aproximou-se e deu-lhes a seguinte orientação:

— Ainda não ouvi a voz do Senhor! Contudo, voltai para as vossas tendas a fim de repousar, e amanhã, antes do Sol nascer, retornai aqui para prosseguir vossas orações.

Quando todos se preparavam para retirar-se, completamente exaustos, ele falou:

— Esse é um sacrifício agradável aos olhos de Deus. Nosso

Senhor prefere que oremos em busca de paz espiritual do que sacrifiquemos animais indefesos. Ele não necessita dessas pequenas coisas, pois Se alimenta de nosso amor e de nossa devoção.

Agradecida, a multidão correu em direção às suas tendas para descansar. Moisés sorriu com a disposição e a submissão do povo. Aquele era um sacrifício cansativo, porém necessário para domar a personalidade rebelde de Israel.

Quando o profeta já estava se retirando do local de orações, viu Aarão, impassível, no mesmo lugar. Então caminhou até ele e disse, com voz serena e tranquila:

— Aarão, também podes voltar para a tua tenda. Amanhã recomeçaremos as orações ao Senhor.

Aarão sacudiu a cabeça e respondeu, com firmeza:

— Não, prosseguirei aqui; preciso ouvir a voz de Deus, como fazes, meu irmão. Não quero descansar; desejo apenas encontrar alívio para as chagas de minha alma.

Moisés nada disse; retirou-se deixando Aarão de mãos postas em frente ao peito, com os olhos voltados para o pico da montanha, que irradiava, vez ou outra, pálidos clarões.

Algumas horas depois, ele voltou a observar o irmão; e lá continuava Aarão, sendo banhado pela tênue luz prateada da Lua. O profeta percebeu o foco brilhante a abençoar o irmão e pensou consigo mesmo:

"Parabéns, Aarão, venceste! Se mantiveres esse comportamento até eu voltar com as leis de Deus, ganharás o posto que tanto almejas."

Na manhã seguinte, Moisés acordou muito cedo, mas quando saiu da tenda verificou, admirado, que o povo já se encontrava ajoelhado aos pés da montanha sagrada, em estado de oração, e se encheu de alegria:

— Cessai por um instante as vossas orações! Preciso vos falar. Parece que nosso Deus ouviu as vossas súplicas e me chama para o alto da montanha. Mais uma vez, irei me dirigir aos braços de Yahwéh e Lhe pedirei que estabeleça a Sua aliança conosco. No entanto, peço-vos que não permitais de forma alguma que o mal se instale novamente em nosso acampamento. Deveis ficar todos em estado de oração, como agora. Caso isso não aconteça, voltarei mais uma vez de mãos vazias, e a ira de nosso Deus não poderá ser aplacada.

O povo nada respondeu; somente abaixou a cabeça e prosseguiu em suas orações. Moisés então pediu que os sábios de Israel, Josué, Aarão e os chefes dos clãs subissem com ele até a metade do percurso. Chegando lá, disse:

— Daqui não podereis passar, e não deveis permitir que ninguém suba além deste local. Duas horas antes do final do dia, descei até o povo e fazei-o beber novamente a água misturada à "pedra sagrada". O que sobrou do pó de ouro está guardado em minha tenda. Lá, há o suficiente para atender as necessidades de todos.

O líder de Israel meditou e em seguida arrematou:

— Naquele dia fatídico, todos viram o império das sombras em meio à sua corrupção; hoje, Israel verá a glória de Deus em todo o Seu esplendor.

Concordamos com as palavras de Moisés e nos pusemos de joelhos, enquanto ele subia rapidamente a ladeira da montanha. Então, nos mantivemos em silenciosa oração durante todo o dia. Ao final da tarde, descemos, conforme fomos orientados. O povo se desconcentrou com nosso imprevisível deslocamento, mas manteve-se genuflexo, em posição de sincera devoção a Deus. Logo convocamos alguns homens para passarem as tigelas de cerâmica, de mão em mão, a fim de que todos pudessem beber a "pedra sagrada" e atingissem mais uma vez o estado de consciência superior, em que é possível vislumbrar o Mundo Maior.

Enquanto isso, voltamos ao lugar que Moisés tinha nos indicado, e lá também ingerimos a bebida sagrada. Poucos minutos depois, todos vimos, maravilhados, luzes belíssimas projetando-se de cima do monte, em direção ao céu, como se fosse um vulcão espargindo labaredas douradas. Em seguida, pareceu-nos que aquela luz ganhava vida e aproximava-se de nós de forma deslumbrante, com uma leveza única, irradiando-nos uma energia de amor puramente paternal.

Julgamos que detrás daquele brilho magnífico encontrava-se uma entidade espiritual gigantesca, ou melhor, o nosso próprio Deus. Então abaixamos os olhos, pois olhar para o clarão era como encarar o próprio Sol. Abaixo daquela luz, vimos um piso transparente muito mais belo do que o dos templos do

Egito. Depois, percebemos anjos alados voando ao redor da magnífica luz e cantando hinos de louvor a Deus, de fácil compreensão. Não demorou muito para que todos começássemos a imitá-los, cantando também, pois estávamos envolvidos por uma inenarrável sensação de paz e bem-estar.

Não muito depois, os querubins se calaram e voltaram para junto da Grande Luz. O povo então manteve-se em silêncio e começou a ouvir uma voz poderosa, mas serena, que vinha de dentro de suas próprias consciências. Eram os intermediários dos Céus filtrando a mensagem do Cristo Planetário para que ela pudesse chegar numa linguagem inteligível às nossas limitadas mentes, pelo fenômeno mediúnico, tal como fazem os transformadores de luz que modulam a energia da usina a fim de que esta não queime os aparelhos eletrônicos em nossas casas.

Durante todo este trabalho, afirmarei que Deus falava diretamente com o Seu profeta, pois esse era o entendimento da época. Mas, na verdade, Moisés ouvia a voz do Cristo Planetário, entidade arcangélica responsável pela evolução de nosso planeta, e dos espíritos encarregados do projeto evolutivo de nosso mundo.

Extremamente atentos, captamos a mensagem divina com o coração descompassado. Parecia que nada existia ao nosso redor, além do silêncio absoluto. Aquela voz mansa falava diretamente às nossas mentes, fazendo que alguns assimilassem a mensagem com mais clareza que os demais.

— Eu sou o Senhor, teu Deus, que te tirei da casa de servidão. Amo os Meus filhos e espero que eles sejam dignos desse amor. Eu sou justo; portanto sempre agirei na mesma medida para com todos os Meus filhos, recompensando com amor aos dignos e despertando por meio da dor os ímpios. Aqueles que Me amarem receberão a terra divina que prometi a Abraão, Isaac e Jacó. Mas para que sejas digno da Terra Prometida deves seguir os Meus mandamentos sagrados.

A voz manteve-se em silêncio por alguns instantes e depois voltou a falar no âmago de cada um, dando-nos uma idéia do que seriam os seus mandamentos.

Depois que se calou definitivamente, passamos a ouvir intensos trovões, à medida que chamas se intensificavam no alto da montanha sagrada. Em seguida, os querubins desapareceram e a

Grande Luz começou a esmaecer, até desaparecer por completo. Por fim, só nos foi possível enxergar a dimensão física do fenômeno no pico do monte Horeb, onde violentas descargas elétricas iluminavam o crepúsculo, convidando-nos a profundas reflexões.

Abaixamos as nossas cabeças e meditamos profundamente sobre os mandamentos divinos, enquanto os raios foram ficando cada vez mais escassos e menos estrondosos. Agradecemos pela bênção divina durante mais algum tempo e, assim que a noite chegou, retornamos ao acampamento para descansar, pois no dia seguinte, bem cedo, deveríamos voltar a realizar nossa vigília até o retorno de Moisés.

O povo se entregou imediatamente ao repouso, pois todos estavam muito cansados, tanto pelas fortes emoções como pelo desgaste por ter passado o dia inteiro de joelhos, em oração. Acredito que nem todas as pessoas conseguiram assimilar a mensagem divina integralmente; muitas alegavam ter visto uma luz e ouvido apenas algumas palavras de ordem moral, sem ter captado o seu conteúdo.

Rebeca me disse que havia sentido um agradável bem-estar e percebido algo muito especial no ar, coisa que não sentia desde a morte do pai.

Apesar da fadiga geral, eu me encontrava completamente excitado, quase elétrico, e, quando Rebeca foi dormir, me aproximei dos demais líderes e sábios para conversar. Com toda certeza aquela seria mais uma noite de insônia. Então segurei com força o braço de Aiezer e perguntei, empolgado:

— Dize-me, Aiezer, o que ouviste? Fala-me algo para eu não crer que enlouqueci!

Aiezer suspirou tão impressionado quanto eu, e respondeu:

— Não sei dizer. É tudo muito confuso. Parece-me que o próprio Yahwéh nos falou sobre as Suas principais leis, as quais devemos seguir de agora em diante. Em alguns momentos, tive a impressão de que cochilava, como num sonho, e as palavras se perdiam dentro de minha cabeça.

Os outros sábios que estavam ao nosso redor concordaram; alguns procuravam anotar as determinações de nosso Deus. Aarão e Aoliabe sentaram-se num canto e relembravam cada palavra para inserir em suas anotações. Enquanto isso, discutíamos a essência daqueles sábios ensinamentos.

Eu me aproximei de Henok e lhe disse:

— Os mandamentos de Yahwéh me parecem muito semelhantes ao Código de Hamurabi, dos babilônios. O que nos dizeis, grande mestre?

Nosso sábio orientador respondeu com tranquilidade:

— Não poderia ser diferente, Natanael! Deus é soberanamente justo e bom. Ele oferta aos Seus filhos a mesma mensagem, seja qual for o povo, respeitando somente a evolução de cada nação e a sua cultura. No momento, essa é a lei necessária à nossa humanidade, mas no futuro leis mais evoluídas e harmoniosas nos serão trazidas por outros profetas, ainda mais iluminados que Mosheh.

Caminhei de um lado para o outro e questionei:

— Resta-nos saber se as penas decorrentes do descumprimento dos mandamentos divinos serão tão severas como as das leis de Hamurabi.

O mestre meditou um pouco e, enfim, opinou:

— Depois do episódio do culto ao bezerro, acredito que Mosheh estabelecerá punições rigorosas.

Concordei com Henok e pedi, pelo amor de Deus, que ele reproduzisse as palavras de Yahwéh em toda a sua integridade. Sabíamos que o sereno mentor era o único capaz de ter total lucidez diante de um acontecimento tão insólito como aquele.

Ele então me propôs:

— Vamos analisar todos juntos a dádiva que recebemos nesta noite. Os séculos passarão e este dia jamais será esquecido.

Exultante de alegria, gritei:

— Ó meu Deus, obrigado por ouvir as nossas preces! Agora tenho certeza de que Mosheh descerá da montanha sagrada com as leis lavradas em pedra, selando um destino de glória e paz para a nossa nação.

Todos sorrimos de felicidade e Henok voltou a falar:

— O que ouvi no fundo de minha consciência e me marcou muito foi a primeira Lei do Criador: "Ama ao teu Deus sobre todas as coisas e ao teu próximo como a ti mesmo".

Abidã fez um sinal afirmativo com a cabeça e disse, do alto de sua sabedoria:

— Sim. Essa é a Lei Máxima! Pelo amor ao nosso Pai, aprendemos a amar a Sua criação, e se agirmos em benefício de nosso semelhante, semearemos a paz e a concórdia entre os homens. Quando o amor prevalecer na Terra, acima dos interesses mesquinhos e egocêntricos dos homens, o reino de Deus se estabelecerá definitivamente neste mar de tristezas que é a vida humana.

Todos silenciamos depois de ouvir as palavras de Abidã. O venerável ancião estava com os olhos cheios de lágrimas, talvez por lembrar-se da recente violência que sua neta Sara havia sofrido — a menina era uma das poucas pessoas liberadas por Moisés da vigília aos pés da montanha sagrada, para que pudesse se recuperar.

O sábio artífice Bezaleel então complementou:

— Quando o nosso povo tornar-se digno e trabalhador, perceberá que com boas virtudes encontramos a paz. O mal só se instala quando nos esquecemos dos nobres princípios de amor e respeito ao próximo.

Henok caminhou para lá e para cá, e depois de muito refletir nos disse com os seus vívidos olhos brilhando, como duas pérolas negras:

— O simples ato de amar ao próximo estabelece um padrão jamais imaginado de igualdade entre os homens, colocando-nos na condição de irmãos, com os mesmos direitos e os mesmos deveres. Somente Deus está acima de nós, regendo os nossos destinos. Essa nova estrutura social será o estabelecimento da perfeição na Terra.

Naquele momento, não captamos a importância das palavras de Henok, mas no futuro a estrutura criada por Moisés viria a colocar os regentes de Israel sob o controle de uma democracia teocrática, ou seja, todos seriam iguais perante a Lei de Deus, algo impensável naquela época e que hoje ainda é uma meta a ser atingida até pelas mais sólidas democracias.

Sob o poder do Deus Único, todos, inclusive Moisés, deveriam curvar-se perante a Lei. Dessa forma, ninguém poderia eximir-se de cumprir as determinações divinas. Então, como intérprete máximo da vontade divina, Moisés criou uma associação indissolúvel entre ética e espiritualidade. O poder político, administrativo ou econômico não gozaria jamais de autonomia, e estariam sempre submissos ao poder atemporal de Yahwéh, que era o único autorizado a estabelecer leis e ditar costumes.

Em diversos pontos da Bíblia, vemos o poder incondicional da Lei de Deus sendo destacado. Até mesmo reis, como Davi, foram julgados por seus comportamentos contraditórios em relação à Lei Suprema, e teve de se sujeitar às punições impostas. Todos eram iguais e deveriam submeter-se à penalidade determinada, não importando se eram aristocratas ou plebeus.

A civilização de Yahwéh viria a ser, por natureza, antitotalitária, pois todo o poder estaria nas mãos de Deus, e não nas de um tirano. Os reis seriam, no futuro, apenas delegados da vontade divina, não podendo jamais impor as suas próprias leis. Qualquer ameaça do soberano sobre as leis de Deus, este perderia o apoio total do povo e de seu exército. Todos, sem exceção, passariam a execrar qualquer traição às leis de Deus; alguns por respeito, outros por medo da ira divina.

Talves Moisés tenha passado para a História como um tirano intolerável, porém as regras que recebeu de Yahwéh formaram uma estrutura social que estabeleceu um padrão de igualdade nunca visto até o seu tempo, extinguindo definitivamente a escravidão entre os hebreus. Ele costumava dizer: "Fomos escravos no Egito e sabemos o que isso significa; portanto não desejamos o mesmo a ninguém". Em outros momentos, ressaltava: "Trabalhamos anos sob uma imposição escravocrata. Isso jamais se repetirá! Nenhum filho de Israel se submeterá a outrem, sem justa remuneração; só trabalharemos de graça para o nosso Deus, pois Ele é nosso Pai e nosso libertador. Qualquer outro trabalho deve ser remunerado e estimulado sempre, para que nosso povo se dignifique e jamais se torne preguiçoso e oportunista".

A cultura israelita era extremamente machista e a Lei Divina imposta por Moisés foi a primeira a garantir direitos conjugais às mulheres, o que era inimaginável naquele tempo. Apesar de as mulheres terem imensa liberdade em meio à sociedade egípcia, somente as ricas usufruíam de benefícios; as demais se sujeitavam à autoridade dos pais e dos maridos. Em raras circunstâncias, elas eram compensadas por seus esforços, mas não lhes era creditado direito algum, além da herança, coisa pouco comum entre os povos da época.

Assim, passamos horas divagando sobre o primeiro mandamento, que, conforme Jesus viria a dizer futuramente, "resumiria o ensinamento de toda a Lei e de todos os profetas".

Alguns chefes de clãs ficaram temerosos, porque sentiram a possibilidade de a igualdade vir a destituir-lhes novamente o poder, que já tinha sido esvaziado quase totalmente pelo domínio de Moisés.

Elizur, da tribo de Rubens, manifestou preocupação a Henok:

— O que dizeis provocará uma grave desordem em nossa organização social. Se cada um pensar por si, já que somos todos iguais, quem manterá a ordem entre os clãs?

— Ninguém deve se preocupar com esse aspecto — tranquilizou-o Henok. — Igualdade não significa desordem e, por isso, continuaremos a exercer as nossas funções. Moisés continuará a ser nosso líder e lhe deveremos o mesmo respeito, pois igualdade significa direitos iguais e não atribuições iguais. O que muda é que todos estaremos sujeitos às mesmas leis, sem exceções, independentemente de nossa posição na sociedade. Agora, quem se lembra do oitavo mandamento?

— Não roubarás! — respondi rapidamente.

Henok fez um gesto confirmando e prosseguiu:

— Agora todos nós, desde o homem mais simples até Mosheh, estamos sujeitos a essa Lei. Não haverá privilégios! Quem roubar estará sujeito a uma punição que será pré-determinada. Somente o Criador está fora da ação de Sua Lei. Ao contrário dos deuses do Egito, que permitiam regalias aos seus faraós e sacerdotes, Yahwéh não diferencia os Seus filhos, o que certamente é um grande salto para a civilidade que tanto almejamos.

Elizur meditou por alguns instantes e concluiu, com um ar descrente:

— O difícil será fazer que essa nova filosofia vingue!

Ficamos um tempo em silêncio, depois da afirmativa do chefe da tribo de Rubens. Henok então respondeu serenamente:

— Talvez no futuro seja mesmo difícil, mas não enquanto Mosheh nos liderar.

Fizemos um sinal afirmativo com a cabeça, pois conhecíamos a determinação e o pulso de ferro do grande profeta.

Em seguida, Aiezer manifestou-se:

— Mestre, o que dizer da regra: "Não cometereis adultério?".

Henok virou-se para ele e respondeu com eloquência:

— Aiezer, nosso povo precisa formar uma estrutura familiar respeitável. No Egito, estávamos acostumados a prevaricar, relacionando-nos com diversas mulheres em busca de prazer. Porém nosso Deus agora deseja que nos unamos, de forma sólida, a uma só companheira e estabeleçamos uma família unida a fim de legar aos nossos filhos os bons valores morais. Então, como podemos passar uma boa herança moral aos nossos descendentes se não convivemos numa estrutura familiar harmoniosa?

Depois das palavras do sábio mestre todos protestaram. Estávamos acostumados a ter diversas mulheres, muitas vezes sem estabelecer compromisso algum. A partir das novas leis de Deus, teríamos de nos casar com uma única mulher e constituir um contrato de fidelidade. Logo, diversos protestos inflamados surgiram. Henok então levantou as mãos, pedindo silêncio, e falou:

— Acalmai-vos, meus irmãos! Estamos apenas especulando sobre as leis que captamos neste memorável dia. Quando Mosheh retornar, nos trará a interpretação de tudo o que ouvimos e sentimos. Acho que agora todos devemos dormir, porque amanhã teremos um longo dia de vigília pela frente.

Então, nos retiramos e fomos para as nossas tendas. Deitei no meu leito e abracei Rebeca, mas só consegui dormir praticamente quando o dia amanhecia. Só teria tempo para uma frugal refeição, antes de voltar à montanha.

Enquanto eu comia um pedaço de pão, resolvi olhar para o monte sagrado e percebi, no lugar onde tínhamos feito vigília, uma silhueta distante, ajoelhada, em estado pleno de oração. Forcei um pouco mais a vista e reconheci Aarão, de mãos postas junto ao peito e em profunda meditação.

Aiezer aproximou-se de mim perguntando o que eu estava fazendo. Sem nada dizer, pois estava com a boca cheia, apontei para montanha sagrada com o pedaço de pão.

O chefe da tribo de Dã teve de se esforçar para reconhecer

Aarão, e me perguntou:

— É Aarão?

Fiz um sinal afirmativo com a cabeça. Ele então me disse:

— É impressionante a sua mudança. Temos de relatar isso a Mosheh quando ele voltar. Vejo que Aarão está fazendo um esforço louvável para se redimir.

Concordei com Aiezer, e logo depois nos dirigimos para a montanha. Lá, ficamos mentalizando energias positivas para que Moisés obtivesse êxito em sua missão. Perguntei a Henok se iríamos beber novamente a "pedra sagrada" diluída em água, e ele me respondeu:

— Não, Natanael. Já recebemos o recado divino, e também não devemos nos utilizar desses métodos para comungar com Deus a todo instante. Mosheh assim procedeu por causa da situação desesperadora em que nos encontrávamos. O ideal é que venhamos a desenvolver a faculdade de nos conectar com o mundo espiritual por intermédio da meditação e da oração. Exercita isso hoje, e talvez consigas obter algum resultado muito em breve! A elevação da consciência precisa ser uma conquista evolutiva de cada um. O uso de alucinógenos para esse fim não é correto. A "pedra sagrada" deve ser utilizada com fins coletivos nos templos. No futuro, suas fantásticas propriedades serão empregadas em técnicas que propiciem um grande avanço à humanidade.

Concordei com um gesto sereno. A "pedra sagrada" — o ouro em estado monoatômico — só viria a ser utilizado novamente por Moisés e pelos demais sábios em raríssimas ocasiões, sempre com o objetivo de trazer algum ganho coletivo para Israel. A intenção de Moisés era dissociar o contato divino de qualquer ato ritualístico que obscurecesse a mensagem de reforma moral de nosso povo. Ele achava importante evitar o que ocorre hoje em dia, bem como no passado: o culto exterior tornar-se maior que a reforma interior de cada um. O fundamental é que o indivíduo compreenda a mensagem de Deus e a pratique, independentemente de crenças e rituais religiosos.

Mas os sábios não pararam de estudar as demais aplicações da "pedra sagrada" no campo científico, fazendo que a própria Arca da Aliança viesse a gerar o arco de corrente contínua necessário ao processo de transmutação do ouro do estado metálico para o monoatômico.

Assim, para minha surpresa, durante aquele dia várias visões passaram pela minha cabeça, estimulando-me a meditar sobre algumas questões da vida. Em determinado momento, fechei os olhos e fiquei relembrando a imensa luz dourada que brilhara intensamente no alto da montanha sagrada. Então, minha mente viajou para a encarnação anterior em que vivi ao lado do faraó Akhenaton e me lembrei de nossas orações ao nascer e ao pôr-do-sol, assim como estávamos fazendo naquele exato momento.

Lembrei-me também dos ensinamentos do Deus Único e dos belíssimos poemas do faraó Filho do Sol. Recordei os seus belos ensinamentos sobre amor e amizade. Tudo passou rapidamente como num filme, até que o tempo e o espaço se romperam e a imagem de Amenófis surgiu em minha mente, deixando-me a idéia nítida de que ele era o próprio faraó Akhenaton. Por fim, relembrei os últimos momentos desse mestre, em que ele foi morto de forma vil pela ignorância humana.

Rapidamente me virei para Henok, que parecia estar sondando os meus pensamentos, e lhe disse, com a voz embargada:

— Nosso querido amigo Amenófis era a reencarnação de Akhenaton!

Henok nada respondeu, mas uma lágrima correu pelo seu rosto. Após alguns instantes de hesitação, ele me falou, de forma pausada:

— Viste, Natanael, como o contato espiritual depende somente de nosso exercício em busca dessa nobre faculdade?!

O grande mestre não precisou dizer mais nada. Então me virei novamente e voltei os olhos para o chão. Mantive-me com o olhar fixo uns instantes até que a minha mente viajou pelo tempo e comecei a me lembrar de todos os acontecimentos que vivi naquela encarnação, conforme descrevi anteriormente em Akhenaton — A Revolução Espiritual do Antigo Egito.

Não me contendo, voltei a olhar para Henok e balbuciei o seu nome naquela existência:

— Ramósis...

Ele sorriu:

— Guarda para ti as tuas revelações, amigo! Há certas informações que a humanidade ainda não está preparada para conhecer. Estás trilhando um belo caminho, que é permitido a poucos. Utiliza as informações que obtiveres para o teu bem e para o bem de teus semelhantes. Mas não penses em revelá-las, assim como Deus não revela toda a Sua luz aos Seus filhos, pois isso viria a nos cegar.

Concordei com as palavras do querido mestre que havia sido meu sogro na encarnação anterior, e retornei à minha interiorização. Foi então que me lembrei do anjo amigo que me visitava desde a minha infância para me dar forças na nova caminhada, e assim, quase ao final do dia, percebi quem deveria estar no ventre de Rebeca, pronta para regressar ao mundo das formas.

Virei-me novamente para Henok e disse-lhe, envolvido por profunda emoção:

— Peço que cuideis de minha filha, como se ela fosse vossa, conforme fizestes no passado! Peço também que a orienteis em toda a sabedoria dos anjos e dos homens, pois sinto que ela desempenhará um papel importante na formação espiritual de nosso povo.

O sábio mestre fez um sinal afirmativo com a cabeça.

— Será uma honra, Natanael!

Não percebi, porém, quem era Rebeca na encarnação anterior. O forte trauma de nosso desencarne talvez tenha bloqueado a possibilidade de essa informação aflorar em minha mente, naquele momento; ou talvez eu ainda não estivesse preparado para recordar aquele terrível episódio. Por isso, a Providência Divina resolveu me poupar para que nossa evolução se processasse com tranquilidade, pois o esquecimento é um bálsamo necessário para que vençamos os equívocos de vidas passadas.

Esse é o motivo pelo qual não recordamos nossas existências anteriores quando estamos encarnados no mundo físico; salvo raras exceções. Entretanto, a noção de que vivemos diversas existências, é fundamental para que possamos compreender o objetivo da vida criada por Deus. Infelizmente a crença na reencarnação não vingou na sociedade israelita, principalmente por causa do forte preconceito racial — a simples idéia do reencarne em meio a um povo politeísta tornou-se algo abominável. E, ao invés de compreenderem a grandeza de sua missão, eles começaram a se considerar especiais e a adotar um comportamento preconceituoso e intolerante para com os demais povos.

Os profundos estudos realizados no monte Nebo, antes da conquista da Terra Prometida, não foram suficientes para que o povo assimilasse a crença de que vivemos diversas vidas — com exceção dos essênios, que foram os guardiões dessas informações. Em sua época, Jesus também sofreu muitas resistências em relação a esse tema, pois os judeus não toleravam a idéia de reencarnar na pele de um samaritano. Por isso, o mestre dos mestres, que estudou até mesmo na Índia, berço da crença reencarnacionista, teve então de concentrar seus estudos em assuntos de mais fácil aceitação, deixando os temas mais complexos nas mãos dos iniciados, para que os divulgassem em momento mais propício.

Ainda assim, os evangelhos que citavam a reencarnação foram perseguidos pelos eternos conspiradores contra a verdade divina. O imperador Constantino, no ano trezentos e treze da Era Cristã, legalizou o cristianismo, mas aboliu dos textos sagrados a crença na reencarnação, tão ensinada por Jesus. Que imperador aceitaria a idéia de reencarnar na pele de um mendigo?

Esse episódio fez que as religiões do mundo ocidental, oriundas da mensagem de Moisés, renegassem até os dias atuais a reencarnação do espírito, que é um alicerce básico para a compreensão da vida maior e de seus objetivos. Felizmente, os primeiros anos do terceiro milênio já demonstram que a nova humanidade da Terra não aceitará mais as crenças ultrapassadas que defendem a idéia de que vivemos apenas uma única existência para alcançar a perfeição espiritual.

Depois dessas reflexões, levantei-me e, contrariando as determinações de Moisés, desci até o sopé da montanha, onde minha esposa se encontrava com o resto do povo. Ajoelhei-me ao seu lado e a abracei, ficando até o final daquele dia comungando com ela e com minha futura filha.

Quando o Sol começou a se esconder no horizonte, recolhemo-nos novamente às nossas tendas. Contrariando todas as expectativas, Moisés não voltou da montanha e algumas pessoas já reclamavam porque tinham de se submeter àquela exaustiva rotina de orações diariamente.

Rebeca estava muito cansada, por causa da gravidez; portanto, coloquei-a para dormir e fui me encontrar novamente com os sábios a fim de tentar obter novas informações sobre aqueles fantásticos mandamentos divinos do dia anterior.

Ao me aproximar do grupo, ouvi Aisamac falar:

— O mandamento que proíbe o culto a imagens enfraquecerá a crença divina quando nos afastarmos da montanha sagrada em direção à terra de Canaã. O que mantém o povo temente a Deus é a sua proximidade com Ele, ou a proximidade com a Sua manifestação, ou seja lá o que quer que o entendamos. Enquanto estivermos aqui, o povo se submeterá ao Criador, mas quando formos para o deserto e não presenciarmos diariamente a força de Deus no topo da montanha, temo que Israel enfraqueça a sua fé.

Bezaleel então interveio:

— É por esse motivo que Mosheh deseja que capturemos a força da natureza que se manifesta na montanha sagrada. Acredito que não deveríamos parar com o trabalho na busca do Electrikus. Enquanto oramos, aguardando a volta de Mosheh, as experiências e os estudos estão todos parados. Nada foi feito nesse sentido desde que o nosso povo se perdeu vitimado pelas forças do mal.

O sábio artesão olhou para Henok e disse:

— Mestre, creio que sois a autoridade máxima nessa questão, na ausência de Mosheh. Gostaria de vos pedir para ser liberado das orações a fim de me dedicar às nossas pesquisas e testes. Com a lamentável morte de Amenófis, teremos um longo caminho a trilhar para obter êxito.

Henok então meditou por alguns instantes:

— Bezaleel, eu acredito que Mosheh não tardará a retornar. Aliás, porque não aproveitas esse salutar estado de meditação, ao qual estamos nos dedicando, para buscar as respostas que os testes não estão te apresentando? Às vezes, é melhor procurarmos respostas "fora" do centro de nossas atenções. Talvez se encontre dentro de ti mesmo a grande solução. Lembra-te de que a mente, presa a um único objetivo, perde a noção do contexto geral! Então, abre a tua mente! Liberta-te dos teus paradigmas!

Depois de uma breve pausa, em que o sábio mestre pareceu ouvir vozes do Além, ele prosseguiu:

— Meditando encontramos soluções que muitas vezes saltam-nos aos olhos, embora não as percebamos por estar muito tempo arraigados ao trabalho rotineiro. Autorizo-te em tuas preces a voltar-te para a busca do Electrikus, enquanto oraremos pelo sucesso da missão de nosso líder.

Bezaleel concordou e acrescentou:

— Gostaria de pedir que Aoliabe fizesse o mesmo. Acredito que sem ele não encontraremos as respostas que tanto procuramos.

Com a tranquilidade que lhe era peculiar, Henok apenas disse:

— Que assim seja feito! Vamos comunicar essa nossa decisão a Josué também; é justo que ele saiba de nossas deliberações. O importante é que o povo não perceba que há qualquer tipo de concessão especial. Se alguns de nós abandonarem os seus postos, logo surgirão intrigas insinuando que somos privilegiados por nossa proximidade com Moisés.

Henok me olhou de forma serena, e mais tarde me disse:

— Aproveita as tuas meditações e tenta sintonizar-te com Bezaleel. Sinto que o espírito de Amenófis nos trará intuições sobre essa questão. Lembra-te: a morte é tão-somente uma mudança de domicílio!

Concordei com os olhos quase saltando das órbitas, tamanho era o meu espanto. Porém, nos dias seguintes, dediquei-me ardentemente a busca de informações junto com Bezaleel e Aoliabe. Algumas vezes, eu esgotava completamente a minha mente, tal o meu esforço; e só percebi que estava realizando um grande serviço quando dei uma pequena parada para esticar as pernas e notei que quase todos dormiam atrás de nós. Eu comentei isso com Josué e ele me disse, de um jeito só seu, muito similar ao seu perfil quando na personalidade de Horemheb, cem anos antes:

— Não te preocupes, Natanael! É melhor assim do que deixá-los livres, suscetíveis mais uma vez às forças do mal! Eu prefiro que eles durmam, ao invés de nos causar problemas.

Sorri, concordando com as palavras dele. Nosso general tinha razão. Era melhor assim. Antes o povo dormindo na montanha, do que passando uma tarde ociosa no acampamento, pois o ócio é a porta para todos os vícios. Moisés sempre nos dizia isso!

Naquele dia, o povo retornou alquebrado para as suas tendas. Poucos tinham a fibra e a determinação necessárias àquela empreitada. Passar os dias inteiros em orações exigia um esforço mental muito grande, ao qual aquelas pessoas simples não estavam acostumadas. Logo ao anoitecer, todos dormimos, pois o desgaste estava sendo realmente muito grande.

Na manhã seguinte, Josué teve de obrigar algumas famílias a se dirigirem para o sopé da montanha. Assim como nas vezes anteriores, a determinação do povo começava a esmorecer, o que preocupou o general de Israel, pois ele não queria falhar novamente como tinha ocorrido no evento do culto ao bezerro de ouro.

A manhã estava muito ensolarada e tranquila; os pássaros pareciam cantar de forma especial, tornando o dia muito agradável. Para nossa sorte, Moisés retornou justamente no momento em que orávamos, em profundo silêncio. Com o seu passo firme e determinado, ele desceu a colina caminhando serenamente em nossa direção, mas não percebemos a sua aproximação, que foi bem diferente dessa vez.

Ao ver o seu líder, o povo abandonou o estado de oração e levantou-se demonstrando apreensão. Em silêncio, aguardamos as suas palavras. O profeta trazia nos braços as duas grandes pedras onde parecia haver algum tipo de escrita.

Depois de minutos de expectativa, ele sorriu e falou:

— Ó Israel, alegrai-vos, pois nosso Senhor selou a Sua sagrada aliança conosco!

Moisés então ergueu as pesadas pedras para que todos as vissem, e o povo, maravilhado com a tão esperada notícia, comemorou irradiando uma intensa alegria pela vitória conquistada.

Moisés então voltou-se e começou a nos explicar:

— Passei todos esses dias com o Senhor, no alto da montanha sagrada. Ele me ditou os Seus mandamentos e me revelou as Suas demais leis, as quais creio que todos devem ter sentido em seus corações, pois nosso Deus penetrou em nossas mentes para semear a Sua venerável vontade. Contudo, essas leis ficarão lavradas em pedra para que nossa aliança com o Senhor se perpetue através da descendência de Israel, transformando a nossa nação num modelo espiritual para a humanidade.

Moisés respirou pausadamente por alguns segundos, no afã de ganhar fôlego para prosseguir, e recomeçou:

— Lá no alto da montanha sagrada, nosso Pai nos deu o Seu testemunho, que é o conjunto de leis menores que regerão nossa vida em comunidade. Essas leis serão repassadas aos juízes que cuidarão para que a Sua vontade seja cumprida integralmente. Já os mandamentos divinos que sentistes em vossos corações, são leis supremas que jamais deverão ser violadas, sob nenhuma hipótese. O infrator que descumprir alguma dessas dez leis poderá ser punido com a morte ou o desterro.

O povo silenciou, assombrado com a pesada pena, mas nada foi dito. Sem nem ao menos piscar, as pessoas aguardavam as conclusões do grande legislador; mas Moisés manteve-se em silêncio, cabisbaixo, parecendo conversar com Deus, alheio à multidão que o observava com um olhar atônito.

Alguns minutos depois, ele ergueu a cabeça e mirou a imensa assembléia que o aguardava. Em seus grandes olhos negros, pude observar novamente aquele misterioso poder hipnótico; e percebi que o profeta desejava fixar profundamente no inconsciente das pessoas os sagrados mandamentos de Deus. Então, dando uma poderosa força magnética às suas palavras, ele começou a ditar os dez mandamentos de forma tão marcante que ficaram realmente gravados na mente da humanidade, apesar de constar nos textos bíblicos um tanto adulterados:

> Primeiro mandamento: "Amareis ao vosso Deus acima de todas as coisas e ao vosso próximo como a vós mesmos". Não haverá paz e glória entre o povo de Israel, sem o cumprimento desse principal mandamento sagrado.
> Ó Israel, se seguirmos esse mandamento sagrado estaremos ingressando numa filosofia perfeita de vida em comunidade! Se todos cumprirmos esse desejo divino, viveremos em paz, com as bênçãos de nosso Senhor.

Segundo mandamento: "Não cultuareis outros deuses e não fareis escultura nem figura alguma que retrate essas falsas divindades, porque somente Yahwéh é nosso Deus. Não vos ajoelhareis perante os falsos deuses e não lhes prestareis culto".

Ouvi vosso Deus, ó povo escolhido para semear na Terra a suprema verdade! Há somente um único deus, que é Yahwéh. Se Israel cultuar novamente falsos deuses, como fez em minha ausência, a ira de Deus cairá sobre sua cabeça.

Terceiro mandamento: "Não pronunciareis o nome de Yahwéh em prova de falsidade, pois o Seu nome não pode servir de prova ao erro. Aquele que assim o fizer, para interesse próprio, não terá vida longa".

O nome de Deus jamais deve ser usado para atender a assuntos fúteis e de interesse pessoal, sob o risco de sermos punidos severamente. Aquele que assim agir para fazer valer uma mentira, será morto.

Quarto mandamento: "O sétimo dia será o dia de descanso da vida mundana e de culto ao nome do Criador da vida. Dedicareis o dia de sábado para as coisas do espírito. Seis dias vós vivereis para a matéria, e o sétimo consagrareis ao contato com o mundo de Deus".

Mas não vos esqueçais que todo o dia é dia do Senhor. Somos um povo de Deus, portanto devemos viver com Ele em nossos corações em todos os momentos de nossa existência; seja na alegria ou na tristeza, na paz ou na guerra, na fartura ou na penúria. Portanto, todos os dias deveis viver conforme os mandamentos de Deus!

Quinto mandamento: "Honrai vosso pai e vossa mãe, sem os quais não estaríeis neste mundo. Assim, prolongareis os vossos dias sobre a terra abençoada que o Senhor vosso Deus vos dará".

Quem não honrar aqueles que lhe deram a vida e que lhe protegeram na infância, será executado porque não é digno de ser chamado filho de Deus.

Sexto mandamento: "Não assassinareis vossos semelhantes. Somente a Deus cabe a decisão de encerrar uma vida em nosso meio".

Yahwéh é o Senhor da vida e somente Ele pode julgar quando uma existência deve ser extinta. O descumprimento grave das leis divinas será punido com a morte.

Sétimo mandamento: "Não cometereis adultério. Honrai vossos cônjuges e libertai-vos da promiscuidade".

Os filhos de Israel não mais se entregarão à luxúria deplorável que presenciamos no Egito e enquanto aguardávamos a aliança com o Senhor, neste sagrado local. Somente será permitida a união entre um homem e uma mulher, sob o sagrado ritual do casamento. O homem não poderá abandonar sua mulher e terá de gerar muitos filhos para tornar Israel uma grande nação.

Oitavo mandamento: "Não roubareis. Toda a propriedade é do Senhor nosso Deus. Recebereis aquilo que vos é merecido. Jamais vos aproprieis daquilo que não vos foi dado por Yahwéh, para que não tenhais de responder pelo mal cometido".

A partir de hoje, Israel é uma só família. Todas as riquezas dos clãs estarão sob o controle da vontade de Deus e com o objetivo de gerar o bem comum. Se nós somos irmãos, filhos do mesmo Pai, não há porque nos diferenciarmos uns dos outros. Somente o que for dedicado ao nosso Senhor será melhor ou especial; já os filhos de Israel, receberão todos da mesma medida e da mesma qualidade, sem privilégios.

Nono mandamento: "Não levantareis falso testemunho contra o vosso próximo. A mentira é desagradável aos olhos de nosso Deus. Aquele que mente e causa intrigas não será considerado filho de Deus".

Israel será uma nação honesta e unida. A intriga e a maledicência serão expurgadas de nosso meio, assim como se faz com uma cobra venenosa.

Décimo mandamento: "Não desejareis os bens do vosso próximo nem sua mulher. A inveja e a cobiça são frutos do mal e devem ser vencidas com a oração. Contentai-vos com o que vos pertence".

Ó povo de Deus, não são as riquezas dos homens que vos fará feliz, mas sim os tesouros da alma! Não cobiceis a companheira de vosso próximo, pois cometereis adultério e mentireis, pecando ainda mais contra os mandamentos do Senhor.

Novamente Moisés silenciou. Como ninguém se manifestou, ele ergueu as pesadas tábuas à altura dos ombros e leu os mandamentos ali gravados, resumidamente, de forma solene, utilizando-se ainda mais do seu poder hipnótico sobre as massas:

> 1° mandamento: "Amarás o teu Deus sobre todas as coisas e o teu próximo, como a ti mesmo".
> 2° mandamento: "Não adorarás imagens de falsos deuses".
> 3° mandamento: "Não usarás em vão o nome de teu Deus".
> 4° mandamento: "Santificarás o dia do Senhor, teu Deus".
> 5° mandamento: "Honrarás teu pai e tua mãe".
> 6° mandamento: "Não assassinarás".
> 7° mandamento: "Não cometerás adultério".
> 8° mandamento: "Não roubarás".
> 9° mandamento: "Não mentirás".
> 10° mandamento: "Não abrigarás em teu coração a inveja e a cobiça".

O profeta de Yahwéh fez então nova e última pausa. Nossos olhos mantinham-se fixos aos dele. Era impossível evitar a força daquela personalidade incomum. Alguns segundos depois, ele concluiu dizendo:

— Nesses dez mandamentos, encontra-se a base das leis de nosso Deus. Aqui está a aliança sagrada e perpétua de Israel com Yahwéh. É por meio dela que nos tornaremos uma nação única. Jamais perderemos nossa identidade, mesmo que nos afastemos uns dos outros, pois teremos nosso Senhor sempre em nossos corações. Devemos cumprir o pacto divino contido nessas regras em todos os momentos de nossas vidas. Só assim nosso Deus nos protegerá e andará junto conosco. Se desonrarmos esse compromisso, o Senhor nos abandonará nas mãos de nossos inimigos. Portanto, que se cumpra a vontade de Deus! Que sejamos dignos de realizar a vontade dos Céus na Terra, que é mostrar à humanidade a vontade do único e verdadeiro deus para que ela possa segui-lo!

A Arca da Aliança 10

Dois dias depois encontrei Bezaleel, Aoliabe e os demais sábios muito animados na busca da "presença divina". O filho de Uri, da tribo de Judá, me disse com empolgação:

— Henok estava certo. Durante os dias de oração, parece que Yahwéh soprou em nossas mentes a inspiração divina para que descobríssemos o poder do Electrikus. Uma onda incontrolável de novas possibilidades invadiu nossas idéias, demonstrando que o Todo-Poderoso é simpático às nossas pesquisas. Acreditamos que será apenas uma questão de tempo para obter sucesso nessa instigante busca.

Emocionado com aquela informação, me uni novamente a eles e procurei dar minha limitada contribuição, que era a de um auxiliar inexperiente. Mesmo assim, eu ficava feliz em ajudar nas montagens das baterias improvisadas e conectar os eletrodos, geralmente feitos a partir de hastes de ferro obtidas com os madianitas.

Contudo, só fui perceber o real efeito das palavras de Moisés sobre o nosso povo alguns dias depois. A sagrada aliança de Yahwéh conosco, ditada por nosso líder com um fantástico poder hipnótico, modificara de forma surpreendente o comportamento dos israelitas: estranhamente, ninguém mais brigava ou mentia. As pessoas apresentavam uma conduta muito civilizada e procuravam a todo instante fazer ao próximo exatamente o que desejavam para si. E mais além: uma devoção sem precedentes a Yahwéh contagiou a todos.

Da mesma forma que Moisés tinha hipnotizado os egípcios com as dez pragas, antes de nossa libertação, agora o seu poder incomum tinha gravado na mente do povo uma submissão irrestrita aos dez mandamentos. Infelizmente, todo o poder mental-coercitivo é transitório, e com o tempo os filhos de Israel retornariam ao seu nível vibratório normal, porque a evolução só se obtém por meio da conquista de valores espirituais.

Mas essa nova disposição das pessoas fez que Moisés ficasse muito feliz; até que Josué estragou a sua alegria, determinada tarde, quando se aproximou de nosso líder e disse, com ar de preocupação:

— Nossos guerreiros não querem mais treinar! Eles disseram que a Lei de Yahwéh proíbe o assassinato, e temem sofrer a punição máxima por descumprir o sexto mandamento, se forem obrigados a matar em combate. Mestre, tens de abolir esse mandamento, senão o nosso povo será massacrado pelos inimigos quando retornarmos ao deserto, ou então sofrermos um ataque impiedoso aqui mesmo. Se os demais povos descobrirem que não matamos por determinação divina, virão com toda confiança guerrear conosco.

Moisés ergueu as sobrancelhas, impressionado com as palavras de Josué. Ele já havia conversado com os sábios sobre esse assunto, após o sacrifício das crianças israelitas ao deus amalecita, mas os últimos acontecimentos fizeram-no esquecer o problema. E agora, mais uma vez, o dilema se apresentava. Como espiritualizar um povo, ensinando-lhe valores nobres, se a selvageria do deserto e dos povos inimigos obrigava Israel a comportar-se da mesma forma, para manter-se vivo e livre?

O profeta de Yahwéh, então, olhou para o general dos exércitos e admirou o seu nobre porte físico e a sua determinação. Josué era um valoroso guerreiro que a cada dia se destacava mais dentre os demais israelitas. Moisés pensou se poderia confiar plenamente naquele jovem guerreiro que viria a ser o seu braço direito no futuro, e resolveu testá-lo. Então, perguntou:

— O que me dizes, Josué? Acreditas que eu descumpriria a vontade divina? Ou achas que ouvi mal a palavra de Yahwéh?

Não serei capaz de ouvir as palavras de Deus e conduzir o nosso povo?

O jovem general ajoelhou-se, abaixou a cabeça, demonstrando total submissão, e disse com humildade:

— Não duvido de vossa palavra, meu mestre, porém acredito que podemos ter nos equivocado na interpretação da vontade de nosso Senhor. Um exército com guerreiros que vacila quando tem de matar está fadado ao fracasso. O exército tem de obter a autorização de Yahwéh para matar. Senão, nosso povo será dizimado ou tornar-se-á novamente escravo.

Moisés caminhou de um lado para o outro, preocupado. Pouco depois, fez um sinal para o seu general e disse:

— Está bem, Josué! Deixa-me pensar um pouco!

Mas Josué não se conteve e voltou a falar:

— Além dessa questão, deveis refletir sobre o sétimo mandamento: "Não cometerás adultério". Nós temos muitas mulheres em nosso povo, muito mais do que homens. Sofremos baixas no Egito, pois o faraó tinha medo de nosso crescimento e mandava matar os nossos varões. E aqui, no deserto, também já perdemos muitos homens valorosos nas batalhas. Se desejais um exército para o futuro, é preciso que todas as mulheres tenham muitos filhos imediatamente. Se um homem puder se casar apenas com uma mulher, muitas morrerão solteiras, sem procriar, ou então teremos de cruzar o nosso sangue com o dos povos amigos.

Moisés olhou boquiaberto para Josué, impressionado com a sua capacidade de pensar no futuro, o que era raro entre os homens daquela época. Sem dúvida, aquele jovem seria um grande líder!

O profeta fez um sinal afirmativo e colocou as mãos sobre a cabeça. Em seguida, murmurou:

— Ó meu Deus! O que fazer... problemas... muitos problemas...

Josué ia prosseguir com suas colocações, mas nosso líder o proibiu, dizendo:

— Pára Josué! Não me apoquentes mais! Deixa-me pensar, já te pedi!

O determinado guerreiro silenciou e depois disse apenas:

— Desculpa-me, mas o sucesso de vossa missão é muito importante para mim. Desde o dia em que voltastes do deserto para nos libertar, desejo dedicar minha vida somente às vossas ordens. Confio integralmente na vossa sabedoria!

Moisés puxou o jovem rapaz e o abraçou com firmeza.

— Eu sei, meu amigo. Sei que és alguém muito especial, em quem posso confiar totalmente. Não te entristeças com as minhas palavras. É que são tantos problemas a resolver... não posso me equivocar de forma nenhuma. Tenho muitas almas sob minha responsabilidade. Tenho de decidir com sabedoria. Aprende isso! A decisão de um líder afeta o destino de muitas pessoas; por isso um líder jamais pode errar.

O grande profeta suspirou e concluiu, olhando para o horizonte:

— Logo mais, orarei ao nosso Deus e procurarei ouvir a Sua voz a respeito desse assunto.

Josué fez um gesto de concordância com a cabeça e retirou-se, profundamente comovido com as palavras do profeta.

Naquele dia, Moisés orou, conversou com os sábios, com sua esposa Séfora e com os chefes dos clãs. Depois de muito meditar, reuniu o povo ao seu redor e falou, utilizando a mesma força hipnótica com que nos ditou os dez mandamentos:

— Ó Israel, povo escolhido por Deus para trazer ao mundo a verdade suprema, ouvi as minhas palavras! Alguns mandamentos de Deus precisam ser esclarecidos para que nosso povo não sucumba perante os inimigos. O sexto mandamento, que diz: "Não assassinarás" , se refere somente ao nosso próprio povo e aos nossos amigos. Os inimigos que desejam nos escravizar ou nos destruir devem ser vistos da mesma forma como vemos as pragas em nossas lavouras: se não nos defendermos do ataque, nosso destino será o desaparecimento. E não é isso que Deus espera de nós! Ele aguarda que difundamos o Seu nome pelo mundo, e só realizaremos essa nobre missão se nos tornarmos uma grande nação. Dessa forma, ninguém poderá matar por motivo fútil. Isso desagrada ao nosso Deus! Essa regra, entretanto, não se aplica aos nossos guerreiros, que devem matar os inimigos para defender a própria vida e a liberdade de nosso povo. Todo guerreiro que lutar e matar para defender Israel será sempre bem-visto aos olhos de Yahwéh.

Os soldados sorriram satisfeitos. Agora eles poderiam exercer o seu ofício sem o terrível peso na consciência por estar descumprindo os mandamentos de Deus. Vários homens do povo concordaram com as palavras de Moisés, pois naquela época, há três mil e duzentos anos, seria impensável o gesto de não reagir a uma agressão de guerra.

Cabe aqui esclarecer que os termos "assassinar" e "matar" tinham conotação diferente e causou algumas dúvidas entre os israelitas. "Assassinar" significava matar de forma traiçoeira e por motivo fútil, o que era condenado aos olhos de Deus, ao passo que "matar" se referia ao ato realizado em combate, por motivo de sobrevivência, exatamente o que Moisés explicava aos israelitas naquele momento. A morte por execução, por descumprimento às leis de Deus, também era vista como algo natural, e não contrariava o sexto mandamento.

Depois de perceber a reação do povo, Moisés voltou a falar:

— Há uma outra instrução que quero vos passar. O sétimo mandamento nos diz que não devemos cometer adultério e que devemos honrar os nossos cônjuges; no entanto, nosso povo é constuído hoje de mais mulheres do que homens. E como precisamos gerar uma grande descendência para que Israel se torne uma forte nação, os homens estão autorizados a ter quantas esposas desejarem. Portanto, não quero ver uma só mulher solteira, que esteja em idade de procriar.

A multidão masculina, então, começou a comemorar, mas nosso líder fez sinal para que todos se calassem, e completou:

— Como eu havia dito, não vou tolerar a promiscuidade. Todo o relacionamento só poderá ser efetivado depois de um ritual de casamento aos olhos de Deus. A mulher não poderá ser devolvida aos seus pais ou abandonada, sob pena de morte do infrator que assim proceder. A mulher que for de um homem, não poderá ser de outro, sob hipótese alguma. E o homem deverá honrar e educar toda a família, tanto as mulheres como os filhos gerados por elas. As famílias que possuírem mulheres com menos de sete filhos não serão ideais aos olhos de nosso Senhor.

O povo ficou em silêncio, e Moisés concluiu dizendo as

célebres palavras que depois foram incorporadas ao capítulo da Gênesis, na Bíblia, nos diversos arranjos feitos através dos séculos:

— Que assim seja, Israel! E agora, crescei e multiplicai-vos para que nosso povo tenha vida longa e gloriosa na terra que nosso Senhor nos dará.

Com essas palavras, Moisés permitiu que a poligamia egípcia fosse adotada por Israel, mesmo contrariando os seus princípios, porque ele sabia que essa era a melhor medida naquele momento. Com a grande mortalidade da época, por diversos motivos, era indispensável multiplicar os nossos exércitos para que mantivéssemos nossa liberdade e independência. Além do mais, não seria fácil conquistar a Terra Prometida sem luta.

Na verdade, naquele dia, ainda não sabíamos que só iríamos colocar os nossos pés em Canaã após muitos e muitos anos de incansável preparação espiritual no deserto. Nossos filhos, que ainda estavam para nascer, é quem seriam os grandes guerreiros da ocupação de Canaã, sob o comando do maduro general Josué, muitos anos depois.

Na reunião da noite, perguntamos sobre esse aspecto a Moisés, pois acreditávamos que nossos filhos lutariam por Israel somente depois de conquistada a Terra Prometida, haja vista que esse novo contingente militar só estaria pronto para guerrear dentro de quinze ou vinte anos. Contudo, ele nos confidenciou:

— Meus amigos, depois dos acontecimentos nefastos do culto ao bezerro, refleti bastante e decidi que não conduzirei nosso povo diretamente para Canaã.

Todos ficamos impressionados com as palavras de Moisés, que percebendo nossa expressão de espanto, prosseguiu:

— Nosso povo não pisará com pés impuros na terra sagrada que Deus nos ofertará. Criaremos uma nova e digna geração no deserto. Nossos filhos serão instruídos segundo a crença no Deus Único e receberão uma educação voltada para os reais valores da alma. Os adultos já estão contaminados com a cultura sórdida do Egito, e a experiência nos comprova que são raras as pessoas que aceitam submeter-se a uma mudança comportamental. Portanto, àqueles que conquistarem essa vitória nosso Deus dará vida longa a fim de que ingressem na

Terra Prometida. Já os que insistirem no erro, sucumbirão no deserto. Em Canaã, o povo entrará novamente em contato com a abundância e o conforto. Se não formos um povo valoroso até chegar lá, a corrupção se instalará novamente entre nós, levando ao fracasso o nosso projeto de revolução cultural.

Moisés olhou para nós de maneira decidida, e depois de alguns segundos concluiu:

— Temos de acabar definitivamente com a propagação da herança cultural que contaminou nosso povo no Egito. Não permitirei que a nova geração seja corrompida com os valores politeístas. Formaremos educadores entre os diversos clãs de Israel que acompanharão diariamente as crianças para que se tornem fiéis seguidoras de Yahwéh, honradas e dignas. Os pais que conspirarem contra isso perderão a guarda de seus filhos, e, se persistirem no erro, perderão as próprias vidas.

Moisés finalmente se calou. Nós ficamos boquiabertos, refletindo sobre as suas palavras; afinal, elas significavam que não passaríamos apenas poucos meses no deserto até chegar a Canaã, que distava cerca de quinhentos quilômetros do Egito, mas sim longos anos, talvez uma vida inteira, peregrinando por terras inóspitas, em busca dos valores morais que ele acreditava serem necessários para a formação de nosso povo.

Eu concordava plenamente com as suas palavras, mas também pensava no preço que iríamos pagar: envelheceríamos no deserto, sofrendo privação e desconforto. Naquele momento, pensei em Rebeca e no impacto que aquela notícia lhe causaria.

Encerrada a reunião, voltei pensativo para minha tenda e fui dormir. Rebeca já estava deitada. Apenas recostei-me ao seu lado e fiquei tentando assimilar aquela apavorante novidade. Resolvi não dizer nada a ela, pois seria uma preocupação a mais. "Cada coisa ao seu tempo", pensei! Eu já teria de lhe contar que todos os homens deveriam adotar várias esposas. Só isso já seria um choque. Eu tinha certeza de que Rebeca reagiria muito mal a essa idéia, pois em nossa encarnação anterior ela havia lutado de forma trágica para que eu fosse somente dela, e agora a inexorável Lei de Ação e Reação lhe cobrava o preço por ter conquistado o seu objetivo de forma ilícita: ela teria de me dividir com outras mulheres, só que desta vez estava na condição de esposa principal.

Eu me esforcei para deixar bem claro que ela era minha esposa e confidente, e que as demais estariam somente sob meu amparo e proteção, com o objetivo de gerar uma grande descendência ao povo de Israel; mas, ao saber da determinação de nosso líder, Rebeca ficou muito triste e abatida. Graças à poderosa influência energética do espírito iluminado que dormitava em seu ventre, ela não conseguiu reagir de forma tresloucada, como lhe era comum. Somente uma forte apatia a tomou, como um poderoso anestésico que conteria o torvelinho de emoções que assaltava com frequência o seu coração instável.

Contudo, Rebeca passou a me evitar, fazendo como se eu não existisse. Então resolvi me dedicar de corpo e alma às nossas pesquisas; só assim eu esqueceria a idéia que mais me incomodava que era envelhecer no deserto, e também daria um tempo para a constituição de minhas novas famílias.

Pensei que talvez com o tempo Rebeca pudesse aceitar essa idéia; ainda mais vendo que isso se tornaria comum entre o nosso povo. Mas ela chorava a perda de exclusividade em nosso matrimônio e eu passava horas a fio em silêncio pensando em nossa condição de povo errante do deserto, por longos anos.

Na verdade, durante todo esse período nos estabelecemos em bons lugares e os últimos anos que antecederam à conquista de Jericó vivemos na encosta do monte Nebo, que era um local bem aprazível. No entanto, eu só me imaginava caminhando nas regiões horríveis por onde havíamos passado até chegar ao monte Sinai, que certamente foi o pior período de nossa peregrinação até a Terra Prometida.

Algumas vezes, eu me surpreendia pensando se era mesmo necessário quebrar a herança cultural egípcia e ser tão duro com o povo indisciplinado. Então, como uma resposta divina, eu presenciava as pessoas relutando em aceitar as determinações de Moisés, que parecia ter uma paciência sem limites, ao contrário do que era comum. Os israelitas escondiam amuletos dentro de suas tendas e algumas famílias até faziam pequenos altares para os símbolos de sua ignorância, e perguntavam ao nosso líder:

— Mas se os demais povos podem cultuar ídolos e amuletos, por que nós não podemos?

Moisés respondia tranquilamente, mesmo que já tivesse dito a mesma coisa mil vezes. Mas o povo parecia não compreender, ou então, o que era pior, não desejava entender.

— Nós não somos uma nação qualquer; somos o povo escolhido por Deus para trazer a verdade de Seu reino ao mundo. Compreendei isso, Israel! Abri vossas mentes, antes que seja tarde! Libertai-vos da ignorância e fazei-vos dignos da Grande Mensagem de nosso Deus — dizia ele.

As palavras de Moisés não ecoavam nos corações da maioria dos israelitas. Assim, compreendi que o nosso profeta tinha razão. Infelizmente as pessoas se apegam às suas crenças e fecham os olhos para as novas verdades. Somente a morte e as sucessivas reencarnações, com a bênção do esquecimento do passado, faz que elas revejam os seus conceitos, ao custo da perda de toda uma existência que deveria ser dedicada à evolução e ao trabalho de superação das imperfeições morais.

E assim o tempo correu, sem maiores mudanças. Em nossas pesquisas, durante as duas primeiras semanas, também não tivemos nenhuma novidade. Tudo estava muito monótono até que, em determinado fim de tarde, ouvimos um estouro forte e um clarão impressionante. Corremos até o local e encontramos Bezaleel socorrendo Aoliabe, que estava caído no chão, desacordado. Graças a Deus não tinha sido nada grave. Ele só havia levado um choque muito forte. O poder do Electrikus estava finalmente se manifestando e, em breve, estaria completamente dominado pelos nossos cientistas. Aoliabe tinha descoberto a combinação perfeita de elementos químicos dentro da bateria para gerar uma carga elétrica de elevada voltagem.

Moisés foi chamado e na manhã seguinte a experiência foi repetida, só que dessa vez com absoluto sucesso. Um conjunto de baterias foi alinhado em série e se reproduziu um poderoso centelhamento de corrente contínua entre dois eletrodos, maravilhando-nos a todos.

Finalmente o poder de Deus, que residia no alto do monte Sinai — os clarões de El Shaddai —, estava sendo reproduzido de forma reduzida, porém controlada. E o mais importante é que esse fenômeno poderia ser conduzido para todo lugar com o objetivo principal de fazer que o povo de Israel não esquecesse jamais da presença do poder de seu Deus.

Moisés sorriu e disse-nos com um brilho no olhar, como uma criança feliz com o seu novo presente:

— Agora eu quero que seja construída uma arca de madeira revestida com ouro. Em cima dela, colocaremos dois querubins como aqueles que vimos no monte Sinai, no dia mais importante de nossas vidas. Eles servirão de eletrodos para que a "presença divina" se materialize entre eles, assim como todo o povo de Israel pôde ver quando nosso Senhor selou a sua aliança sagrada conosco.

Os olhos de Bezaleel brilharam e ele falou, de forma pausada:

— Precisaremos de todo ouro que possuimos; talvez até mais um pouco.

Moisés sorriu.

— Terás, meu amigo, todo o ouro necessário! Além disso, quero que a tampa seja de ouro maciço.

Aoliabe arregalou os olhos e retrucou:

— Mas, mestre, isso tornará a arca muito pesada para ser carregada até a Terra Prometida!

O profeta de Israel pensou por alguns instantes e voltou a falar:

— A busca ainda não terminou. Quero que todos continuem a pesquisar o método que foi utilizado para conduzir os pesados blocos de pedra até o topo das grandes pirâmides no Egito. Se descobrimos o Electrikus, encontraremos também o poder de levitar objetos. A arca que conduzirá a nossa aliança com Deus não será carregada; caminhará à frente de nosso povo, mostrando o poder de nosso Deus.

A inversão do eixo gravitacional de elementos físicos era algo que atiçava a curiosidade dos grandes sábios, principalmente de Henok. Já na época dos grandes estudos, na cidade construída pelo faraó Akhenaton, cem anos antes, ambicionávamos essa conquista. Esse era um processo dominado pelos antigos atlantes e que estava registrado nos livros sagrados elaborados durante as pesquisas realizadas em Akhetaton.

Enquanto Bezaleel e Aoliabe trabalhavam na conquista do

Electrikus, Henok, em silêncio, quase não dormia pesquisando o poder do Vril dos antigos atlantes. Por tratar-se de uma tecnologia mais energética do que física, poucos percebiam as experiências que o grande sábio da tribo de Levi realizava.

Depois das palavras de nosso líder, nos mantivemos todos em silêncio. Ficamos pensando, fascinados, sobre quão magnífica seria a arca do Senhor se ela disparasse descargas elétricas e flutuasse aos olhos dos filhos de Israel. Moisés havia nos dito: "Poucos exércitos terão coragem de nos enfrentar se colocarmos à frente de nossos guerreiros essa poderosa manifestação divina!". E ele tinha toda razão.

Nos dias que se seguiram, nos empenhamos em nos apropriar de todas as peças de ouro que o povo de Israel possuísse. Nem mesmo brincos e anéis passaram despercebidos. Muitos relutaram em ceder as suas jóias; porém a determinação de Moisés era inquestionável: "Todo o ouro de Israel deve ser entregue para a construção da arca do Senhor!".

Alguns reclamavam, dizendo: "Mas essa é a riqueza que possuimos para comprar roupa e comida". No entanto, Moisés retrucava: "Essas coisas obteremos por meio de nosso trabalho. O ouro que trouxemos do Egito é para a glória de nosso Senhor. É por intermédio da arca que Ele manifestará a Sua presença e nos tornaremos uma grande nação".

O povo então se aquietou e os artífices de Israel ficaram deslumbrados ao ver toda aquela quantidade de ouro reunida para o grande trabalho. O brilho do metal nobre reunido enfeitiçava-nos de forma única. Moisés, por sua vez, ressaltou aos artesãos:

— Não quero ver no mundo nada mais belo que a arca de nosso Senhor! Esforçai-vos para que ela seja a obra de arte mais deslumbrante que um homem já elaborou!

Logo, várias árvores foram derrubadas a fim de se obter as melhores tábuas de acácia para construir o grande capacitor elétrico que viria a chamar-se Arca da Aliança, a "Casa de Deus". Nela, Moisés depositaria as pedras onde foram gravados os dez mandamentos, e, ao seu redor, seriam dispostas diversas baterias que gerariam carga para os eletrodos na tampa, que seriam os querubins. As placas de ouro seriam o metal condutivo e a madeira de acácia o isolador não-condutivo. Quando acionada, ela deveria gerar uma carga de muitas centenas de volts, o suficiente para impressionar e até matar quem a manuseasse de forma inadequada. Foi daí que surgiram as impressionantes narrativas na Bíblia de que Deus matava todo aquele que se aproximasse demasiadamente da arca, sem as roupas sacerdotais ou sem autorização prévia.

Moisés passou a se dedicar integralmente à supervisão desse projeto. Somente a tampa da arca e os querubins ainda não estavam sendo confeccionados. Antes era preciso descobrir a técnica de levitação, para depois manufaturar essa peça em ouro maciço, pois o seu peso excessivo poderia inviabilizar o transporte da arca. Exatamente por ter sido a peça mais importante da arca, a Bíblia a denominou de "propiciatório", ou seja, o local onde a "presença divina" se manifestaria na arca, entre os dois querubins: um de frente para o outro, com as asas abertas.

Essas descrições da Arca da Aliança talvez possam parecer muito fantasiosas para os leitores mais céticos, mas não há como nos furtar de fazê-lo. No poder da arca, resumia-se toda a glória de Israel até os reinados de Davi e Salomão. Falar de Israel, do período de Moisés ao rei Salomão, e não citar a fantástica Arca da Aliança é algo realmente impossível; é como um desserviço à história espiritual da humanidade.

Assim, o trabalho de confecção da arca durou quase nove meses. Diversas tradições do povo de Israel surgiram justamente nesse período, em que os sábios de Israel começaram a instruir os israelitas sobre novos hábitos e maneiras de preservar a sua saúde e a de seus familiares. A abominação à carne de porco foi uma delas, pois naquela época a carne mal-passada dos suínos disseminava várias doenças, em razão das más condições dos criadouros. Outros hábitos como comer carne de animais encontrados mortos foram severamente reprimidos; tudo visando a saúde do povo, que estava acostumado a comer qualquer coisa sem o mínimo critério. Às vezes, as pessoas morriam por consumir ervas venenosas, sem nem ao menos se informarem sobre as propriedades dessas plantas. No caso dos porcos, a proibição também tinha a intenção de evitar que os israelitas criassem animais que consumiam os recursos alimentares já escassos no deserto, ao contrário do gado que se alimentava apenas do pasto.

Visitando tenda por tenda, os sábios procuravam explicar, com maior clareza possível, os mandamentos sagrados e as leis menores trazidas por Moisés do monte Sinai. Essas leis secundárias, de natureza puramente social, tinham por objetivo estabelecer regras para assuntos do cotidiano, e, por serem de pouco conhecimento do povo leigo, foram as mais distorcidas no decorrer dos séculos, sempre atendendo os interesses dos poderosos. As alterações arbitrárias foram tantas que em alguns casos conflitavam com outras dentro do mesmo texto, tornando a Bíblia um documento insensato e contraditório.

Nesse período, Séfora também começou a destacar-se, procurando com todo amor e carinho esclarecer o povo simples. Ela era o oposto de Moisés. A reencarnação da rainha egípcia Nefertiti era dócil, paciente, compreensiva, e logo percebeu a natureza machista e preconceituosa do povo de Israel. Sendo assim, procurou trabalhar de forma discreta, assim como fez quando era rainha e faraó do Egito, em encarnação anterior. Não foram poucas as vezes em que ela foi discriminada por ser mulher e madianita.

Com o passar dos anos, Séfora tornou-se o canal pelo qual o povo fazia petições e argumentações que poderiam irritar o seu líder — quando o assunto se referia a temas polêmicos, eles falavam antes com Séfora, que sabia como conversar com o marido, de forma a acalmá-lo e a evitar situações mais tensas.

É bom lembrar que a situação ficou mais tranquila após a "purificação de Israel", que ocorreu depois do culto ao bezerro de ouro. As almas que foram sacrificadas naquele fatídico acontecimento resumiam o que havia de pior entre o povo; os que sobreviveram eram mais dignos e a lição daquele episódio fez que finalmente compreendessem as determinações de seu líder, tornando-se submissos à sua vontade, salvo, obviamente, algumas incorrigíveis exceções.

Moisés aboliu também a bebida alcoólica e qualquer tipo de alucinógeno: os cultos a amuletos foram novamente perseguidos e somente ele ou Sara, a neta de Abidã, podiam profetizar. Depois da violência sofrida durante o culto ao bezerro de ouro, a jovem tornara-se muito introspectiva; desligara-se do mundo físico e começara a ouvir a voz dos espíritos com uma lucidez que impressionou Moisés. Ela então cortou os cabelos e passou a vestir-se como homem, demonstrando o seu desapego à vida material. Os demais videntes de Israel se indignaram com isso, pois não podiam mais exercer o seu ofício. Todos os pedidos eram voltados agora para a neta de Abidã, que se enclausurava numa tenda e depois trazia escrito em pele de cabra as respostas advindas dos imortais.

Percebendo a situação, Moisés então alertou a todos:

— Perguntai aos anjos do Senhor somente o que for útil para a vossa formação moral e para a felicidade de vossas famílias! Os enviados de Deus não estão à nossa disposição para atender a assuntos levianos.

Nas primeiras semanas, parecia que a iniciativa tinha sido das mais acertadas: os consulentes perguntavam sobre as medidas que deveriam tomar para encontrar paz e prosperidade, a solução de conflitos familiares, a interpretação sadia dos mandamentos para assuntos peculiares de suas vidas, e coisas dessa natureza; o mesmo que observamos hoje em dia nas casas espíritas. Mas logo o povo se cansou de inquirir sobre assuntos relevantes, e constatando os notáveis resultados do contato entre dois mundos, começou a cercar o oráculo divino para atender a interesses mesquinhos. Então, em pouco tempo, Sara começou a adoecer com o impacto das baixas vibrações, e alertou nosso líder sobre o perigo daquela comunicação interplanos.

Como Moisés estava envolvido com o projeto da Arca Sagrada, não percebeu os desatinos cometidos pelo povo, que fazia consultas sobre os assuntos mais sombrios da vida material. Os mentores espirituais tentaram por diversas mensagens alertar o povo de que aquele não era o objetivo da comunicação aberta entre os dois planos, de forma popular. Mas como as pessoas faziam ouvidos moucos aos alertas do Alto, a vibração espiritual caiu, afastando os espíritos de luz e aproximando os trevosos.

Ao inteirar-se do fato, Moisés cortou definitivamente a comunicação mediúnica. Sara só entraria em contato com o mundo espiritual para atender às consultas de Moisés e dos demais sábios. O povo, indignado, protestou:

— Se Sara não nos atender, iremos consultar os antigos videntes de nosso povo! Abigail está ansiosa para voltar às suas atividades.

Moisés franziu o cenho.

— Sois muito imaturos para receber a bênção da voz dos imortais! Permiti que consultastes os anjos de Deus a fim de vos tornardes pessoas melhores; entretanto vulgarizastes esse fenômeno maravilhoso, e agora quereis me acusar por tomar a decisão mais sensata?! Quem de vós pede conselhos para viver com sabedoria e no amor de Deus? Pelo que vejo, as consultas são todas para atender a mediocridade de vossas vidas; que continuam sujas, apesar das leis de nosso Deus! Pelas anotações de Sara, percebi que as consultas se resumem a assuntos fúteis e desonestos, como pedir ajuda para conquistar um homem casado, ou então trapacear para roubar o gado de vossos irmãos. Acreditais sinceramente que os anjos do Senhor serão cúmplices dessa vilania? Como demonstrastes ser indignos da confiança do Senhor, a partir de hoje torno abominável a comunicação com o mundo espiritual, pois em breve sereis um joguete das mesmas sombras que quase desgraçaram o nosso povo no episódio do bezerro de ouro. Contentai-vos em seguir as determinações que vos repassarmos, de acordo com a vontade de nosso Deus. Aquele que descumprir essa minha determinação será condenado à morte — sentenciou Moisés.

Assim, o povo foi proibido de se comunicar com o mundo espiritual, mas não os sábios. Uma prova disso é que o próprio Jesus, mil e duzentos anos depois, conversou com o espírito de Moisés, quando este e Elias, representantes da primeira aliança, surgiram para prestar uma homenagem ao fundador da Segunda Revelação, perante os discípulos espantados, demonstrando que a mensagem de Jesus era a segunda etapa do grandioso plano divino. E, há pouco mais de cento e cinquenta anos, Allan Kardec, o mensageiro da Terceira Revelação, recebeu o beneplácito de Jesus, que se identificou como o "Espírito de Verdade" no livro O Evangelho Segundo o Espiritismo.

A partir desse aval do grande mestre Jesus, a proibição de comunicação com os espíritos foi abolida para permitir que nossa humanidade avançasse na conquista da compreensão espiritual. Somente um cego não percebe o desencadeamento lógico dos fatos! A caminhada rumo à evolução jamais deve cessar... Hoje em dia, algumas religiões que seguem a lei mosaica à risca ainda condenam a doutrina espírita, baseando-se nessa proibição de Moisés, necessária na época em que ele viveu; porém elas não compreendem que as religiões, bem como os homens, evoluíram.

As regras impostas pelo grande legislador tinham como finalidade atender ao processo evolutivo vigente, há três mil anos. Hoje, porém, essas leis já não possuem mais sentido e devem ser atualizadas para atender ao imprescindível avanço espiritual da humanidade, pois, o roteiro de evolução passa diretamente pelo intercâmbio entre o plano astral e o físico. A comunicação com os "mortos", como chamam os detratores do espiritismo, nada mais é que o advento do Consolador, prometido por Jesus nas horas que antecederam o seu calvário na Terra. Portanto, a sabedoria dos grandes mestres da Espiritualidade deve derramar-se sobre o mundo físico para que a luz se faça entre os homens!

Mas esse é um trabalho que deve ser realizado com seriedade e voltado para objetivos nobres. Só assim teremos a presença amiga dos espíritos de luz. Ainda é totalmente condenável o contato com o mundo espiritual para práticas maléficas e para interesses vulgares, como ocorreu na época da implantação do monoteísmo, há mais de três mil anos. Aqueles que utilizam o contato espiritual para a prática do mal serão severamente responsabilizados quando regressarem à Pátria Maior.

Uma prova de que a mensagem divina evolui junto com a humanidade é a própria vinda de Jesus ao mundo, trazendo um novo roteiro de luz que atualizou os preceitos de Moisés, assim como a mensagem atual dos espíritos traz uma nova compreensão sobre a missão e os ensinamentos do grande Rabi da Galiléia, com o objetivo de adentrarmos a era do mentalismo: a Nova Era.

Em breve, novas verdades serão reveladas ao mundo físico para que o progresso espiritual da humanidade jamais fique estagnado. Aqueles que cultuam ao pé da letra a mensagem da Bíblia estão perdendo uma valiosa oportunidade de evolução, porque a verdade não é estanque, ela está em constante evolução, pois reflete exatamente o nosso próprio amadurecimento espiritual.

A verdade de Deus é absoluta e imutável, mas quem a conhece em sua plena essência? Não temos capacidade de compreendê-la, em razão de nossa limitada evolução. Assim, os sábios instrutores espirituais de nosso mundo vão adaptando-a lentamente, segundo o progresso evolutivo de nossa humanidade em todos os sentidos.

Moisés trouxe a lei moral, Jesus a lei do amor e o Consolador Prometido, ou seja, as mensagens dos espíritos que se derramam sobre a Terra nessa mudança de milênio, está trazendo a lei da consciência espiritual, a lei da libertação da alienação espiritual: "Conhecei a verdade, e a verdade vos libertará!", como nos ensinou o mestre dos mestres. Moisés, Jesus e o Consolador Prometido — eis as três grandes revelações divinas!

O povo já tinha aprendido que não era uma sábia decisão questionar o seu líder. Então, de forma sorrateira, muitos conspiravam e tentavam discretamente quebrar as regras, mesmo correndo o risco de sofrer a pena máxima.

Abigail, percebendo a disposição de algumas pessoas em contrariar as ordens de Moisés, acabou ganhando força no submundo astral e passou a realizar atendimentos secretos dentro de sua tenda. Para os seus consulentes, ela dizia, com uma voz cavernosa, muito forçada, algo típico dos falsos gurus:

— Se Mosheh é assim tão íntimo de seu deus, por que ele não descobre o que estou fazendo? — depois ela gargalhava, tal como estamos acostumados a ouvir, segundo as milenares tradições das bruxas.

E assim o tempo foi passando! Os que desejavam ver a luz, progrediam, enquanto a massa imatura não crescia, apesar de todo o fermento espiritual que nosso líder lhe dava.

Moisés era amoroso e terno com quem procurava a luz; estes não precisavam de elogios, caminhavam por suas próprias pernas, guiados por sua fé e inteligência. Logo as atenções de nosso líder estavam sempre voltadas para atender ao rebanho rebelde, que o surpreendia a cada dia. Hoje, relembrando esses fatos, percebo que isso minava muito a saúde de Moisés, promovendo o seu precoce envelhecimento.

Os nove meses destinados à construção da arca passaram rapidamente. Nesse período, os sacerdotes levitas realizaram milhares de casamentos. Eu me uni a mais oito esposas e todas ficaram grávidas já no primeiro mês. Aiezer casou-se finalmente com Raquel, e poucas semanas depois ele também selecionou várias esposas extras, conforme as orientações de nosso líder.

Aproveitei também para casar as minhas irmãs. Eliabe, futuro chefe da tribo de Zebulom, há muito estava interessado em Electa, a caçula de meus pais. Terminei por autorizar a sua união com ela, na condição de que ele se casasse também com Eunice, a mais velha, que já estava passando da idade. Era importante encaminhar primeiro as mais velhas, para que estas não caíssem nas mãos de um mau partido.

Eliabe aceitou com naturalidade e Eunice veio a tornar-se a mulher a quem ele mais amou. Às vezes, as mais belas flores demoram a desabrochar, apresentando, enfim, ao mundo toda a sua beleza interior.

Eliabe e Aiezer foram os meus amigos mais importantes naquela encarnação. Vivemos juntos bons momentos até a conquista da Terra Prometida.

Eunice reencarnou depois como uma das mais belas mulheres da história da humanidade, porém não teve humildade e equilíbrio para administrar isso. Essa sua existência foi muito infeliz: ela morreu vitimada por sua própria fama e pelo assédio que sofrera de almas fúteis. Veja, leitor amigo, como são as provas da vida!

Algumas vezes, lamentamos a falta de beleza ou riqueza, porém a felicidade está na sabedoria e no amor. Nossa reação moral e espiritual é diretamente proporcional ao peso de nossas experiências. Sem a reencarnação, fazendo que o espírito viva diversas experiências diferentes, jamais atingiríamos um dia a perfeição almejada pelo Criador. É absolutamente incoerente a crença numa única vida para alcançarmos o reino de Deus! Se o espírito não reencarnasse diversas vezes para alcançar a perfeição, seria a obra de Deus um grande absurdo!

Não posso negar que naquela época o casamento poligâmico me causou uma enorme satisfação. As mais belas mulheres de minha tribo ficaram aos meus cuidados. No entanto, como era de se esperar, surgiram inúmeros tumultos e desavenças familiares, comprovando que a monogamia é o caminho certo para encontrarmos a paz e a ventura espiritual no casamento.

Como o ato sexual fora do casamento passou a ser ilícito, o número de uniões matrimoniais cresceu vertiginosamente. Muitos homens perderam a noção das coisas e se casaram com dezenas de mulheres, e depois de saciar os seus desejos tentavam se livrar das esposas, mas eram severamente punidos pelos juízes nomeados por Moisés.

Aqui encontramos uma das provas de que, apesar da lei de Moisés ser machista, ela protegia a mulher de forma única na época. Para um homem devolver sua esposa aos pais, ele teria de indenizá-la muito bem, enquanto na liberal sociedade egípcia muitas morriam na mendicância, depois de ter sido tratadas como prostitutas.

Nesse novo contexto matrimonial, já nos primeiros meses minha união com outras mulheres despertou uma preocupação extra em Rebeca. Todas as minhas esposas estavam grávidas, mas ela daria a luz antes das outras. Logo, seria mãe de meu primogênito. Todos os dias ela rezava para que Deus lhe desse um menino; algumas vezes até apelava para os deuses proscritos do Egito, sem eu saber.

Israel precisava de homens para lutar pela nossa independência. Já havia muitas mulheres em nosso povo; por isso, nenhuma mãe desejava ter menina, mesmo que isso fosse importante para manter o equilíbrio da próxima geração. Além do mais, meu primeiro filho homem seria certamente o herdeiro da chefia do clã de Issacar.

Era visível a preocupação de Moisés e Josué de que as mulheres parissem meninos, o que ficou notório no dia em que dois homens foram flagrados numa relação homossexual, contrariando as determinações estabelecidas após o culto ao bezerro de ouro. Os dois foram executados imediatamente, sem que uma palavra sequer fosse dita. Moisés entendia que essa mensagem já estava bem clara, portanto não havia espaço para justificativas.

Depois da execução repentina, portando a espada coberta de sangue nas mãos, ele falou ao povo:

— A união sexual deve ser realizada estritamente para a procriação, ou seja, para que possamos receber a bênção da vida pelas mãos de nosso Senhor. Aqueles que a utilizarem para atender aos prazeres será considerado um pecador, e como tal será tratado. A união homossexual e a prevaricação são abomináveis aos olhos de Deus, porque não atendem ao seu sagrado objetivo que é trazer novas vidas ao mundo. Esses desvios de conduta apenas retratam a nossa natureza imperfeita e viciada.

Esse conceito de Moisés, apesar de ter sido proferido há três mil anos, ainda reflete perfeitamente o objetivo da união sexual, que é a procriação de corpos físicos com o objetivo de permitir a oportunidade de novas encarnações de espíritos na escola da vida humana.

A rigidez de Moisés nesse evento deveu-se à importância da formação espiritual das gerações futuras. Os espíritos que reencarnaram junto dele naquele período estavam cientes de suas responsabilidades e do preço que iriam pagar caso descumprissem as regras estabelecidas ao povo eleito.

Hoje em dia, esses mesmos desvios são tolerados, mas não deixam de ser contabilizados como débitos em nosso programa evolutivo. Os mandamentos divinos, ao contrário das leis menores de Moisés, são de natureza eterna e imutável. O sétimo mandamento, que diz "Não cometerás adultério", e o último, que se refere à cobiça do cônjuge do próximo, refletem integralmente uma das principais determinações divinas: celebrar uniões sérias e estáveis para constituir famílias, visando a um processo educativo-espiritual dos espíritos encarnados na Terra.

A determinação da Igreja sobre a não utilização, de preservativos sexuais tem por base esse princípio. O equívoco dessa determinação está em não compreender a pobreza evolutivo-espiritual dos espíritos encarnados na Terra que cometerão o ato promiscuo, mesmo com orientações severas que a contrariem. Portanto, os preservativos devem ser aceitos e utilizados para evitar a disseminação de doenças sexualmente transmissíveis, como a AIDS, por exemplo. É melhor que o espírito em evolução comprometa a sua ascese espiritual por não controlar a prevaricação e a fornicação do que disseminar doenças pelo mundo, muitas vezes infectando os seus próprios cônjuges. Isso é uma questão de saúde pública.

Também é uma gigantesca falta de amor ao próximo sermos responsáveis pela propagação de doenças em escala epidêmica somente para fazermos valer a vontade de Deus entre criaturas imaturas. O importante é educar para as leis do Criador, e não só fazer proibições, sem o devido esclarecimento. No tempo de Moisés, esses conceitos estavam muito mais vivos do que hoje, em que a sociedade moderna vive uma verdadeira "hipocrisia religiosa" e os valores morais não são mais respeitados. O grande legislador cobrava muito o cumprimento das regras morais, mas deixava bem claro quais eram essas leis, diuturnamente.

Hoje em dia, muitas pessoas afirmam ter uma crença religiosa, porém ela só vai até o limite de seus caprichos e fraquezas. Muitos encarnados não usam preservativos atendendo às proibições da Igreja, mas não abandonam o ato promiscuo, causando graves tragédias conjugais por se submeterem à irracionalidade de uma determinação radical, assim como a imposta por Moisés naquele momento especial.

A humanidade ainda é escrava do ato sexual; portanto a proibição intransigente dos preservativos é um ato insensato. O ideal é educar os homens para o real significado da vida e conduzi-los à busca dos verdadeiros valores da alma, fazendo que vençam o instinto animal que ainda os domina. O desinteresse da humanidade pelos assuntos espirituais é que a aproxima das questões puramente carnais.

Quanto à questão da procriação, as necessidades atuais são bem menores do que no tempo de Moisés, em que era preciso fortalecer o povo de Israel, fato que o levou a aceitar a poligamia, que ele tanto abominava e nunca praticou. Entretanto, as argumentações atuais sobre o excesso de população no planeta não procedem. Se a humanidade estivesse mais voltada para o espírito de fraternidade e não se interessasse somente por seus desejos egoístas, poderíamos triplicar a população do planeta sem os graves problemas ecológicos e sociais atuais.

Mas isso só acontecerá quando os espíritos reencarnados na Terra tiverem a grandeza de trocar a sua lancha do ano e os seus demais "brinquedos" por um real trabalho de educação e inclusão social dos menos favorecidos, fazendo que todos venham a gerar riquezas e libertar-se do maior mal, que é a ignorância em seu mais amplo sentido.

Do mesmo modo, os defensores da idéia de procriar indiscriminadamente devem lembrar-se de que, além de gerar, necessitam educar os filhos. O preço a ser pago na Pátria Maior pelo abandono espiritual, intelectual, moral e material dos filhos é altíssimo.

Assim, desde que chegamos ao monte Horeb, diversas crianças já tinham nascido de mulheres que saíram grávidas do Egito. A cada nascimento de um varão, uma grande festa se realizava; mas quando era uma menina a tristeza tomava conta de todos, chegando a ponto de os pais mais revoltados e animalizados quererem matar suas próprias crianças. Então Moisés tinha de interceder pessoalmente abençoando as recém-nascidas para que os seus genitores não pusessem as suas mãos assassinas sobre elas.

Certo dia, ao condenar um pai por ter matado a própria filha, nosso líder aproveitou para censurar o povo:

— O que diz o sexto mandamento de Deus? Não vos fala que não devemos matar por motivo fútil?! Onde está a vossa compreensão e lucidez? Já não vos disse para ler os mandamentos todos os dias, ao nascer do Sol, para que não pequeis enquanto estiverdes acordados?! E onde está o vosso bom senso? Não podemos matar os nossos semelhantes, ainda mais em se tratando de uma indefesa criança. Nossos filhos não são nossa propriedade; eles são de Deus.

Moisés se retirou para a colina, onde costumava orar, e ajoelhou-se para conversar com Deus. Henok o acompanhou e colocou-se ao lado dele. O profeta olhou para o mestre e falou com os olhos lacrimejantes:

— O que fazer, Henok? Parece que eles entendem tudo errado! Como pode um homem matar uma criança recém-nascida? Que tipo de monstro é esse, que não tem compaixão de um ser indefeso, sangue de seu sangue, que está nascendo para a vida, sem pecado, sem mácula, sem más intenções? Só os animais mais selvagens se comportam dessa maneira!

Henok abraçou Moisés, confortando-o.

— Mosheh, meu filho, a humanidade ainda beira a animalidade. Somos pouco mais que animais; não compreendemos a mensagem de nosso Deus e o sentimento de respeito e amor aos semelhantes. Sei que sofres por ter de ser o juiz de toda essa insanidade, mas lembras-te sempre que o Pai te confiou essa missão por conhecer a força de teu espírito. Ergue a cabeça e prossegue em tua jornada! No futuro, verás que o teu sacrifício será reconhecido. Alguns te condenarão, acusando-te de insensível e monstro sanguinário, por fazeres cumprir a Lei de Deus à risca, sem misericórdia. Porém aqueles que compreendem que a vida humana é apenas um estágio de aprendizado para uma vida superior enaltecerão o teu nome por todos os séculos.

Moisés abraçou Henok às lágrimas, e desabafou:

— Eu não quero mais julgar e executar... Quero apenas viver em paz, com a minha esposa, com os meus filhos...

Henok nada respondeu, apenas intensificou o seu abraço àquele notável homem, sobre o qual Deus havia confiado uma das mais pesadas responsabilidades de toda a história da humanidade.

Diante de tantas adversidades, Moisés intencionava apenas socorrer-se naquele momento, na ilusão de desfrutarr uma vida comum. Contudo, como ele não era um homem comum, jamais poderia viver como tal.

A Arca da Aliança finalmente ficou pronta. Os artesãos fizeram um trabalho notável, algo nunca visto e que causaria inveja até mesmo aos mais célebres faraós do Egito, tal a sua perfeição.

Os testes com o Electrikus foram um sucesso, e Henok, com o auxílio de Jetro, não teve dificuldade para obter o domínio do processo de levitação, poucos meses antes, o que possibilitou a elaboração da tampa da arca em ouro maciço, com os dois querubins virados de frente um para o outro, e asas abertas, em sinal da proteção divina. Cada um dos anjos alados era de um sexo, simbolizando a união entre o homem e a mulher, com a divina finalidade de perpetuar a descendência de Israel.

Em determinado final de tarde, Moisés reuniu o povo e falou, enquanto a arca mantinha-se atrás dele, coberta por simples peles de cabra:

— Israel, eis aqui a manifestação física de nosso Deus! Como já vos falei por diversas vezes, Ele está presente em toda a Criação. Mas para que possamos sentir a Sua presença mais viva entre nós, Yahwéh resolveu caminhar conosco para que nossos inimigos nos temam e jamais procurem nos fazer mal. Ele deseja que nos lembremos diariamente do pacto de fidelidade que nos une.

Nosso líder olhou para a arca e mandou que retirassem a rústica pele de cabra que a cobria. Por fim, disse:

— Não há palavras que expressem o poder de nosso Senhor. Olhai, Israel, e ajoelhai perante o poder soberano de vosso Deus!

Quando a arca foi descoberta, um grito de espanto percorreu todo o arraial, pois estavam diante da jóia mais bela que o gênio humano havia concebido até então. Era algo realmente divino, e o mais impressionante: tinha sido totalmente confeccionada no meio do deserto, sem condições adequadas.

A peça tinha pouco mais de um metro de comprimento por sessenta centímetros de largura; a altura era da mesma dimensão da largura. A caixa era de madeira, folheada a ouro; no perímetro superior, era adornada com um acabamento belíssimo que tinha por finalidade encaixar perfeitamente a tampa, que possuía ranhuras idênticas, era de ouro maciço e tinha as mesmas medidas dos cantos externos da arca. Em cada ponta, havia os querubins de ouro puro que fariam o papel de eletrodos, para que ali se manifestasse o poder elétrico de Deus.

Embora pesasse quase uma tonelada, ela flutuava no ar, a dez centímetros do chão, como os querubins que vimos na aparição divina na montanha. Não havia contato algum com o mundo físico, e quando o povo percebeu isso ficou de tal forma impressionado que soltou gritos histéricos de admiração.

Na frente e atrás da arca, na parte central, foram gravadas em relevo o tetragrama YHWH, a fim de identificar claramente, por meio daquela jóia raríssima, quem era o verdadeiro deus de Israel — algo muito mais belo e poderoso do que as frias estátuas de ouro e os insignificantes amuletos que alguns ainda insistiam em cultuar.

A imensa dificuldade dos povos da época de compreender

um deus abstrato e sem forma fora então suprida pela Arca da Aliança, que tornara-se a materialização do sonho dourado de Akhenaton, e a realidade prática de Moisés.

Quando o faraó Filho do Sol, cem anos antes, percebeu que o povo egípcio não compreendia a natureza abstrata de Deus, tentou materializá-lo por meio de sua própria imagem, mas isso só confundiu ainda mais o povo simples que tinha pouca capacidade de assimilar tal abstração, ao contrário dos gregos que eram excelentes pensadores.

Acredito que com Israel não seria diferente. Atrevo-me a dizer que se Moisés não tivesse construído a Arca Sagrada, talvez a mensagem do Deus Único não se sustentasse por tantos séculos, justamente por essa dificuldade de entendimento. Portanto, o leitor deve ter em mente que há três mil anos os povos eram tão-somente adoradores de imagens; poucos sábios tinham uma noção mais profunda da verdadeira natureza do Espírito Criador.

Nos cantos da arca, foram colocadas argolas de ouro por onde passavam duas varas de madeira folheadas com o metal nobre. A finalidade dessas varas era conduzir a arca com mais comodidade, pois na verdade ela não precisava nem ser carregada, tal a ausência de peso.

Os artesãos então ergueram o magnífico baú somente com as pontas dos dedos, até a altura da cabeça, e depois o desceram com inacreditável leveza, na mesma posição, a dez centímetros do chão, que era o seu ponto de repouso e onde não havia necessidade de efetuar nenhuma ação sobre ela.

Depois disso, Moisés falou ao povo:

— Conversaremos com o nosso Deus por meio desta Arca Sagrada. Ele nos trará instruções para que nos tornemos um povo glorioso e digno. A "Casa de Deus" será abrigada pela tenda mais luxuosa de Israel, que será confeccionada com todo o amor e respeito pelas mãos mais hábeis de nosso povo. Oremos irmãos, para que Yahwéh Se manifeste e nos abençoe!

Extasiada, a multidão então começou a proferir um cântico de louvor a Deus, enquanto Bezaleel acionou o dispositivo de centelhamento elétrico da arca, e instantaneamente "fechou-se" um arco entre os dois eletrodos que formou um belo clarão, representando o poder ígneo de Yahwéh.

A multidão aplaudiu, enquanto nos maravilhávamos com aquela obra magnífica e engenhosa de nossos sábios. No século doze antes de Cristo, realizávamos algo que só se repetiu novamente muito depois: o domínio da eletricidade por mãos humanas.

Moisés ergueu as pedras que continham os dez mandamentos e falou:

— Depositarei os mandamentos divinos dentro desta arca. Eles foram lavrados em pedra para que se perpetuem entre nosso povo. Por isso, nada mais justo que fiquem guardados aqui, pois as dez leis soberanas são as ações que selam o nosso pacto de fidelidade com Yahwéh. Enquanto respeitarmos as regras que nosso Deus nos deu, estaremos intimamente ligados a Ele.

A arca foi desligada e sua tampa de ouro erguida, como se fosse um simples bloco de isopor, em razão da inversão do seu eixo gravitacional. Depois, Moisés deitou as tábuas no seu interior, com toda a delicadeza. O "propiciatório" foi novamente colocado sobre o corpo da arca e o seu dispositivo de centelhamento religado.

Percebi então que a arca sofreu a ação das pesadas pedras da Lei e repousou no chão. Dias depois, Henok regulou a inversão do eixo gravitacional para que ela suportasse o novo peso e novamente flutuasse a dez centímetros do solo.

Assim, o povo orou ao seu Deus por quase uma hora, enquanto a noite caía e tornava o facho luminoso entre os querubins ainda mais belos, de natureza realmente divina. Por fim, Moisés ordenou o desligamento do dispositivo elétrico da arca e se dirigiu ao povo:

— Hoje é um dia de grande alegria para nós, pois Yahwéh nos aceita e demonstra Sua felicidade por estarmos nos comportando de acordo com as Suas leis. A partir de hoje, e de forma perpétua, oraremos ao Deus Único pela manhã e pela tarde. E neste instante nomeio Aarão para cuidar do serviço da Arca Sagrada. Todos os dias, dentro da tenda, serão acesos incensos e se fará a leitura dos mandamentos sagrados em homenagem ao nosso Deus, que nos libertou da escravidão no Egito, e ao final ofereceremos uma prece de agradecimento a

Ele. No sétimo dia da semana, ou melhor, no sábado, a tenda sagrada será armada no centro de nosso acampamento para que Israel dedique esse dia exclusivamente ao Senhor, conforme estabelece o quarto mandamento sagrado.

Aarão não conteve a emoção e ajoelhou-se aos pés do irmão. Espontaneamente beijou a mão de Moisés em sinal de agradecimento pelo reconhecimento que recebera, e que realmente era justo, pois ele tinha vencido os seus sentimentos mais mesquinhos para dedicar-se ao grande projeto.

Apenas os relatos que ele escreveu no Êxodo e alguns outros trechos aproveitados no Pentateuco ainda o ilustravam de forma muito pomposa. Porém, creio que Aarão escrevia mais para si, para alimentar a sua auto-estima; o destino é que fez que os seus escritos acabassem como base para a Bíblia que conhecemos nos dias atuais.

Depois dos momentos de efusivas demonstrações de alegria de Aarão e sua esposa Isabel, Moisés nomeou outros sacerdotes da tribo de Levi para auxiliar o irmão nos rituais de consagração a Deus. Nessa época, tanto os filhos de Aarão como os de Moisés eram muito jovens, e só depois eles foram integrados ao serviço do Tabernáculo da Arca da Aliança.

Assim instituiu-se o serviço à Arca Sagrada, que infelizmente foi sendo transviado durante os séculos futuros a tal ponto que, na época de Jesus, um rio de sangue de animais indefesos corria por um sistema de esgoto no Templo de Jerusalém. O absurdo holocausto de animais na Casa do Senhor prejudicou para sempre o contato divino de Israel com o seu Deus, pois as vibrações telúricas do sangue dos animais atraíram espíritos perturbados que se alimentavam do fluido vital, maculando o contato com as esferas superiores do mundo astral. Isso impossibilitou a sintonia com os espíritos de luz que comungavam com Israel durante as primeiras décadas posteriores à construção da arca.

Outro fator que veio a corromper o contato divino foi o uso das pedras mágicas, as "terafins", no ritual de comunhão com Yahwéh. Muito tempo depois da morte de Moisés, em decorrência da perda do intercâmbio com o mundo astral, foi estabelecido que as decisões divinas seriam obtidas por meio do uso de uma pedra chamada "Urim-Tumin": ela era lançada, como se faz com um dado da sorte, e se desse "Urim", a resposta era "sim"; se indicasse "Tumin", a decisão da questão seria negativa.

Tal procedimento Moisés jamais permitiria: deixar a decisão divina nas mãos da sorte, com risco de cinquenta por cento de erro, seria como se, nos dias de hoje, consultássemos a vontade de Deus por meio do "cara ou coroa" de uma moeda.

Apesar de todo o esforço de Moisés, muitas das estúpidas crendices, rituais e hábitos nefastos dos povos antigos ressurgiram séculos depois de sua morte, com a condescendência dos novos líderes de Israel, que também se sentiam mais à vontade com os costumes primitivos, o que maculou a mensagem do profeta de Yahwéh para as gerações futuras.

Enquanto a arca foi sendo encaminhada para uma tenda provisória, até que fosse confeccionada uma nova morada especialmente para ela, nos retiramos para as nossas tendas. Antes de dormir, orei ao Grande Deus agradecendo a Ele por manifestar-se fisicamente entre nós, e intuitivamente lembrei-me das dificuldades vividas por Akhenaton justamente por causa dessa questão. O Deus onipresente era algo de difícil entendimento para nós. Os povos antigos estavam acostumados com estátuas que representavam os seus deuses, e um deus abstrato e intangível estaria certamente fadado ao desaparecimento. Por isso é que a Arca da Aliança exerceu função tão importante para a época: materializou a "presença divina".

Felizmente, com o passar dos séculos, o povo de Israel terminou compreendendo a natureza abstrata de Deus, e quando a arca teve de sair de cena já tinha cumprido o seu papel no grande projeto do Deus Único, conforme já expliquei.

O dia seguinte foi novamente repleto de intensas emoções, especialmente para mim. Rebeca amanheceu com fortes contrações, o que indicava que o nosso primogênito nasceria em breves horas. Corri para chamar uma das parteiras e aguardei, ansioso, do lado de fora da tenda. Não demorou muito para ouvirmos o choro agudo do bebê. Aguardei poucos minutos e entrei na tenda, com passos receosos. Rebeca estava deitada, chorando de forma descontrolada, enquanto a parteira me olhava com um ar fúnebre.

Meu coração começou a bater de forma descompassada dentro do peito. Será que o nosso filho tinha nascido morto? Mil pensamentos passaram céleres pela minha cabeça naquele momento de angústia. Aproximei-me da parteira com um olhar severo e com os punhos sob forte tensão. Minhas mãos e meu rosto transpiravam intensamente, apesar do frio da manhã. Ela se encolheu toda, como a ponto de receber uma agressão física, e me falou, com voz sussurrante:

— Meu senhor, não tive culpa! Foi a vontade de nosso Senhor!

A mulher tremia da cabeça aos pés, pois Rebeca tinha dado à luz uma menina. A velha parteira estendeu-me a criança com um olhar apavorado e o rosto virado, procurando distanciar-se ao máximo de mim.

Conforme relatei anteriormente, diversos pais transtornados arremessavam a criança contra as rochas, quando descobriam que era uma menina. Às vezes, até a parteira apanhava ou era morta por ter tirado do ventre da mulher uma menina, como se elas tivessem culpa disso.

Eu então peguei a frágil criança com delicadeza e a embalei para acalmá-la. Alguns minutos depois, eu disse à minha pequena princesa, com todo carinho:

— Finalmente chegaste, minha querida! Eu estava te esperando faz tanto tempo...

A parteira e Rebeca se entreolharam, espantadas, e sorriram aliviadas com a minha reação. Assim, naquele dia, só tive olhos para a minha pequena primogênita. Enquanto eu brincava com ela, a parteira e Rebeca se recuperavam daquela situação aflitiva.

As meninas nascidas naquele período viveram maus bocados, com exceção da minha, que recebeu privilégios que não dei aos outros filhos. Não foram poucas as vezes que Rebeca me recriminou porque eu andava para todo o lado com a menina no colo, e depois na garupa do meu cavalo. O povo se assombrava com aquela minha reação tão inusitada, enquanto Moisés, Henok e os demais sábios demonstravam a sua alegria. Nosso líder até passou a citar o meu comportamento como exemplo para os pais que ganhavam meninas.

Desse modo, envolvido num sentimento de paz infinita, me transportei para um novo mundo, alheio a tudo ao meu redor. A energia cativante daquele pequeno ser, que mal havia aberto os olhos para o mundo, me arrebatara a um sentimento inigualável de bem-estar e felicidade.

Depois de alguns longos minutos, em que me mantive desligado de tudo, saí da barraca e fui repreendido por Rebeca:

— Natanael, ainda está muito frio lá fora. Não leves nossa filha para a friagem! Fica aqui dentro comigo.

Despertei, então, para o mundo que me cercava, e observei:

— Ela precisa de ar puro; foram muitos meses em tua barriga.

Rebeca sorriu, e com imensa paz no tom de voz propus a ela:

— Vamos chamá-la de Rute! Ela será a nossa amiga querida. Sinto que será uma grande companheira para ti, e ensinará muita coisa para este pai teimoso.

Ao ouvir minhas palavras, Rebeca sentiu um breve mal-estar; talvez uma lembrança inconsciente do mal cometido à própria filha na encarnação passada.

— Natanael, preciso dormir! Estou muito cansada — e virou-se no leito, deixando a mente ser invadida por pensamentos conturbados.

Fiz um sinal afirmativo e fui para a tenda ao lado, a fim de pajear minha menina, que seria não só a luz de minha vida, mas também um facho luminoso oriundo dos planos superiores para conduzir o indisciplinado e inconstante povo de Israel.

Enquanto a doce criança dormia em meus braços, eu disse-lhe, com encantamento na voz:

— Que bom que chegaste, Rute! Preciso tanto de uma sábia amiga que me ilumine os passos. Não serás como as mulheres fúteis e vaidosas. Serás bela, muito bela; mas tua beleza virá de dentro, de tua própria alma. Eu sei disso.

E essa minha profecia se confirmou. Rute tornara-se, anos depois, uma das principais mentoras do profundo conhecimento espiritual de Israel; aquele conhecimento destinado a poucos, somente aos iniciados.

Israel teve dois textos sagrados: um deles era dedicado ao

conhecimento dos leigos e que indiretamente inspirou a Bíblia; o outro era chamado de "Preceitos Eternos de Yahwéh", que ficou aos cuidados dos essênios, participantes da seita israelita responsável pela formação espiritual de Jesus, mil e duzentos anos depois.

Naquela época, esse nome não existia. Somente dois séculos antes da vinda do Cristo, após a fundação do monastério de Qumram, os guardiões da maior riqueza espiritual mosaica passaram a ser chamados de essênios, que significa "sacerdotes curadores". Eles possuíam elevados conhecimentos de medicina energética e física, originados dos estudos realizados no monte Nebo, última parada antes de o povo escolhido adentrar a Terra Prometida.

A cobrança da reforma moral 11

Rebeca também não desgrudava da filha um minuto sequer e estava muito feliz pela minha aceitação natural a uma menina. Mas ela começou a entrar em depressão depois que as minhas outras esposas começaram, uma a uma, a ganhar meninos. Foi algo realmente impressionante: todas as outras oito esposas, sem excessão, tiveram filhos do sexo masculino, e o meu primogênito havia nascido de uma das mulheres mais ambiciosas do clã de Issacar, que se chamava Débora. Rebeca e ela sentiam uma aversão mútua muito grande, por causa de algumas desavenças em encarnações anteriores. Quando as duas se cruzavam, seus olhares pareciam flechas flamejantes com o objetivo único de destruir.

Como era natural que eu celebrasse o nascimento de meus demais filhos e valorizasse a importância de serem homens, para atender os objetivos de nosso líder, Rebeca logo começou a me tratar com desprezo; e ainda se desinteressou por nossa filha, demosntrando um notável gesto de rebeldia.

Um dia, fui encontrar a pobre Rute largada num canto da tenda, nua sobre o chão gelado. Quando reclamei daquele gesto insano e absurdo, Rebeca me respondeu com um tom de voz sarcástico:

— Não entendo essa tua preocupação. Agora tens diversos filhos homens para orgulhar-te como pai, e não precisas mais de nós.

Eu sacudi a cabeça, não acreditando no que estava ouvindo.

— Como podes ser tão egoísta? Eles são meus filhos, assim como Rute. Tenho de dar a mesma atenção a todos. A cada um está designado um destino na vida; eu seria um mau pai se não reconhecesse a todos da mesma forma. Rute é uma menina, mas sinto em meu coração que ela será a mais importante entre todos. Mesmo assim, não desdenharei de meus outros descendentes só por causa do teu ciúme doentio. Entendo a preocupação de Moisés e de Josué para defender a liberdade de nosso povo e construir uma grande nação. Portanto, instruirei todos os meus filhos com a mesma dedicação.

E, com severidade, disse-lhe, sem permitir argumentação alguma:

— Agora retira essa menina do chão úmido e cuida dela como se estivesse preservando tua própria vida, pois se ela morrer nem sei o que faço contigo!

Rebeca se calou e correu para agasalhar a filha. Às vezes, sua infantilidade me assombrava. Logo percebi que ela precisava ter um menino para se acalmar. Então, imediatamente, providenciei uma nova gravidez, dando-lhe total atenção.

Nesse meio tempo, Moisés passou a acompanhar a esposa e os sábios, entre as famílias de Israel. Com o passar dos meses, ele foi percebendo as visíveis melhoras no comportamento da comunidade: Israel começava a compreender a inigualável mensagem do Deus Único. Todavia, o povo não lhe dava trégua e sempre surgia algum acontecimento que lhe causava imenso desgosto.

Em determinada tarde, eis que Moisés presenciou sua meio-irmã, Maria, fingindo estar em transe e profetizando, numa absurda afronta às determinações que proibiam o contato com os mortos. Nosso líder percebeu que seria apenas uma questão de tempo para que ela fosse possuída pelos espíritos das sombras e realmente se tornasse uma porta para o plano espiritual. O problema é que ela viria a ser um instrumento para o intercâmbio com o mundo astral inferior.

Sem pensar duas vezes, o profeta se dirigiu a Maria e lhe desferiu uma violenta bofetada no rosto, na frente de todos que a ouviam. Ela caiu assustada, e ele então a abordou:

— Que fazes, mulher? Já não disse que está proibido o

contato com os espíritos! Pára de enganar esse povo, porque sei que isso tudo é fingimento!

Maria começou a chorar e a gritar mil impropérios. Moisés, então, pegou-a pelo braço e jogou-a dentro de uma tenda, ordenando que seus moradores se retirassem de lá imediatamente. Quando ficaram a sós, ele falou, em voz baixa:

— Que desejas, Maria? Queres que eu te condene à morte. Não posso privilegiá-la por seres minha irmã.

Maria se levantou, com ódio no olhar, e gritou, com os lábios fremidos de tanta raiva, batendo com a mão no peito:

— Por que Sara pode ser profetisa e eu não? Ela é uma vagabunda que foi possuída por diversos homens, enquanto eu... eu sou pura.

Aquelas palavras de Maria intensificaram o vulcão incontrolável que habitava dentro de Moisés, e ele então lhe desferiu outro tapa. Sua mão pesada ficou marcada nos dois lados do rosto dela. Depois, ele disse:

— Jamais repitas isso! Sara é inocente! Ela é uma menina meiga e pura. Como podes dizer isso, sua louca?! Sara foi vítima daqueles homens endemoninhados. Falas dessa forma porque não fostes tu quem sofreste aquele hediondo estupro! Se queres ter uma posição de destaque, faze como o teu irmão e devota-te a Deus. Se desejas ser profetisa, purifica o teu coração e vai estudar com os sábios, pois a boca dos ignorantes jamais falará das coisas de Deus.

As palavras de Moisés eram sensatas e sábias. Podemos até transportá-las para os dias atuais, em que vemos tantos médiuns sendo vítimas da própria ignorância e realizando um desserviço à Alta Espiritualidade. Médiuns que não estudam terminam propagando crendices e informações vazias, ao passo que aqueles que se aprofundam na busca do conhecimento, do amor e da disciplina, tornam-se canais quase perfeitos para trasmitir as verdades do plano espiritual.

Maria chorou por mais algum tempo, e, quando Moisés fez menção de se retirar, ela o censurou:

— És muito mau! Não deves ser um profeta de Deus, mas sim do demônio!

Ele se voltou para ela e disse, em tom paternal:

— Saiba que tudo o que faço é pelo bem de cada um de vós. Se hoje te trato assim é para que te libertes desse teu equivocado mundo interior que só te trará muita tristeza. A missão a que te propões é de renúncia e amor, e não para envaidecer-te e seres reconhecida pela nossa comunidade. Espero ver-te em breve seguindo o que te ordenei. E, se assim te comportares, farei como fiz a Aarão: dar-te-ei o encargo que desejas. Mas lembra-te de que o contato com o mundo espiritual deve ser apenas para atender aos interesses de nosso Deus, e não para saciar a curiosidade do povo. Já decretei a proibição da comunicação com os espíritos dos mortos, porque isso é perigoso e prejudicial à nossa segurança. Nossa nação ainda é muito imatura para lidar diretamente com os espíritos. Se fizeres isso novamente, não te protegerei!

Moisés girou sobre os calcanhares e saiu em passos rápidos, enquanto a multidão que cercava a tenda mantinha-se em silêncio. A comunidade israelita pouco a pouco começava a compreender a mente e o coração de seu líder, que amava e dedicava extrema atenção àqueles que seguiam as suas determinações, mas não dava espaço a rebeldias.

O profeta de Yahwéh foi um líder sem igual na história de nossa humanidade. Hoje, ainda tento descobrir alguém com uma liderança tão fabulosa quanto a dele; porém, por mais que me esforce, não encontro. Certamente centenas de espíritos mais evoluídos que Moisés reencarnaram na Terra, mas a tarefa de unir e liderar um povo, visando a um objetivo de tal magnitude, jamais alguém realizou com tanta perfeição. Se analisarmos o material humano de que ele dispunha, que quase não compreendia a sua mensagem, chegamos à conclusão que os resultados obtidos do seu trabalho foram grandiosos.

Nesta obra, me propus a apresentar abertamente a vida e a obra desse grande profeta, a fim de demonstrar aos leitores que a mensagem austera e algumas vezes agressiva de Moisés foi extremamente necessária naquela época, de princípios tão selvagens. Lembro, mais uma vez, que a humanidade recebeu a oportunidade de aprendizado pelo amor, por meio da mensagem amorável de Akhenaton, mas renegou-a, tornando necessária a ação firme e disciplinadora de Moisés, que viabilizou mil e duzentos anos depois, o trabalho do inigualável Rabi da Galiléia. Foi Moisés quem preparou a humanidade para a luz; Jesus encarregou-se de iluminá-la!

Maria, entretanto, não viveu para seguir as determinações do irmão. Antes de chegarmos ao próximo acampamento, em Cades, ela morreu vitimada por uma infecção aguda no aparelho reprodutor. Algumas pessoas até disseram que havia sido uma punição de Yahwéh, por ela tanto ter contestado Moisés e desprezado sua esposa e seus filhos, só porque eram madianitas.

Nos meses seguintes, tive diversos problemas familiares. Débora começou a reclamar a minha presença a todo instante, exigindo que eu dormisse todas as noites em sua tenda, porque ela era a mãe de meu primogênito e merecia status de esposa principal.

Rebeca estava grávida de novo, e Débora temia que fosse um menino, o que ameaçaria os seus planos. Por diversas vezes, ela passava por Rebeca e ironizava a sua condição de única mãe de uma menina, dentro de nossa família. E também sugeria que era possível que ela estivesse esperando mais uma criança do sexo feminino.

Aquelas agressões verbais causavam profundos desequilíbrios emocionais em Rebeca, pois ela era um espírito que já carregava no inconsciente diversos traumas de encarnações anteriores. Os ataques que recebia, muitas vezes infantis e insignificantes, tornavam-se monstros invencíveis que se apossavam de forma impiedosa de sua mente, causando-lhe uma imensa tristeza.

Rebeca parou de se alimentar e o estado de depressão a que se entregara começou a comprometer o feto que carregava no ventre. E, para piorar ainda mais a situação, Débora maldosamente contratou Abigail para realizar feitiçarias a fim de que Rebeca perdesse a criança.

Quando dei por mim, percebi que não fazia mais nada na vida além de administrar problemas familiares. Então, em determinada tarde, reuni todas as minhas esposas:

— Ouvi-me, mulheres! Não posso mais perder tempo com desavenças. Não estou percebendo o cumprimento do primeiro e principal mandamento de nosso Deus: "Ama ao teu Deus e ao teu próximo como a ti mesmo". Se eu perceber novamente qualquer intenção de vossa parte de causar prejuízo umas às outras, tomarei medidas drásticas. Rebeca é a minha primeira esposa, aquela com quem me casei por amor! Minha filha Rute é o que eu tenho de mais precioso; portanto chega de intrigas! — gritei com irritação.

Depois, fuzilei-as com o olhar e prossegui, com a mão apoiada sobre a espada na cintura:

— Todas deveis vos conformar com a condição em que se encontram! Caso contrário, conhecereis o que é um mau esposo.

Elas abaixaram a cabeça em sinal de submissão; mas percebi que Débora não havia se dado por vencida. Pelo menos naqueles dias, a situação melhorou bastante. Entretanto, procurei ficar muito atento aos passos dela, porque eu sabia que em breve Débora me traria novas preocupações; ela era geniosa como Rebeca, e jamais se curvava.

Enquanto eu perdia o meu tempo com aqueles problemas pequenos, Moisés e os demais sábios começaram a reunir os jovens de nosso povo: todo aquele que tivesse de cinco a vinte anos passava as tardes sendo elucidados sobre a ideologia espiritual do Deus Único. Nosso líder sabia que as mentes jovens não eram preguiçosas e acomodadas; geralmente eram mais resistentes ao assédio dos vícios do corpo e do espírito.

Com o transcorrer das semanas, poucos meses antes de partirmos novamente para o deserto, alguns desses jovens foram proibidos de retornar ao convívio familiar, o que causou uma grande celeuma entre o povo, pois Moisés estava "sequestrando" os filhos de seus próprios pais.

Na manhã do dia seguinte, uma multidão irada protestou em frente à tenda de nosso líder, porque os filhos não tinham voltado para casa na noite anterior.

Moisés não admitia contestações, mas manifestou-se com sua voz serena:

— Nosso Deus deseja que os jovens de Israel recebam uma educação especial, bem diferente da corrupção politeísta do Egito. Por isso, decidimos que todos aqueles que apresentam tendência ao culto abominável a diversos deuses não conviverão mais com os pais, uma vez que os filhos são reflexos do pensamento de seus genitores. E se eles falam e pensam conforme os pagãos é porque os seus pais cultuam, no íntimo de seus lares, o que é contrário à vontade de Yahwéh. Portanto, agradecei por vossas casas não receberem punição maior, pois estais violando os mandamentos de Deus.

Os homens gritaram indignados, enquanto as mulheres choravam a perda da guarda dos filhos.

Abiram, um dos poucos rebeldes que tinham sobrevivido ao evento do bezerro de ouro e um dos mais influenciados pela cultura egípcia, não conseguiu ficar quieto:

— Estais indo longe demais, Mosheh! Não penseis que ficaremos submissos à vossa vontade durante toda a vida.

O profeta encarou o rebelde e respondeu:

— Vejo que me ameaças, Abiram, quando deverias oferecer aos teus filhos uma educação condizente com as leis de nosso Senhor. Não tenho nada pessoal contra nenhum membro de nosso povo. Mas tem a certeza de que não permitirei a corrupção e a imoralidade em nossa comunidade. Israel será uma nação íntegra! Esses nefastos comportamentos aos quais nos acostumamos no passado não serão mais tolerados.

O profeta de Deus andou de um lado para o outro, gesticulando muito, e continuou:

— Analisai se sois dignos de educar vossos filhos! Não há como ter piedade de vós, pois vossas falhas de caráter são frutos da preguiça em melhorar-vos. Se desejais vossos filhos de volta, tornai-vos honrados perante Deus. As famílias dignas de Israel continuam de posse de seus filhos, somente os corruptos perderam os seus, para o bem dos próprios jovens. Mas não vos perturbeis demasiadamente, porque todos poderão visitá-los. Eu só estou proibindo a convivência diária para que não contamineis vossos descendentes com costumes decadentes. A próxima geração de nossa nação não deverá ter um traço sequer dos adoradores de ídolos.

Uma das mães, esposa de Saul, da tribo de Simeão, mulher que transpirava arrogância, aproximou-se e protestou:

— Isso é um preconceito degradante! Uma intolerância religiosa mesquinha. Tendes de respeitar as nossas crenças!

Moisés ergueu a sobrancelha de um jeito só seu, pegou a mulher pelo braço e, aproximando-a de uma madianita que estava próxima, bradou:

— Vê a cor de teu braço e a dessa mulher? És mais clara que ela; isso não pode ser mudado, e não é crime algum. Agora a conduta da tua família, é criminosa e contrária ao objetivo de nosso povo. Isso sim pode ser mudado! E se assim fizeres, tornar-te-ás uma pessoa melhor. Mas se te negares, serás punida. Essa é a Lei de nosso Deus e não será modificada só para te agradar. Queres falar de preconceito, pois bem, vamos falar sobre isso! Desde que minha esposa se uniu a nós, aqui nesta terra, a tratas com desdém porque não tens amor no coração. És preconceituosa! Olhas para os meus filhos como se eles fossem uma raça inferior. Até Jetro já está tendo dificuldades em mantê-los apaziguados, pois todos vós sois piores do que visitas malditas que chegam numa casa, usufruem de todo o conforto e depois cospem no prato que comeram.

O grupo de rebeldes chocou-se com aquelas fortes afirmações, mas calou-se, pois esse era o sentimento comum entre muitos. Alguns até especulavam se depois da morte de Moisés, Israel seria comandada pelo pequeno Gerson ou Eliezer, que não eram israelitas puros. Moisés também não o era; ele tinha sangue egípcio e se negava a ter outras esposas; estava decidido a ter somente filhos com Séfora e isso irritava muitos israelitas de mente estreita.

Alguns sacerdotes levitas comentavam discretamente:

— Mosheh é somente metade israelita, pois sua mãe era egípcia. E essa esposa, então, que ele arranjou entre os estrangeiros?!... Os filhos dele só possuem um quarto do sangue de Abraão, e não são dignos de se tornarem reis de Israel.

Séfora era uma mulher forte e determinada. Mesmo sofrendo todas essas agressões sutis, nunca reclamou ao esposo, para evitar maiores contendas. Assim, cansado da discussão, Moisés enfim falou:

— Agora retirai-vos daqui! Vossos filhos ficarão sob minha guarda até que eu veja um sinal de dignidade em vossos rostos.

Mas uma das mulheres então se aproximou, chorosa, e perguntou:

— Se não servimos para educar nossos filhos, o que será então de nossas vidas? Não temos serventia para nada?

— Já disse que cabe somente a vós tornar-vos dignos de educar vossos próprios filhos — respondeu Moisés com firmeza. — Enquanto isso não acontece, pelo menos podeis gerar mais descendentes para que Israel se torne uma grande nação. Se não podeis educar para o Senhor, pelo menos deveis parir membros para multiplicar a nova geração. Sejais honrados e procurai melhorar-vos! Só assim tereis os vossos filhos sob vossa guarda e sereis mais do que simples parideiras.

Os rebeldes se dispersaram e eu me sentei numa pedra, muito cansado, para meditar sobre as ações de nosso líder. Ele estava realmente decidido a apagar totalmente a cultura egípcia de nosso meio. E não eram somente os costumes de nossos algozes que estavam sob sua mira; tudo o que se referisse aos povos idólatras que nos cercavam tornara-se amaldiçoado. Ele não media esforços para que isso ficasse bem claro a todos, e, em alguns casos, era bastante ofensivo e radical, provocando a ira dos rebeldes.

Para que o leitor tenha uma idéia da grandeza dessa transformação cultural implementada por Moisés, eu diria que era algo semelhante a quebrarmos a cultura materialista vigente hoje e implantarmos um estilo de vida verdadeiramente espiritualizado, bem diferente da hipocrisia religiosa que estamos acostumados a presenciar, em que não se vive o que se prega! E tudo isso por um método impositivo e extremamente inflexível, pois não havia meio termo: ou se estava com Yahwéh, ou então se estava contra Ele!

O interessante é que algum tempo depois, muitas dessas mães recuperaram os seus filhos por ter renovado os seus conceitos, numa verdadeira demonstração de amor aos descendentes. E quando todos já estavam idosos, elas perguntaram a Moisés: "Por que agistes conosco daquela forma? Não poderíeis nos tratar com mais amor e delicadeza para nos despertar para os verdadeiros valores?". Ele então respondeu: "Éramos todos muito jovens e impulsivos! Tenho certeza de que se eu vos falasse apenas na linguagem do amor, não me ouviríeis. Existe uma época em nossas vidas que o choque é necessário, e esse foi um desses momentos".

Mas o que realmente me preocupava era a crescente revolta que novamente se avizinhava em nosso meio. Moisés desejava realizar mudanças muito rápidas em um povo que parecia não ter condições para tal. Era como se ele estivesse vergando demasiadamente uma frágil haste de bambu. Eu receava que a árvore de Israel se partisse, com uma ação muito intensa por parte de nosso líder. Porém, talvez ele tivesse razão! Se agisse de outra forma, provavelmente seria engolido pela resistência às mudanças, tão comum entre as massas alienadas e preguiçosas. Fazendo o que ele fez, muitas das regras e costumes que instituiu foram deturpados, imagine então se ele não tivesse agido dessa forma!...

Alguns dias antes, Moisés havia punido com o desterro uma família inteira porque o seu chefe tinha pedido emprestado um arado ao vizinho e negava-se a devolver. Uma mãe e um pai haviam sido condenados à pena capital, por apedrejamento, por terem espancado o filho recém-nascido até a morte, simplesmente porque a criança não parava de chorar. Esdras, da tribo de Gade, enganara uma família simples numa negociata para extorquir-lhe os bens e foi morto num julgamento sumário, sem direito à apelação. Jamel, da tribo de Judá, negara-se a prestar socorro a uma grávida que terminou perdendo o bebê, e teve como punição a decapitação.

A multidão rodeava Moisés, com pedras nas mãos, revoltada pela severidade da justiça imposta, mas ele a enfrentava.

— Dignidade! É isso que nosso Pai espera de nós. Todo aquele que se comportar de forma desonrosa será punido. Israel será uma nação de homens valorosos, e não um covil de criaturas falsas e desleais!

O profeta encarava os rebeldes com fogo nos olhos. Era absolutamente impossível não sentir medo daquele olhar! Moisés era um gigante que impunha um total respeito. Logo todos largavam as suas pedras e voltavam cabisbaixos para a casa, enquanto ele dizia:

— Mostrai-me uma só das condenações que não tenha sido justa e eu vos darei razão! A Lei de Deus é clara e quem não a cumprir será punido. Yahwéh ama os Seus filhos honrados e não tem misericórdia para com os ímpios e desleais.

Na semana posterior, Moisés descobriu que um homem

mantinha os pais idosos amarrados numa pedra dentro da tenda, e negava-lhes alimento com o intuito de trocar a comida por bebida alcoólica. No mesmo instante, ele foi ao local onde estava o criminoso e o esbofeteou na frente dos amigos; depois, o arrastou para a frente da tenda e lá o amarrou, como se ele fosse um animal. Por uma semana, Moisés o alimentou com restos de comida, como se fazia com os porcos, e não se rendeu nem mesmo aos rogos da esposa, Séfora, que lhe pedia para libertar o rapaz.

Nosso líder dizia, enquanto jogava pedaços de pão ao infeliz alcoólatra, sob forte chuva:

— Ele deveria ser morto por descumprir o mandamento divino que nos convoca a honrar nossos pais. A punição que está recebendo, do "olho por olho, dente por dente", é até muito branda. A partir de hoje, acompanharei os passos desse meliante de perto. Ai dele se não tratar os seus genitores com amor e respeito! Além do mais, o consumo de bebidas alcoólicas está proibido desde o dia nefasto do culto ao bezerro. Acredito que estou sendo muito generoso com esse verme!

Eu novamente reuni as minhas esposas para uma conversa e lhes disse:

— Pelo amor de nosso Senhor! Nossos filhos ainda são pequenos e não sabem falar, mas em dois ou três anos eles estarão observando todos os nossos atos e se expressarão conforme os pais; portanto, peço-vos desde já que apagai de vossas vidas qualquer traço do culto egípcio, pois sei que muitas entre vós ainda guardam amuletos escondidos e oram aos deuses de nossos algozes.

Então, respirei fundo e falei de forma conciliadora:

— Ajudai-me! Não tornai as nossas vidas um inferno, pois já tenho muito com que me preocupar, e não poderei acompanhar muito de perto a formação de todos os nossos filhos nesses primeiros anos. Por isso, conto com o vosso apoio para que não soframos a perda de nossas crianças e, consequentemente, de nossa dignidade. Ajudai-me a instruí-los dentro das leis de nosso Deus, pois não sei se suportarei a humilhação de perder a guarda de um dos meus filhos por não sermos dignos da mensagem de Yahwéh!

Minhas esposas concordaram e se surpreenderam com a minha calma e apatia ao lhes falar. Naqueles dias, eu andava completamente esgotado, pois administrar os egos de todas aquelas esposas era mais cansativo do que chefiar um clã numeroso, com mais de sete mil membros. Quem compreende as mulheres? Depois dessa conversa, caminhei como um morto-vivo até minha tenda e adormeci feito uma criança.

Quando acordei, na manhã seguinte, encontrei Aiezer ao meu lado, dizendo:

— Pensei que dormirias o dia inteiro! Preciso falar-te. Alguns membros de nosso povo já estão sabendo que Mosheh não pretende nos levar diretamente para a Terra Prometida. Depois que ele começou a tirar os filhos do convívio dos pais rebeldes e determinou que não vamos direto para Canaã, muitas pessoas começaram a achar que nosso líder deseja que eles morram no deserto sem conhecer a terra onde mana "leite e mel".

Olhei para Aiezer, apoiado nos cotovelos, e disse:

— Santo Deus!

Moisés realmente estava fechando o cerco e exigindo o máximo do povo. Na semana anterior, alguns membros foram punidos por terem utilizado o nome de Yahwéh em falsidade, descumprindo o terceiro mandamento. Por essa razão, as pessoas passaram a se referir a Deus usando sinônimos como Eloim e Adonai, a fim de evitar novas punições. Mas Moisés não se intimidou com esse ardil do povo. Com o passar dos anos, a palavra Yahwéh só era pronunciada nas orações ao Grande Deus. As exclamações hoje tão comuns: "Ó meu Deus!" ou "Graças a Deus!", para qualquer assunto fútil, não eram permitidas.

Eu então disse a Aiezer que precisávamos conversar com Henok e Mosheh sobre esse assunto, e os encontramos felizes, confraternizando-se com um grupo pacífico da tribo de Aser. Pagiel, o chefe do clã, demonstrava ao nosso líder os resultados obtidos entre os seus membros com a finalidade de integrarem-se à vontade soberana do Grande Deus. Todos só falavam sobre a beleza e o poder da arca de Yahwéh, e como os mandamentos sagrados tinham harmonizado as suas vidas.

Impressionado com aquela reação positiva do povo, perguntei a Henok por que todos não se comportavam assim, depois de presenciarem o poder magnífico de nosso Deus, representado pela Arca da Aliança.

Ele meditou um pouco e depois me respondeu, irradiando toda a sua sabedoria:

— Natanael, as classes privilegiadas de nosso povo estavam acostumadas com os deuses egípcios, sempre permissivos para com as falhas de caráter de seus fiéis. Já Yahwéh é um deus exigente que não tolera o erro de Seus filhos, pensando na felicidade deles; e isso gerou um desconforto naqueles que desfrutavam um estilo de vida cômodo e sem compromissos morais. Esse grupo obviamente não aceitará as imposições de Moisés sem muito protestar. Os privilegiados e os acomodados jamais se dão por vencidos quando perdem as suas vantagens, muitas delas ilícitas. Agora, observa os membros da tribo de Aser, os mais pobres e simples de nosso povo! Eles viveram uma vida difícil e sem esperanças no Egito, e nosso Deus para eles representa um futuro belo e digno, como nunca tiveram. Consegues perceber a diferença?

Concordei, mas fiz uma observação:

— Aiezer disse que novas conspirações contra Mosheh já estão em andamento. Estamos preocupados com a possibilidade de uma nova revolta.

— Fica tranquilo! — respondeu Henok. — A grande maioria de nosso povo está com Mosheh. Os rebeldes farão barulho, mas não conseguirão manipular os israelitas como fizeram no culto ao bezerro. Garanto-te que a revolta deles não terá o apoio popular!

Eu e Aiezer nos entreolhamos mais tranquilos e acompanhamos nosso líder e os sábios, durante todo aquele dia, observando, admirados, os belos resultados obtidos. Ali, em meio à tribo de Aser, já era possível perceber nitidamente a nova cultura hebraica, totalmente livre da influência egípcia e dos demais povos politeístas. Tínhamos saído do Egito a pouco menos de dois anos e entre aquele clã a cultura egípcia parecia jamais ter existido. Algo realmente notável!

As coisas pareciam relativamente sob controle; no entanto, era impossível continuarmos ao sopé do monte Sinai. Tínhamos de prosseguir nossa caminhada; além disso, o relacionamento de

Israel com os madianitas começou a se deteriorar rapidamente. Os donos da terra já não suportavam mais a arrogância e a intolerância de alguns segmentos de nosso povo, principalmente dos rebeldes. Jetro esforçava-se para controlar os madianitas. Contudo, várias brigas sérias começaram a ocorrer; algumas resultaram até em mortes por causa da posse de gado e outros bens da terra. Ocorreram também alguns roubos na lavoura e coisas do tipo, acelerando nossa partida. Mas a situação tornou-se insustentável quando um dos filhos do chefe da tribo de Judá engravidou uma madianita respeitável e tentou matá-la para não ter de casar-se, segundo as determinações de Moisés.

Os ânimos ficaram muito tensos, principalmente porque Judá era, junto com o clã de Rubens, um dos mais rebeldes. Moisés preferiu contornar a situação para evitar novos atritos, mas não dispensou o acusado de receber a penitência das cinquenta chibatadas diante do povo, e o obrigou a casar-se com a moça. Ela porém, liberou-o do compromisso, porque era de um outro povo e não queria partir conosco para Canaã.

E se isso tudo já não fosse o bastante, nossa nova cultura começou a conflitar diretamente com a dos madianitas. Como Moisés demonstrava uma forte intolerância ao politeísmo, não demorou muito para que os beduínos se ofendessem quando os seus deuses foram chamados de falsos.

Diante dessa situação, Moisés então chamou Jetro e disse:

— Mestre, isso dói em meu coração, mas precisamos partir. Não é justo que vos prejudiquemos ainda mais. Vejo que nossa presença ao sopé da montanha sagrada tornou-se insustentável. Nossas relações com os madianitas estão deterioradas, e eles têm razão. Não podemos continuar aqui consumindo os seus recursos naturais. Aqui também não é nossa casa! Precisamos seguir em direção à Terra Prometida.

O grande profeta meneou a cabeça e prosseguiu, enquanto olhava para o chão daquela região abençoada:

— Lamento muito por Séfora. Creio que a separação será muito dura para ela.

Jetro colocou as mãos nos ombros de Moisés e respondeu, com os olhos úmidos:

— Minha filha é uma mulher muito forte e encontrará na

dedicação à construção moral de teu povo um meio para vencer a saudade.

Penalizado, Moisés completou:

— Mestre, já perdi Amenófis e não desejo me afastar de vossa sabedoria e de vossa tranquilidade, que nos traz tanta paz. Não poderíeis deixar Madian nas mãos de vossos filhos e seguir conosco?

Jetro sorriu e o confidenciou:

— Seria muito bom, meu filho! Percebes como será doloroso para mim me afastar de ti e de minha adorada Séfora? Mas sinto que os meus dias na Terra não serão muito longos. Porém nada deves falar para Séfora! Não quero preocupá-la, mas tenho sentido falta de ar e muito cansaço. Acho que o meu coração vai silenciar dentro de poucos anos. Por isso o meu lugar é aqui, junto com o meu povo, orientando os meus demais filhos para que se tornem príncipes justos e sábios. No entanto, gostaria que levasses contigo Hobab, que é o irmão que Séfora mais ama e também está muito empolgado com o processo de educação espiritual do povo de Israel. Ele nasceu para crer no Deus Único, e sinto que ele deseja prosseguir colaborando com a irmã. Eles são muito amigos, desde outras encarnações.

Moisés ficou triste com as palavras do sogro, como um filho que sente a perda do pai.

— Mas, Jetro, se partireis para o plano espiritual quem irá guiar os meus passos?

O sábio sacerdote madianita esboçou um tímido sorriso e respondeu, sem afetação:

— Hobab guiará os teus passos pelo deserto! Ele conhece essa região como poucos. Agora, quanto a tua caminhada espiritual, Henok será o teu mestre, como sempre foi desde que saíste do Egito. Ele ainda terá muitas forças para auxiliar-te em tua sagrada missão.

Jetro silenciou por um tempo e então voltou a falar, enquanto uma grossa lágrima escorria pelo seu rosto moreno, umedecendo a espessa barba grisalha:

— Mas lembras-te de que estarei sempre junto de ti, em espírito meu filho, iluminando tua mente para que ouças com lucidez a voz do Deus Único.

— Como saberei que é a vossa voz e não a de um espírito das sombras tentando me enganar? — perguntou Moisés.

Jetro olhou firme nos olhos do genro e respondeu, convicto:

— Mosheh, se o que ouvires dentro de tua mente não tiver um fim universalista e progressista, então não será a minha voz. Assim como tu, desejo que a humanidade se liberte de dogmas, preconceitos, rituais e crendices. Jamais serei cúmplice de pensamentos retrógrados! Jamais serei conivente com o preconceito e com o sectarismo, nesta ou em vidas futuras! Sonho com o dia em que os homens desenvolverão as suas consciências para se libertarem de crenças primitivas, pois os rituais, a adoração de imagens e os sacrifícios nos templos fazem mal a mim da mesma forma que a ti. O contato com Deus deve ser puramente espiritual, apenas uma união com o Todo-Poderoso para que possamos evoluir a níveis superiores de consciência e fazer desabrochar em nosso íntimo os verdadeiros valores da alma. Só não procuro estimular em meu povo a crença no Deus Único, porque sei que essa não é a minha missão e que não tenho a força que tens para isso. Além do mais, os madianitas ainda não estão preparados; não chegou o momento de os filhos de Ismael[1] compreenderem a mensagem do único e verdadeiro deus.

O sábio sacerdote de Madian abraçou Moisés e os dois mantiveram-se em silêncio, emocionados, apreciando aquele que seria seu último contato naquela encarnação.

E realmente assim é o perfil desse espírito iluminado que conhecemos hoje pelo nome de Ramatís, apresentando-se sempre com uma visão universalista, amando os seus semelhantes e tolerando as diferenças, porém nunca sendo conivente com o conformismo que atrasa o progresso das religiões e atravanca a caminhada incessante rumo à evolução.

Depois do forte abraço, Moisés disse a Jetro:

— Então combinaremos assim: no futuro, voltaremos à vida humana juntos, dentre os filhos de Ismael, e abriremos os olhos do povo para a crença no verdadeiro deus!

Jetro apenas sorriu, com olhos cheios de lágrimas.

E foi o que ocorreu: mil e oitocentos anos depois, ambos

1 O personagem se refere ao povo árabe.

reencarnaram para trazer aos árabes os fundamentos do Islã que, infelizmente, como aconteceu entre todas as religiões, terminou tendo os seus princípios divinos adulterados por falta de compreensão ou para atender a interesses mesquinhos. O importante é que a crença monoteísta finalmente foi integrada a esse numeroso povo, preparando-o para os seus próximos passos.

Chegara o momento da partida. Moisés adentrou a tenda onde repousava a Arca da Aliança, a "presença de Deus", e comungou com o Criador por longas horas. Quando nosso líder entrava naquele santuário, sabíamos que importantes resoluções seriam tomadas. E nesse dia não foi diferente. Depois de horas de meditação e orações, Moisés reuniu o povo.

— Chegou o momento de partir! Nossa jornada deve prosseguir, conforme ordena a vontade de nosso Senhor. Todos sabeis que nosso destino é a Terra Prometida por Yahwéh. A caminhada é longa e deveremos demonstrar, durante todo o percurso, dignidade e merecimento para possuir a terra que verte "leite e mel". Portanto, ó Israel, desmontai o acampamento e preparai-vos para a viagem, pois agora temos guerreiros preparados e muitos mantimentos; nossa jornada será mais leve e tranquila!

Seguimos imediatamente as ordens de Moisés. Porém, só para desarmar as tendas, levamos mais de sete dias, pois agora possuíamos diversos bens; ao contrário da fuga do Egito, em que contávamos apenas com tendas simples, mas muito ouro. Os dois anos de sedentarismo em Madian nos permitiram multiplicar nossos rebanhos, produzir muitos cereais, ampliar nossas tendas e multiplicar nosso rústico mobiliário. Além disso, tínhamos os bens de nosso Senhor: a Arca da Aliança e todos os adereços que foram criados para o culto ao Deus Único. Conforme Moisés dizia: "Esta é a nossa maior riqueza e deve ser protegida com nossas próprias vidas".

Nos últimos meses, a arca estava resguardada dentro de uma tenda-santuário, e só era vista no final do "dia do Senhor", o Shabat, e de muito longe, quando já estava anoitecendo. Moisés temia que o povo a banalizasse por causa de sua aparição quase que diária nas primeiras semanas, após sua construção. Desse modo, orávamos a Deus com o rosto voltado para o pico do monte Sinai, ou então em direção à tenda-santuário. Somente os sacerdotes e Moisés podiam entrar no local sagrado e ver a arca diariamente. Assim, muitos a viam apenas em datas especiais, como a comemoração pascal, que era a data de nossa libertação do Egito. Entretanto, com a preparação para a viagem, ela ficou exposta a todos por muitas horas e à luz do dia.

Fiquei por um bom tempo admirando a beleza daquela magnífica obra de arte, enquanto os membros da tribo de Issacar se encarregavam da desmontagem de nosso acampamento.

Enfim estávamos todos prontos! Aguardávamos somente a ordem de partida de nosso líder, que se encontrava ajoelhado diante da sepultura de Amenófis.

— Acompanhai os meus passos, mestre! — rogava Moisés ao grande sábio. — Guiai a minha caminhada para que eu realize a vontade divina, antes de encerrar minha participação neste mundo! Espero ouvir vossa voz, assim como ouço a brisa que vem do mar. Que a vossa inteligência fulgurante me inspire para que eu siga pelo caminho traçado por nosso Deus! Iluminai a minha mente para que eu aja da melhor forma a fim de que o nome do Deus Único jamais se apague da memória das gerações futuras!

Moisés então ergueu-se e caminhou com passos firmes em nossa direção. Seus longos cabelos grisalhos balançavam graciosamente ao vento e seu olhar magnético impunha respeito e admiração. Ele levantou os braços, enquanto seu manto vermelho balançava serenamente sob a brisa da manhã; depois nos falou, com sua voz potente e metálica:

— Partamos em direção ao nosso destino! Precisamos fundar um novo reino, que não se resumirá somente à propriedade de um território, e sim à difusão de uma nova ideologia religiosa. Os filhos de Israel serão lembrados no porvir como a nação que primeiro ouviu a voz do único e verdadeiro deus.

Moisés subiu em um cavalo e conduziu o povo para fora da península do Sinai, em direção ao deserto, com destino ao povoado de Cades-Barnes, nosso próximo longo acampamento.

Lentamente, a gigantesca caravana foi se afastando, prenunciando novas e intensas emoções para o futuro. Olhei para trás e me lembrei dos bons e maus momentos que vivemos sob o amparo da montanha de Deus.

No pico do Sinai, algumas descargas elétricas incandescentes demonstravam-nos a constante presença do "deus do trovão" naquele local. No entanto, Ele não estaria longe de nós, pois Sua presença ígnea também vivia dentro da Arca Sagrada, o mais precioso patrimônio de Israel.

Lembrei-me da loucura do culto ao bezerro de ouro e de quantas pessoas ali haviam morrido por causa do desrespeito às sagradas leis de Yahwéh. Recordei-me também dos momentos alegres, como os nascimentos dos meus primeiros filhos.

Rebeca estava sentada numa carroça com a pequena Rute ao seu lado e o meu recém-nascido Ariel nos braços, sem contar as demais esposas que também tinham procriado, conforme a vontade de nosso Senhor.

Uma pequena saudade daquele local — nosso primeiro lar, depois da liberdade — tentou instalar-se em minha alma. Então pensei: "Agora somos nômades e talvez venhamos a sê-lo por muitos anos ainda. Nossa casa é o lugar onde o Senhor desejar que estejamos".

Olhei para a arca, altiva, flutuando sob o dócil comando dos sacerdotes levitas, e voltei a pensar: "Onde estiver a vontade de nosso Senhor, lá estaremos! É para isso que estamos aqui neste mundo, para fazer valer a vontade do único e verdadeiro deus".

A caminho de Cades 12

A jornada até o povoado de Cades levou exatos quinze dias, mas dessa vez não tivemos muitos problemas no que diz respeito à alimentação e à falta de água. No final do percurso, nos socorremos em algumas fontes; porém, quanto à comida, ninguém passou privação, ainda mais que recebemos duas novas bênçãos de nosso Deus na forma de revoadas de codornizes. Assim, poupamos mantimentos para a última etapa da jornada: o pavoroso deserto de Farã.

Antes de partirmos, nos preparamos muito para a retomada da viagem, pois Moisés desejava evitar, de qualquer forma, o sofrimento que passamos nos primeiros dias, após a fuga do Egito. A privação de qualquer uma das necessidades básicas do ser humano deixaria todos muito revoltados novamente. E isso foi o que nos causou os maiores tumultos no percurso do Egito até o monte Sinai.

Quanto à água e ao alimento, não tivemos dificuldade, mas não podemos dizer o mesmo no que se refere à receptividade dos povos do deserto. A notícia de que estávamos a caminho logo se espalhou pela região: "As aves de rapina já estão vagando novamente pelo deserto". Então, todos os lugarejos que margeavam o golfo de Ácaba ficaram em estado de alerta, pois nossa passagem significava penúria e, algumas vezes, destruição. Nosso povo tornava-se a cada dia mais numeroso e já começava a emergir na região como uma poderosa potência militar a ser respeitada. Os peregrinos que tinham visitado o monte Horeb nos últimos meses conheceram o nosso exército e ouviram diversos boatos sobre o poder da Arca Sagrada; alguns até tiveram o privilegio de vê-la durante as orações do Shabat, e logo espalharam essas informações por toda a região.

O que mais as pessoas temiam, entretanto, é que, como não possuíamos um território fixo, poderíamos querer invadir as suas terras e nos apossar de seus reinados, repentinamente. Muitos desses povoados sabiam que era inútil esboçar qualquer reação, pois agora éramos um exército organizado, com numerosas armas e possuíamos a assombrosa Arca da Aliança.

Desse modo, durante sete dias, percorremos a metade do percurso sem maiores problemas. Moisés nos instruía a conter os nossos clãs, pois alguns membros menos equilibrados ameaçavam os povos do deserto com gestos obscenos, tal a confiança que tinham em nosso Deus para qualquer batalha que viéssemos a travar. Até que, na manhã do oitavo dia, quando passávamos pelo povoado de Asiongaber, nos deparamos com um exército gigantesco: eram milhares de homens enfileirados com lanças e espadas.

Josué imediatamente correu até Moisés para pedir instruções.

— Hobab tinha razão! — observou nosso líder. — Os edomitas oferecerão resistência à nossa passagem; e pelo que vejo eles estão fortemente armados.

Josué então ergueu a espada e disse com empolgação:

— Não vos preocupeis! Podemos vencê-los. É inevitável que soframos algumas baixas, mas, se for o desejo de nosso Senhor, lutaremos até a morte.

Moisés meneou a cabeça de forma despreocupada, enquanto forçava a vista para enxergar melhor aquele que parecia ser o líder do exército — ele estava montado num cavalo, à frente da multidão de guerreiros —, e, depois de meditar por um instante, disse pausadamente:

— Não, Josué! O Senhor não quer derramamento de sangue desnecessário. Iremos conversar com o líder desse povo e pedir que ele nos autorize a passar por suas terras.

Josué deu uma risada que mais parecia um relincho, típico

dos soldados, e falou com descrença:

— Não creio que ele autorize! Todos os povos deste deserto querem nos ver longe de suas vistas.

O profeta fez sinal a todos os líderes dos clãs para que se aproximassem e avisou:

— Não nos custa tentar! O máximo que ouviremos é uma negativa.

Poucos minutos depois, cavalgamos até bem perto do primeiro pelotão do exército dos edomitas. Eles nos aguardavam serenamente, porém sem esconder a cara de poucos amigos.

Moisés, por sua vez, estava muito tranquilo e até exibia um olhar simpático, o que lhe era pouco comum nos momentos de tensão. Então, ele abriu um largo sorriso e se dirigiu àquele que parecia o líder do exército:

— Caro amigo, desejamos apenas atravessar as vossas terras. Nosso destino é Canaã. Eu orientarei o meu povo a não tocar em vossas lavouras nem em vossos rebanhos. Pedimos somente que nos permita a utilização de vossas fontes para nos reabastecermos, antes de prosseguir viagem.

O guerreiro rival respondeu secamente, de forma que não permitia contestação:

— Retirai-vos imediatamente de nossas terras! Não toleraremos invasão! Lutaremos até o último homem para evitar a vossa presença aqui. Já sabemos que chegais com essa conversa de que estão somente de passagem e depois terminais vos instalando. Foi assim que fizestes com os madianitas, lá na península do Sinai.

Moisés manteve-se sereno, e respondeu:

— Montamos um acampamento longo na montanha do Sinai porque fomos convidados por Jetro. Porém essa não é a nossa intenção aqui nesta região.

Mas o chefe do exército edomita desprezou as palavras do profeta, como se não as tivesse ouvido, reiterando sua posição hostil:

— Não aceitamos argumentos! Peço-vos, pela última vez, que vos retirais de nossas terras.

Foi quando Josué então aproximou-se de Moisés e lhe propôs:

— Quereis que eu traga a Arca da Aliança para impor a força de nosso Senhor?

Mas ele fez um sinal negativo e falou em alto e bom tom:

— Seguiremos por um outro percurso. Sinto que esta situação é um aviso de nosso Deus para que tomemos outra estrada. Devemos ser fiéis à vontade de nosso Senhor, e não aos nossos desejos.

Moisés virou o seu cavalo e partiu sem se despedir do exército inimigo. Nós o seguimos imediatamente. Naason, chefe da tribo de Judá, alcançou-o e perguntou, indignado:

— Por que fugistes do combate? Este é o caminho que devemos seguir para chegar a Canaã. Não creio que nosso Deus tenha se acovardado. Esta decisão é somente vossa!

Nosso líder sorriu e procurou contemporizar.

— O Senhor não deseja que sigamos agora para a Terra Prometida. A resistência do povo de Edom foi um aviso do Altíssimo. Seguiremos a oeste, pelo deserto de Farã, até a região de Cades. Lá, aguardaremos que a vontade do Senhor Se manifeste novamente.

Mas Naason insistiu ironizando:

— Então era verdade o que o povo estava comentando! Não conduzireis o povo à Terra Prometida! Desejais que morramos no deserto, somente para vos vingar porque não somos submissos à vossa vontade. Vosso maldito orgulho vai nos desgraçar, e digo-vos que jamais permitirei que isso aconteça.

E então ergueu as mãos para o céu e falou com uma voz estridente, enquanto corria a galope em direção ao local onde o povo nos aguardava:

— Judá não se submeterá aos vossos caprichos!

Diante da atitude do chefe rebelde, Moisés nos alertou:

— Teremos novamente problemas com a tribo de Judá! Peço-vos que me apoieis, porque Israel não pode se dividir. Esse seria certamente o nosso fim.

Assim que chegamos entre o nosso povo, que nos aguardava com ansiedade, encontramos Naason insuflando o seu clã a seguir com ele na direção dos inimigos. Ele ergueu o dedo apontando para Moisés e falou:

— Esse louco quer que morramos no deserto! Segui-me,

filhos de Judá e todo aquele que é sensato! Eu vos conduzirei a Canaã.

Com os dentes cerrados Moisés respondeu:

— Eu apenas cumpro a vontade de nosso Senhor! Ele ordenou que fôssemos para Cades, porque quer que vivamos. O confronto com os edomitas acarretará muitas mortes desnecessárias.

Naason, quase espumando pela boca, completamente transtornado, desafiou Moisés:

— Por que somente vós ouvis a voz do Senhor? Somos menores que vós, que não passais de um mestiço? Condenastes os egípcios, mas tendes o sangue deles. Não creio que o Deus de Israel falaria somente a alguém que não é puro e ainda se casa com uma estrangeira.

Josué sacou a espada e gritou:

— Basta, Naason! Não provoques a ira de Yahwéh!

O destemperado chefe da tribo de Judá cuspiu no chão e se dirigiu ao seu clã:

— Vamos todos! Segui-me, Judá! Venceremos os inimigos, e em poucos dias estaremos na rica terra de Canaã, desfrutando de boa comida e conforto!

Todos ficaram indecisos, sem saber o que fazer. Moisés então pediu silêncio.

— Israel não deve ser dividida. Yahwéh me nomeou para ser o Seu porta-voz, e, por diversas vezes, já vos dei provas de que o Senhor está comigo. Digo que devemos seguir a vontade de Deus e caminhar em direção ao deserto de Farã, até Cades. Se a tribo de Judá deseja seguir em direção à morte, que se encontra nos braços dos edomitas, pois bem, que siga! Mas lembrai-vos que nosso exército não se sacrificará por vós. Ouviremos apenas os vossos lamentos, enquanto marcharmos para Cades. Não viraremos os nossos rostos para protegê-los, pois estareis pecando contra o Senhor, por não ouvir a Sua divina determinação de não lutar.

Logo depois de proferir essas palavras, Moisés voltou-se na direção do deserto de Farã e falou novamente ao povo:

— Ó Israel, segui-me! Nossa força está em nossa unidade e no poder de nosso Deus!

Rapidamente, o gigantesco comboio começou a locomover-se em direção a oeste. Os edomitas mantinham-se petrificados, aguardando apreensivos a nossa decisão. Eles então perceberam, com alívio, que estávamos mudando nosso rumo. Somente a tribo de Judá manteve-se parada sem saber o que fazer.

Naason fez menção de dirigir-se contra o exército edomita, mas seu clã o desprezou e seguiu Moisés. O grande legislador vencera então mais essa rebelião.

O chefe da tribo de Judá abaixou a cabeça e correu em nossa direção, completamente humilhado. Logo, a nossa caravana seguiu pelo deserto e os edomitas começaram a se retirar lentamente, não sem antes deixar um pelotão vigiando a região até que sumíssemos no horizonte.

Algumas horas depois, Moisés retardou o passo do cavalo e aproximou-se de Naason, querendo falar-lhe ao ouvido.

— Esta é a última vez que aceito uma afronta tua. Na próxima, cortar-te-ei o pescoço ou expulsarei a ti e a tua família de nossa comunidade.

O rebelde manteve-se em absoluto silêncio, sem nada responder, até porque nada havia a ser dito. Apenas observou o galopar de Moisés, que retornava para a frente do comboio, como um gigante imbatível. Entretanto, seus dentes cerrados e sua face contraída expressavam um ricto de ódio. Mas não havia nada que ele pudesse fazer; a liderança de Moisés era incontestável! O grande profeta era daqueles raros homens que somente a morte o poderia vencer; ele jamais seria destituído da chefia de Israel. E Naason começava a perceber isso, de forma muito humilhante.

Sorridente, Josué aproximou-se novamente de Moisés.

— Mestre, vistes o semblante de alívio dos edomitas com a nossa partida? Creio que eles estavam com muito medo de nos enfrentar.

Moisés respirou fundo e refletiu um pouco, enquanto o seu corpo balançava com o trotar do cavalo. Depois, falou com muita confiança:

— Nós venceríamos, Josué! O Senhor está conosco; contudo Ele não deseja derramamento de sangue. Só lutaremos quando for inevitável.

Josué sorriu e, antevendo problemas, como era típico de sua mente astuta, disse:

— Se vamos para Cades não devemos nos preocupar com os egípcios? Eles utilizam essa rota com frequência quando estão em conflito com os hititas. Pelo menos foi o que sempre ouvi dizer quando estávamos na terra dos faraós...

— Sim! — concordou Moisés. — Mas creio que não teremos maiores dificuldades, porque desde a morte de Merneptah o Egito enfraqueceu muito o seu poderio militar. Ramsés também fez aliança com os hititas faz muito tempo, ao término da batalha de Kadesh. O faraó deve ter reduzido bastante as suas tropas na região. Além do mais, os egípcios não gostam de ficar muito tempo longe do Nilo. Quem morre fora do Vale do Nilo não segue para a Terra do Sol Poente, segundo as suas crenças. Se encontrarmos soldados egípcios, certamente não serão muitos. Teremos de arriscar! O importante é evitar atritos, porque se eles se sentirem ameaçados pedirão reforços. Agora somos um povo de Deus; temos de primar pela paz!

Josué ficou mais tranquilo e foi juntar-se ao seu exército, que ficava quase que totalmente no meio do comboio, junto à Arca da Aliança, para proteger o nosso maior patrimônio. Somente alguns pequenos grupos de soldados se posicionavam à frente e ao final daquele mar de peregrinos.

O percurso pelo deserto de Farã foi rápido e sem maiores embaraços, apesar de ser um terreno mais árido. Conseguimos nos reabastecer de água em alguns pontos e em outros tivemos de cavar poços, mas sem nenhum problema. Ouvimos poucas lamúrias nessa jornada. E assim, sete dias depois do encontro com os edomitas, chegamos à fértil região de Cades, onde rapidamente nos instalamos próximos a fontes de água cristalina.

— Habitaremos este local! — disse nosso líder. — Enxotai estes rebanhos daqui! Não quero que os donos destes animais nos acusem de roubo. A terra, no entanto, não é deles; é de Deus, e podemos habitá-la.

Não demorou mais que duas horas para que vários pastores, armados com lanças, se aproximassem de nosso acampamento. Um deles, que provavelmente era o líder, perguntou-nos em tom arrogante:

— Quem é o vosso líder?

— Sou eu! — respondeu Moisés com sua voz autoritária. — O que desejas?

— Invadistes nossas terras! Peço que vos retirai imediatamente!

Moisés sorriu e perguntou com firmeza:

— Quem és tu para nos dar ordens! Somos homens livres e só obedecemos à vontade de nosso Deus.

O homem, baixo e gordo, então se irritou.

— Eu sou Zur, rei dos madianitas.

Moisés percebeu que se tratava de um dos povoados de madianitas que havia se separado do grupo de Jetro, muitos anos antes, o que era muito comum acontecer na época e acabava por enfraquecer os povos. A ambição pelo poder fazia que clãs inteiros abandonassem os seus reinos para estabelecer um novo reinado, de acordo com os seus interesses. O preço a ser pago era a inevitável fragilidade. Muitos chegavam a ser aprisionados como escravos, transformando a ambiciosa aventura num terrível pesadelo. Ao contrário dos edomitas, aquele grupo não teria condições de oferecer a mínima resistência a Israel.

Nosso líder olhou-o de forma amável e disse-lhe:

— Estávamos morando junto aos madianitas do Sinai. Jetro nos hospedou. Agora vamos ficar algum tempo por aqui, até seguirmos para Canaã, a terra de nossos ancestrais.

Ao ouvir aquelas palavras, Zur falou com indignação:

— Não temos nada a ver com o povo de Jetro, e não sois bem-vindos aqui! Esta terra é pequena demais para os nossos povos, e não permitiremos a instalação de vosso acampamento neste local.

Os madianitas ergueram as suas lanças e obtiveram resposta idêntica de nossos guerreiros. Moisés ergueu a mão e falou:

— Não estamos pedindo a vossa hospitalidade. Estamos apenas comunicando que viveremos por um tempo nesta região. E não estamos aqui para brigar, e sim para atender a vontade de nosso Deus.

— Qual é o vosso deus? — perguntou Zur, com um olhar curioso.

— Só existe um Deus; por isso não O nomeamos.

Os israelitas não costumavam falar o nome de Deus para estranhos, por dois motivos: um deles era mostrar para os outros povos que não existiam outros deuses, senão o verdadeiro deus de Israel; a outra razão era para evitar que os povos inimigos fizessem feitiçarias utilizando o nome de Yahwéh.

O homem atarracado não entendeu aquela idéia de deus único, mas voltou a perguntar:

— E qual é a vontade de vosso deus?

Moisés poderia encerrar aquela conversa demonstrando logo o nosso poderio militar, muito superior ao daqueles pobres camponeses, mas decidiu ser cortês. Quem entendia as variações de humor do profeta de Deus?

— Ele deseja que fiquemos aqui a fim de que nos preparemos para seguir em direção à terra que Ele nos dará, que fica entre o rio Jordão e o Grande Verde. Isso será vantajoso para vós também, pois podereis comercializar os vossos produtos conosco.

Zur ficou indeciso.

— Quero ver a imagem de vosso deus!

Moisés ordenou, então, que a arca fosse trazida.

— Não temos imagens de nosso Deus, pois Ele está presente em todas as coisas e em todos os lugares. No entanto, Ele nos deu o controle sobre a manifestação de Seu poder para que estejamos sempre protegidos pela Sua força.

Ao vislumbrarem a arca refletindo o brilho de seu ouro sob a ação intensa dos raios solares, os madianitas de Cades pensaram estar sonhando. Em seguida, o dispositivo elétrico foi ligado, e eles ficaram assombrados. Imediatamente começaram, um a um, a se ajoelhar em frente à Arca Sagrada. Era evidente que um povo primitivo, acostumado a cultuar estátuas rústicas de pedra, viria a submeter-se ao nosso sofisticado Deus.

Então, com a cabeça voltada para o solo, alardearam:

— É o deus do trovão! El Shaddai!

Moisés sorriu.

— Eis aqui a manifestação da "presença divina" de nosso Senhor entre nós. Ele caminha conosco! O nosso Deus é amável com aqueles que respeitam o Seu povo, porém é cruel e vingativo para os que se comportam de forma traiçoeira e inimiga.

Zur, que havia sido um dos únicos madianitas a não se curvarem, baixou serenamente a cabeça e falou:

— Vosso povo é bem-vindo em nossa região. Esperamos ser todos bons amigos. Que a paz de vosso Deus esteja convosco!

— Que assim seja! — respondeu Moisés com um sorriso.

Os madianitas então regressaram ao seu povoado, enquanto iniciávamos a montagem de nossas tendas. Nosso líder chamou Josué e, pouco depois, os soldados percorriam o acampamento gritando ao povo:

— Montagem definitiva das tendas! Montagem definitiva das tendas!

Rebeca olhou para mim e perguntou:

— Natanael, ficaremos muito tempo por aqui?

— Não sei! — respondi. — Pela ordem dos soldados, creio que sim.

Aquela determinação, entretanto, significava que não ficaríamos ali apenas uma noite, e sim que deveríamos montar nossas tendas de pele de carneiro de forma definitiva, tal como fizemos no monte Sinai.

Rebeca sentou-se num de nossos baús e falou, com ar triste:

— Não vejo a hora de chegarmos logo à Terra Prometida! Precisamos construir uma casa sólida; morarmos em tendas com crianças pequenas é um grande desconforto. Que saudade de nossa casa lá do Egito!

Eu concordei com ela, mas nada disse; sabia que ainda faltava muito tempo para chegarmos à Terra Prometida. O trabalho de renovação espiritual e moral de Israel mal tinha começado. O que eu não imaginava é que não seriam apenas um ou dois anos que ficaríamos em Cades, mas sim dezesseis proveitosos anos.

13
A geração dos eleitos

Era manhã de sábado, porém Moisés convocou todos os chefes dos clãs, os sábios, o general do exército e os seus principais auxiliares. Aguardamos ansiosamente dentro da tenda da Congregação para saber o que poderia ser tão urgente, a ponto de desrespeitarmos o sagrado dia de culto ao Senhor.

A tenda da Arca da Aliança era a maior de todas e a mais luxuosa. Geralmente realizávamos as reuniões dos chefes ali, principalmente quando o tempo estava ruim ou desejássemos mais privacidade, que era o caso naquele dia. Não demorou muito e nosso líder entrou rapidamente, a fim de não chamar atenção para o desrespeito ao shabat.

A arca jamais ficava visível; estava sempre atrás de uma cortina de linho vermelho, no fundo da tenda. Somente os sacerdotes podiam ultrapassar aquele limite. Ela era vista pela assembléia apenas nas orações do fim do dia dedicado ao culto sagrado.

Moisés estava com o semblante muito carregado; seu cabelo era quase cor de algodão. Percebi então como ele tinha envelhecido naqueles últimos anos.

— Creio que nosso tempo de paz está para encerrar-se. — disse ele preocupado. — Obtive informações de que Zur está se aliando aos reis dos demais povoados madianitas para nos enfrentar.

— Quais reis? — perguntou Josué.

— Parece que todos: Evi, Requem, Hur e Reba — respondeu Moisés. — Precisamos ficar alertas e preparar imediatamente uma estratégia de defesa. Não quero ver mortes em nosso acampamento; foram anos de trabalho árduo para trazer paz a Israel. Nada deve atrapalhar a formação espiritual e moral de nossa comunidade.

Misael, um dos principais assessores de Josué, sacudiu a cabeça e disse:

— Mas Mosheh, não há porque vos preocupar! Mesmo que todos eles se unam, ainda não serão capazes de nos derrotar. Teremos mais trabalho, mas certamente venceremos.

Nosso líder andava nervosamente, de um lado para o outro, demonstrando extrema preocupação.

— Sei disso, Misael, mas sinto um aperto no coração, como se algo fosse fugir ao nosso controle. Os madianitas não nos perdoam porque desprezamos os seus deuses e evitamos contato com o seu povo. Eles não compreendem que não é uma questão de desprezo à sua etnia, mas sim de evitar que a nossa cultura seja corrompida. O contato com outros povos, no momento do desenvolvimento dessa nova geração, pode macular o trabalho que realizamos com tanto esforço nesses últimos quinze anos.

Moisés então parou na entrada da tenda e ficou olhando para o horizonte, tentando procurar respostas no infinito. Depois, ele voltou a nos falar:

— Quero que a Arca Sagrada seja vigiada dia e noite. Nem quero pensar na hipótese de algum povo inimigo se apoderar dela. Ela é o nosso maior trunfo, mas se a perdermos poderá se tornar uma arma mortal contra nós.

Todos concordamos e ficamos pensativos. Eliabe rompeu o silencio, dizendo:

— Não é de admirar que os madianitas estejam querendo esboçar uma reação. Faz quinze anos que invadimos as suas terras e não demonstramos nenhum sinal de que vamos partir. Além de que, como dissestes, não nos integramos à vida deles; estamos nesta terra como se fôssemos visitas que desprezam os seus anfitriões.

Moisés pensou por alguns instantes e depois falou com

mais serenidade:

— Tens razão meu amigo! Chegou o momento de partirmos daqui. Foi um período muito proveitoso para a formação de nosso povo e para o amadurecimento da nova geração, mas devemos seguir para as portas de Jericó. Depois da colheita deste ano, marcharemos rumo ao nosso destino.

Concordamos com nosso líder e depois retornamos às nossas tendas para prosseguir com as orações ao nosso Deus.

Aqueles quinze anos em Cades tinham passado muito rápido. Os momentos felizes são sempre assim, passam céleres; ao contrário das épocas de dor, que parecem intermináveis. Talvez exatamente por isso algumas religiões tenham criado a idéia de que o inferno é uma morada eterna para os pecadores, uma vez que o sofrimento nos dá uma noção de lentidão na escala de tempo.

Quando entrei em minha tenda e vi a bela Rute, no auge dos seus dezesseis anos, em estado de oração, me comovi. Minha frágil menina era um verdadeiro anjo de amor e sabedoria. Mais uma vez, o Criador havia me abençoado com o direito de conviver com aquela criatura maravilhosa, mesmo que eu não me achasse merecedor de tal dádiva.

Às vezes, eu me sentava e ficava admirando a sua contemplação divina, procurando compreender a grandeza daquela alma, algo muito além de meu limitado alcance. Aqueles que pudessem vislumbrar as glórias do mundo espiritual, seriam capazes de vê-la envolta em luzes policromáticas, de beleza inenarrável. Além do mais, espíritos iluminados a acompanhavam diariamente, abençoando o nosso lar e estabelecendo entre nós um período de muita paz e concórdia.

Rebeca havia amadurecido e já se comportava de maneira totalmente nova. Apesar de algumas vezes recear um contato mais íntimo com Rute, ela pouco a pouco foi se deixando doutrinar por nossa meiga e compreensiva filha, que dedicava à mãe um sentimento pleno de carinho e amor.

Eu me lembrava de nossos primeiros anos juntos, em que eu cavalgava com Rute na garupa. Ela trazia um doce sorriso no rosto, sempre encontrando a felicidade nas menores coisas, sempre demonstrando um imenso amor à vida e aos animais.

Rememorei também as eternas lições espirituais que eu e Rebeca recebíamos dela, como se nós fossemos os filhos e ela nossa sábia mãe...

A convivência com Rute me trazia um imenso bem-estar. Algo difícil de explicar. Pouco a pouco, ela foi trabalhando a minha personalidade para que eu acreditasse mais no poder do amor e menos na força guerreira, e me dizia, com imensa ternura:

— Meu paizinho, chegará o dia em que os homens se entenderão apenas pela linguagem do amor. O ódio e as guerras serão tristes lembranças do passado.

Eu sorria e falava:

— Ah, minha filhinha sonhadora, o ser humano é cruel, e se formos dar-lhe muita liberdade, o caos se instalará! Vê o trabalho que Mosheh tem para educar nosso povo! Se ele fosse somente dar demonstrações de amor, talvez já estivesse morto.

Rute sacudia a sua encantadora cabeça e replicava:

— Eu sei disso, pai. Mas chegará o dia em que a humanidade despertará de suas ilusões, e então aprenderemos que o primeiro mandamento de Deus é o mais importante e o que resume integralmente a vontade de Yahwéh na Terra.

Nosso povo nos observava admirado, pois talvez eu fosse o único pai que dava tal atenção a uma filha mulher. Nem mesmo o meu primogênito varão recebia tantos cuidados. O meu amor por aquela menina era tão grande que chegava a causar ciúmes na própria Rebeca.

Conforme me prometera, Henok passou a dar a Rute uma atenção especial. E ela era realmente muito especial! Em poucos anos, havia assimilado uma sabedoria e valores que muitos não conseguem obter durante uma vida inteira. Desde os doze anos, ela passou a trabalhar ao lado dos sábios para formar a nova moral do povo eleito. Seguindo as determinações de Moisés, Henok, Séfora e outros que ficaram anônimos na história de Israel, Rute trabalhou de forma incansável para promover o amadurecimento espiritual do povo.

Muitos não estavam ao alcance dessa nova revelação; contudo, Henok dizia à minha doce menina:

— Não te preocupes com quem irá nos ouvir. Procuremos

apenas imortalizar os nossos ideais. Se não for agora, chegará o dia em que nossas palavras serão ouvidas. Se a finalidade dos filhos de Deus é evoluir, um dia a nossa mensagem servirá de alguma forma aos nossos irmãos, promovendo o despertamento do mundo das ilusões. Trabalhemos, minha filha, por um novo mundo, mais humano e voltado para os imperecíveis valores da alma!

Era inegável o progresso obtido: a nova geração de Israel possuía uma outra mentalidade, bem diferente daquela que partiu do Egito, quase vinte anos antes. Poucos encontravam um ambiente propício para alimentar conspirações, apesar de muitos ainda se deixarem levar por crenças e superstições. Agora sim, vivíamos numa comunidade muito diferente da que se envolveu nas atrocidades do culto ao bezerro de ouro: nossa linguagem era diferente, não só no idioma, mas também no entendimento divino. Éramos o único povo a cultuar um só deus, e nossa escala de valores era muito mais evoluída do que a dos demais povos.

Parecia realmente que Yahwéh estava realizando uma sutil seleção, pois, pouco a pouco, os rebeldes que conspiravam contra o projeto de Moisés foram desencarnando, e, assim, transmutando o povo escolhido para que adentrássemos a Terra Prometida com pés puros. É claro que isso era fruto da aplicação das penas pelo descumprimento das leis de Deus, pois os crimes mais atrozes eram punidos com o extermínio do infrator ou o seu banimento para fora de nossa comunidade.

A justiça divina de Israel premiava o bem e punia o mal com rigor, evitando a corrupção de maneira ímpar naquela época. A lei do "olho por olho e dente por dente", extraída do Código de Hamurabi dos babilônios, era realmente muito severa, mas foi a única forma encontrada para evitar o alastramento da corrupção, pois éramos um povo nômade e não tínhamos como criar prisões e nos dedicar à recuperação de casos mais graves de desequilíbrio social. Portanto, apesar do projeto que desejávamos realizar, foi preciso transmitir ao povo simples uma imagem de que era necessário temer a Deus, e não apenas amá-lo. Na verdade, as pessoas não entendiam o real significado da palavra amor, e somente por meio da imposição do medo era possível controlar os instintos perigosos dos rebeldes.

Hoje em dia, no entanto, não podemos entender como a pena de morte ainda é aceita em diversos países do mundo. Com toda a estruturação social das nações, é responsabilidade do Estado reeducar os seus cidadãos, criando projetos sociais e instituições penais realmente educativas. A pena de morte é um grande equívoco e os governantes do mundo precisam repensar o processo de reintegração social de seus criminosos. O poder de decidir sobre a vida e a morte está somente nas mãos de Deus. E até Moisés teve de responder por isso no plano espiritual, apesar de sua atitude ter sido necessária para a realização do grande projeto que estava sob sua responsabilidade.

O pior é que, nos dias atuais, infelizmente, muitos dos povos que aplicam essa penalidade extrema se escondem atrás da própria Bíblia, que relata essa prática algumas vezes de forma muito bárbara, em razão das adulterações feitas em seus textos para atender aos interesses dos reis da antiga Judéia. Portanto, o homem moderno precisa entender que a mensagem de Moisés nos foi transmitida faz três mil e duzentos anos, e que há pouco mais de dois mil anos Jesus nos legou um novo roteiro, muito mais humano, conforme a vontade de Deus, que foi "amar ao próximo como a si mesmo".

O grande profeta de Yahwéh tinha em mente o modelo social perfeito, baseado em três alicerces fundamentais: a crença em Deus, como o Legislador Supremo, ao qual todas as determinações deviam ser cumpridas e respeitadas; um sistema executor das penas imparcial e eficiente, ou seja, nenhuma punição deixava de ser aplicada e ninguém estava imune à sua ação; e um sistema de reeducação dos criminosos para reinseri-los na sociedade. Este último era um projeto que Moisés pretendia pôr em prática quando deixássemos de ser nômades, assim que conquistássemos a Terra Prometida.

O que mais me preocupa atualmente é que nenhum desses três itens são aplicados pelas sociedades modernas. A crença em Deus tornou-se um sentimento hipócrita, e poucos procuram respeitar as Suas leis básicas; o Estado geralmente pune somente os pobres e àqueles que não possuem advogados astuciosos que manipulam a legislação ao seu bel-prazer; e, por fim, não existe nenhum programa eficaz de reeducação dos criminosos. Além disso, a formação básica do povo para verdadeiros valores morais e espirituais é quase nula.

Em resumo, vivemos hoje num modelo social falido que estimula a criminalidade, ao invés de inibi-la. As leis não são respeitadas, por serem de natureza humana; há um sentimento generalizado de impunidade; e o mundo é escravo de uma alienação materialista e imediatista que convoca os invigilantes a atender somente os seus próprios anseios, não importando os meios utilizados para atingir os seus objetivos.

Naqueles dias, muitas mudanças haviam ocorrido no sacerdócio, também. Os levitas encarregados de auxiliar no serviço da Arca Sagrada desencarnaram naturalmente, e, por medida de segurança, Moisés acabou nomeando os filhos de Aarão — Nadab, Abiú e Itamar — e o seu filho mais novo, Eliezer, para substituí-los nessa função. Gerson, o seu primogênito, interessava-se mais pelas questões administrativas de Israel; era ele quem negociava frequentemente com os beduínos do deserto para adquirir os bens que não eram produzidos por Israel.

Essa mudança no conselho encarregado de realizar os serviços na tenda da Congregação irritou os demais levitas, em especial a Coré, filho de Caat. Ele era um dos membros mais destacados da tribo de Levi e desejava que isso fosse reconhecido por nosso líder — mais uma das diversas disputas de poder, tão comum nos dias atuais quanto o era no passado.

Aarão era atacado sempre que os ânimos esquentavam, por causa de sua fraqueza no episódio do bezerro de ouro. Além disso, alguns membros da tribo de Judá e de Rubens alimentavam constantemente entre si o desejo de obter o controle sobre Israel, ao menor vacilo de Moisés, principalmente os rubenitas, que eram filhos de Eliab. Datan e Abiram não perdoavam Moisés por ele ter matado Namuel no desenrolar trágico do culto ao bezerro. Eles sabiam que o irmão tinha cometido uma verdadeira atrocidade, mas não aceitavam a pena capital executada pelo próprio Moisés.

Contudo, essas conspirações e revoltas eram limitadas a uma pequena parcela de nosso povo; a esmagadora maioria estava plenamente integrada aos objetivos de Moisés. Só havia um problema: poucos, entre toda a assembléia de Israel, tinham um alcance mais profundo para compreender conceitos maiores que exigiam reflexão e capacidade de abstração.

Resumindo, pode-se dizer que o povo era temente a Deus e seguia as Suas leis, mas não as compreendia em seu mais amplo sentido, tal como nos dias atuais em que a imensa maioria das pessoas não compreende o objetivo do plano divino — isso está restrito a poucos iniciados —, em razão da própria comodidade da humanidade e do seu terrível "pacto" com a alienação espiritual.

Em determinada tarde, nosso líder reuniu um grupo muito seleto de pessoas entre o povo: somente os mais sábios e conscientes dos reais objetivos do projeto monoteísta, e que possuíam uma elevada capacidade de abstração e desejavam propagar esses ensinamentos aos eleitos das futuras gerações. Entre eles, encontravam-se os sábios de Israel; alguns já muito idosos e outros tantos mais novos, que se destacaram nos últimos anos, como Melquiel, Séfora, Henok, Raquel, esposa de Aiezer, Sara, a profetisa, Rute, Eliezer, filho caçula de Moisés, Aarão e seus filhos, e mais alguns poucos escolhidos.

Antes de iniciar sua explanação, Moisés orou ao Senhor, com a sua voz venerável:

> Yahwéh, Deus-Pai, Criador da vida, inspirai-nos, neste instante, a compreender os Vossos desígnios! Iluminai as nossas mentes para que possamos compreender a Vossa luz!
>
> Nossa nação precisa ser educada para tornar-se um exemplo às gerações futuras de todos os povos, mas a verdade ainda é muito complexa para o entendimento deste povo simples.
>
> Auxiliai-nos a criar uma organização que, no decorrer dos séculos, mantenha intacta a Vossa palavra, sem as distorções tão comuns em razão do precário entendimento das almas primárias e à maldade dos homens!
>
> Precisamos preparar a vinda do Maior entre Vossos filhos, que trará ao mundo a luz definitiva que será o roteiro de evolução espiritual da humanidade pelos séculos vindouros.
>
> Portanto, pedimo-Vos: auxiliai-nos neste instante a con-

ceber uma "concha divina" que proteja a Vossa mensagem para que ela não seja deturpada! Só assim ela atenderá ao objetivo de iluminar o mais sábio de Vossos filhos, assim como iluminará o mundo também.

Que assim seja!

Depois da oração que levou a assembléia às lágrimas, tal a emotividade na voz de Moisés, ele se dirigu à restrita assembléia:

— Pelo tom dessa súplica divina, acredito que percebestes o motivo desta reunião — e olhou para todos, que demonstravam um interesse só encontrado entre espíritos iluminados, acrescentando:

— Nosso trabalho para transformar o povo de Israel na primeira nação monoteísta da humanidade está sob controle, e podemos perceber bons resultados; contudo, infelizmente, isso não é o suficiente. Noto que muitos possuem boa vontade, mas falta-lhes um nível de consciência espiritual que está acima de suas capacidades; percebo que as verdades espirituais que ensinamos não são compreendidas em sua totalidade. É possível observar isso na própria aplicação dos mandamentos divinos: as pessoas honram os seus pais mais pelo medo da ira divina do que por real reconhecimento ao esforço dos seus genitores para que se transformem em grandes homens, o que muito me preocupa! Não podemos garantir que as futuras gerações preservarão o trabalho que realizamos, sem distorcê-lo para atender aos seus interesses ou simplesmente por não compreenderem-no em toda a sua profundidade. Por esse motivo é que reuni-vos aqui! Além do trabalho que estamos realizando para educar o povo, teremos de criar uma sociedade sagrada, em que escolheremos os futuros membros, seguindo os mesmos critérios pelos quais vos escolhi. Somente deverão ser aceitos homens e mulheres que demonstrarem entendimento da mensagem divina em toda a sua essência. A cada nova geração, esses conhecimentos deverão ser repassados em sua pureza iniciática, para que a verdade não se corrompa, assim como ocorrerá com a mensagem que estamos transmitindo aos leigos.

Raquel ergueu a mão, pedindo oportunidade para falar.

— Tende razão, mestre! Percebo que várias pessoas ainda

não compreenderam a mensagem de nosso Deus e ainda se apegam aos amuletos da fé proscrita. Outro dia, vi uma família sacrificando um bezerro para agradecer a não sei qual deus. Pelos rituais, acredito que era ao deus Baal.

Moisés concordou com um gesto, e em seguida Bezaleel, o sábio construtor da Arca Sagrada, perguntou:

— E como se chamará esse compêndio de luz que deveremos proteger com as nossas próprias vidas para que seus ensinamentos jamais sejam violados? Pelo que percebo, essa é uma tarefa a que deveremos nos empenhar com todas as nossas forças. Não podemos perder o exaustivo trabalho realizado até aqui.

— Sábias palavras, meu eterno amigo! — congratulou-o Moisés. — Esses textos sagrados que compilaremos juntos deverão ser protegidos, para que a verdade não se perca em meio à ambição e à ignorância humana. Eles serão chamados de Preceitos Eternos de Yahwéh. Nesse compêndio sagrado, preservaremos os mandamentos divinos, somando a eles uma série de estudos que não são compreensíveis aos leigos.

O grande legislador então suspirou e prosseguiu emocionado:

— Eu ouvi a voz de Yahwéh, e Ele me disse que no futuro enviará ao mundo o Seu filho sagrado para iluminar a humanidade, de forma única e absoluta. Esse espírito de escol necessitará de um berço de luz para iniciar a sua trajetória messiânica. Mestre Henok já havia me falado sobre a vinda do Messias quando eu era ainda jovem, mas somente agora compreendi a grandeza do plano divino, do qual somos os protagonistas. Portanto, teremos duas metas a partir de agora: trabalhar pela concretização da crença no Deus Único, entre nosso povo, e criar uma confraria de almas eleitas com o objetivo de preparar um trabalho especial, de pureza iniciática, para manter a integridade da mensagem de Yahwéh e servir de sustentáculo ao Grande Espírito que trará ao mundo a mais importante de toda as mensagens divinas.

Os sábios se entreolharam e concordaram com a inspiração divina de Moisés. Com isso, o trabalho de formação espiritual de Israel prosseguiu. Ao mesmo tempo, começou a ser elaborada uma irmandade que percorreria os séculos, e, próximo do nascimento de Jesus, seria conhecida como a Sociedade dos Essênios.

Como era de se esperar, alguma coisa se perdeu no transcorrer desse longo período, mas bem menos do que ocorreu com os textos bíblicos, que sofreram absurdas alterações para atender a interesses escusos, corrompendo a missão da classe sacerdotal de Israel no período de Jesus.

Quando o maior médium do Cristo encarnou no mundo físico, pôde conviver com esse grupo de religiosos voltados para os verdadeiros preceitos divinos. Os essênios eram pessoas simples e de bom coração que defendiam a vida e a liberdade; valorizavam o espírito de fraternidade, a hospitalidade, a caridade e a pureza espiritual; eram desprendidos dos bens materiais e realizavam uma alimentação frugal, quase vegetariana; esperavam a vinda do Messias mais do que todo o povo de Israel, pois os seus textos sagrados anunciavam isso. Eles estudaram os céus para identificar a conjunção astrológica necessária ao advento da Luz do Mundo, assim como fizeram os três reis magos.

Dentre esse grupo de almas devotadas que se prepararam para a sagrada tarefa de receber o Messias, Jesus teve uma assistência espiritual que foi fundamental à sua preparação para a Grande Missão, a despeito da falência espiritual da sociedade da época. O Mestre dos Mestres viveu entre os essênios dos doze anos até alguns meses antes de encontrar-se com os discípulos, em Cafarnaum, para iniciar o fantástico período de Sua vida pública. A missão de Jesus estava tão intimamente ligada a dos essênios que, algumas décadas após a morte do grande Rabi da Galiléia, os "sacerdotes curadores" desapareceram misteriosamente.

Conspirações 14

Nosso último ano em Cades nos reservou intensas emoções. Os cinco reis madianitas se uniram e resolveram preparar uma pesada investida militar contra Israel, embora temessem a ação de nosso Deus, por causa do poder da Arca da Aliança. Eles não compreendiam o fenômeno elétrico; portanto acreditavam que Yahwéh estava escondido dentro daquele baú e os dizimaria ao primeiro ataque. Mesmo temerosos, armaram um plano para se apropriarem da arca e destruí-la, ou, quem sabe, utilizá-la em benefício próprio.

Requem, um dos reis, dizia:

— Os israelitas não fazem sacrifícios para o seu deus, nem de animais nem de humanos. Se nos apropriarmos daquele baú, poderemos realizar holocaustos ao seu deus. Talvez ele fique favorável à nossa invasão e até nos auxilie a vencer os exércitos desse povo maldito.

Em volta de uma mesa, os demais reis traçavam um ambicioso plano de conquista, enquanto bebiam e comiam um carneiro assado inteiro.

Não demorou muito para que alguns informantes descobrissem que havia um pequeno grupo dentro de Israel que poderia ajudá-los a roubar a arca. Datan, Abiram e Coré foram, então, convidados diversas vezes para discutir uma forma de se realizar aquele intento.

Com o passar dos dias, Abiram teve a idéia de se aproximar dos filhos mais velhos de Aarão, chamados Nadab e Abiú, que não pareciam muito interessados em seus ofícios na tenda da Congregação. Logo, uma estreita amizade, repleta de muitas promessas, se firmou, e Abiram, utilizando-se de toda a sua experiência de vida e sagacidade, seduziu os jovens rapazes a concordar com o absurdo roubo da Arca Sagrada. O problema é que ela estava muito bem guardada e exigia um delicado manuseio, por causa do seu misterioso poder elétrico, cujo choque poderia ser fatal; por isso, os sacerdotes encarregados de conduzi-la usavam roupas isolantes.

Abiú, que era mais esperto, já havia percebido que Bezaleel e Aoliabe retiravam eventualmente as baterias para fazer a manutenção do poder ígneo de Yahwéh. Eles não entendiam aquele funcionamento, mas já tinham notado que a arca de Deus perdia os seus poderes sem os vasos de cerâmica com os cilindros de cobre vedados com piche. O único problema seria livrarem-se dos guardas durante a madrugada, o que era relativamente simples para os encarregados de realizar os ofícios sagrados.

Com o passar das semanas, eles perceberam que aquela manutenção na arca era realizada em dias específicos, preferencialmente no dia seguinte ao Shabat, quando o poder elétrico da arca era mais exigido.

Nadab, Abiú, Datan, Abiram e Coré combinaram então de roubar a arca na madrugada do dia em que as baterias seriam retiradas.

O filho mais velho de Aarão, muito excitado, perguntou a Abiram:

— É certo que receberei um reinado entre os madianitas, com muitas esposas? Estou farto desta vida de abnegação. Eu quero ser rico e ter muito luxo.

Abiram apenas sorriu e confirmou a sua promessa. Obviamente, era tudo mentira! Depois, ele se encarregaria de solucionar o problema dos filhos de Aarão; isso se o próprio Moisés não o fizesse, depois de descobrir o roubo da arca.

O levita Coré esperaria apenas a descoberta do roubo para acusar os filhos de Aarão de indignos do serviço ao Senhor. E imediatamente após a confirmação do crime, ele e todo o seu clã da tribo de Levi reclamariam para si o sacerdócio de Israel, acusando Moisés de privilegiar a sua família colocando em risco o patrimônio sagrado de Yahwéh.

Contudo, naquela semana, Moisés teve um sentimento que ele próprio não sabia explicar: o cansaço pelo extenuante trabalho para preparar o povo escolhido havia debilitado a sua capacidade de ouvir as vozes do Mundo Maior e perceber o risco que se avizinhava. Então, ele procurou Sara, a única ainda autorizada a conversar com os espíritos, e pediu a ela que consultasse os imortais a fim de identificar qual a origem daquele mau pressentimento.

Sara ajoelhou-se com humildade aos pés da arca e, após proferir uma sincera oração a Deus, cedeu o seu corpo para a manifestação de Gabriel, um dos espíritos encarregados do grande projeto monoteísta na Terra:

— Mosheh, servo de Yahwéh, uma perigosa conspiração arma-se contra Israel! As forças das trevas procuram sabotar a revelação divina do Deus Único. Orai e vigiai para que o esforço do bem não se perca em mãos ambiciosas e imaturas! Preparai o vosso exército para que o povo escolhido não seja surpreendido, e vigiai a Arca Sagrada porque ela é o objeto da cobiça dos ímpios!

A entidade angelical desligou-se de Sara, e ela voltou a respirar normalmente, retornando à sua consciência plena. Mas quando olhou para o profeta de Israel, que estava com os olhos úmidos de lágrimas, ficou um pouco preocupada.

Moisés a tranquilizou, sensibilizado:

— Obrigado, minha filha! A revelação da qual foste instrumento é de valiosa importância para o nosso povo.

A médium retribuiu o carinho e disse apenas:

— Meu pai, protegei-nos das forças do mal!

O profeta beijou-a na fronte, e enfatizou:

— Enquanto eu viver, não haverá força na Terra que se oporá à palavra de Yahwéh! O mal só vence o bem quando somos fracos em nossa fé!

Depois do alerta do Mundo Maior, Moisés entregou-se a uma profunda meditação. Ninguém ousou interrompê-lo por horas, até que no início da noite ele chamou Bezaleel e disse:

— Neste sábado, após o culto a Yahwéh, retira as baterias

para a tradicional manutenção e as substitui imediatamente pelas reservas que guardamos para emergência. Não quero que a arca fique um minuto sequer sem o seu poder ígneo.

Bezaleel olhou para Moisés com curiosidade e perguntou:

— Algum problema, mestre?

— Acho que sofreremos uma tentativa de roubo — respondeu Moisés. — Não sei de que forma, mas algum insensato tentará roubar o nosso maior patrimônio. Mas mantém isso em sigilo! Deixemos o problema nas mãos de Deus!

E assim ficou combinado. Porém os problemas não pararam por aí. No dia seguinte, Rebeca e Rute amanheceram com cólicas estomacais e grande indisposição, o que já havia ocorrido no mês anterior, mas de forma mais branda. Como eu e meus outros oito filhos com Rebeca não apresentamos nenhum sintoma, não desconfiei da comida. O mais curioso era que os sintomas ocorriam de tempos em tempos, dificultando um diagnóstico. Então, pedi auxílio a Henok, que era um grande especialista em assuntos de saúde, e ele me respondeu apenas:

— Temos de verificar a origem do problema, pois isso está muito estranho. Avaliei os jarros de água e a tua comida e não há nada de anormal; todos os teus filhos se alimentaram da mesma fonte.

Pensei em pedir ajuda a Moisés, mas ele estava muito preocupado naqueles dias. Os reis de Madian tinham solicitado uma reunião para pedir que pagássemos impostos pelos anos de uso da terra e entregássemos várias das filhas de Israel para se casarem com seus homens. Porém sabíamos que eles desejavam as nossas meninas apenas como escravas, para atender aos seus torpes desejos sexuais. Então obviamente, os pedidos foram negados e a relação entre Israel e os madianitas de Cades ficaram ainda mais tensas: sinais negros do mal flutuavam na linha do horizonte, assemelhando-se a uma tempestade que se aproximava, o ar ficou carregado de fluidos pesados, tal como ocorrera durante o nefasto culto ao bezerro de ouro.

Aiezer e os demais líderes preparavam-se para o combate. Mesmo contrariando as determinações de Moisés, vários dos chefes de clãs se colocaram à disposição de Josué para engrossar as fileiras de nosso exército.

Na manhã de sábado, enquanto todos oravam em suas tendas, Moisés me encontrou correndo pelo acampamento atrás de Henok, com um olhar perdido e com lágrimas escorrendo pela face. Ele me chamou e eu fui ao seu encontro, desabando de joelhos aos seus pés. Depois de um fugaz momento de hesitação, eu lhe disse:

— Mestre, perdoai-me por desrespeitar o Shabat sagrado, mas Rebeca e Rute estão tendo crises terríveis. Acredito que elas estejam sofrendo algum tipo de envenenamento, mas não consigo identificar a causa.

Moisés me abraçou e me disse, com ternura:

— Não chores, meu filho! Vamos até a tua tenda! Quem sabe nosso Senhor não nos inspira a uma solução?!

Lá chegando, nosso líder ficou impressionado com o estado deplorável em que elas se encontravam. Percebi de imediato a preocupação dele com Rute; minha querida filha era muito importante para o seu projeto. Além disso, eu também já tinha notado um interesse muito especial de seu filho, Eliezer, por ela; entretanto, jamais ousei mencionar isso a Moisés. Os dois jovens se entendiam muito bem e nutriam um sentimento muito grande de amizade que, inevitavelmente, migraria para o campo do amor.

Ele ajoelhou-se diante das duas e acompanhou a respiração opressa das doentes. Em seguida, cheirou o hálito delas e meditou. No mesmo instante, Henok entrou na tenda e perguntou:

— Ocorreu novamente, Natanael?

Eu confirmei com um gesto silencioso, enquanto os dois sábios avaliavam, apreensivos, o estado das enfermas. Alguns instantes depois, Moisés afirmou:

— Sem dúvida alguma, trata-se de envenenamento!

Eu sacudi a cabeça e disse-lhe:

— Mosheh, já provei todos os nossos alimentos e bebi todos os jarros de água para testá-los em mim mesmo; contudo estou bem como sempre.

Henok se virou e falou rapidamente, como se tivesse recebido uma inspiração divina:

— Natanael, não deve ser um alimento comum. Alguém lhes ofereceu algum tipo de chá ou erva? Rute e Rebeca são as únicas mulheres da tua tenda; tuas outras esposas não vivem aqui. Logo, deve ser algo de uso exclusivo das mulheres. Talvez algum chá para cólicas, aqueles que elas devem tomar quando lhes desse o sangue do ventre.

Corri para a nossa dispensa e lá encontrei uma erva estranha. Então mostrei o misterioso remédio a Henok, que disse, sem titubear:

— Exatamente! Essa é uma erva venenosa que mata lentamente. Ela não existe nesta região. Alguém deve ter vendido para tua esposa, como se fosse para tratamento de cólicas menstruais. O importante agora é que elas tomem muita água para eliminar o veneno. Ele só é mortal quando ingerido em grandes quantidades. Graças ao bom Deus, elas tomaram o chá maligno em pequenas doses!

Naquele dia, fiquei o tempo todo ao lado das duas seguindo as instruções que me foram dadas. Durante a noite, eu e os meus outros filhos revezamos o cuidado com as enfermas. Em alguns momentos, dormi como uma pedra, não sem ter a noite povoda por horríveis pesadelos.

Dia seguinte, Moisés acordou intrigado. Bezaleel aproximou-se e falou:

— Nada ocorreu esta noite. Os guardas disseram que ninguém se aproximou das imediações da Arca Sagrada, com exceção dos filhos de Aarão para acender os incensos.

—Vamos ter paciência! — ponderou Moisés. — A semana que vem vamos relaxar um pouco mais o serviço de guarda da arca. Quem sabe isso estimule os meliantes! Se temos traidores em Israel, preciso saber quem são. Não podemos viver com inimigos dentro de nosso próprio povo. Isso seria uma temeridade!

Rebeca e Rute se recuperaram rapidamente, para a nossa alegria. Logo que elas se sentiram mais dispostas, perguntei-lhes quem lhes havia vendido aquele chá.

Rebeca me indicou uma curandeira da tribo de Neftali. Imediatamente, eu e meus filhos Ariel e Jesiel fomos à sua tenda, já tarde da noite. No começo, ela tentou negar que tivesse vendido a erva venenosa para Rebeca, mas depois da terceira bofetada foi mudando de opinião. Ariel me pediu que fosse menos agressivo, pois não tínhamos certeza de que ela era uma criminosa. Entretanto, o medo fez que ela assumisse a responsabilidade, dizendo com voz trêmula:

— Acho que fui eu sim! Devo ter me enganado. Essa erva é indicada para matar ratos. Os madianitas a usam muito porque o seu povoado é muito sujo e atrai esses animais.

Mesmo com a sua confissão, parti para cima da mulher acusando-a de mentirosa e jurando que ela morreria se não falasse a verdade. Quanto mais ela negava, mais eu a esbofeteava, arrancando sangue de seus lábios e gritando-lhe impropérios. Algo me dizia que ela estava tentando acobertar alguém.

Angustiado com a minha agressividade, Ariel pulou em minhas costas e gritou, tentando me conter:

— Pára, meu pai! Vais matar essa mulher! Foi apenas um engano.

Mas eu estava fora de mim. Então, rapidamente me desvencilhei de Ariel e parti novamente para cima da curandeira, de punho fechado. Ela se encolheu toda e falou:

— Não me batas mais, meu senhor! Eu confesso: sou culpada!

Todos ficamos em silêncio. Era possível ouvir apenas os "cri-cris" dos grilos naquela noite monótona. Em seguida, perguntei-lhe, com uma voz cavernosa e pausada:

— A mando de quem vendeste isso para a minha esposa?

A mulher, chorando desesperadamente, respondeu:

— Não posso dizer, senão eu e meus filhos seremos mortos.

Mais impaciente ainda, gritei como um louco:

— Fala mulher, senão serás morta agora mesmo! Se me disseres, tem uma chance de escapar com vida.

Depois de alguns segundos, que me pareceram uma eternidade, ela respondeu:

— Foi a tua outra esposa, aquela que se chama Débora!

O choque foi tal que todos ficamos mudos, sem saber o que dizer. Em minha mente, milhares de pensamentos passaram céleres, enquanto eu ouvia ao longe o choro assustado da vendedora de ervas.

Quase um minuto depois, me virei para Jesiel, que era o meu primogênito com aquela assassina. Ele estava com as mãos no rosto, chorando de forma descontrolada. Eu o abracei e disse-lhe, com carinho:

— Calma, meu filho! Aquieta o teu coração!

Com a garganta asfixiada pelas lágrimas, ele falou, com as mãos trêmulas:

— Por favor, pai, não mates a minha mãe!

Ariel mantinha-se em respeitoso silêncio, com a cabeça abaixada, mesmo sendo sua mãe e sua irmã as vítimas. Em seguida, ele se retirou e nos deixou a sós. Eu saí com Jesiel para fora da tenda da curandeira, olhei para os Céus e perguntei a Deus em pensamento:

"Ó meu Deus, o que fazer? Antes eu tivesse tido uma única esposa. Depois que me uni a várias mulheres, minha vida nunca mais foi a mesma."

Passado o choque inicial, entreguei a curandeira aos juízes de Israel, que eram os responsáveis pelo destino dos que contrariavam as leis mosaicas. Sem perder tempo, fui direto para a tenda de Débora, com Jesiel quase carregado em meus braços, tal o seu abalo moral.

Débora estava penteando os cabelos com um olhar pensativo. Ao nos ver chegando naquele estado, ela perguntou:

— O que houve? Por que Jesiel está desse jeito?

O menino jogou-se no leito, enquanto eu falava a Débora:

— Ele está assim porque descobriu que a sua mãe é uma desprezível assassina. Descumpriste os mandamentos divinos, e vou entregar-te aos juízes para que o teu destino seja decidido segundo as nossas leis.

Débora suou frio, gaguejou por alguns instantes tentando negar, mas depois de muito discutirmos assumiu a autoria do crime, gritando:

— Eu gerei o teu primeiro filho homem e dás mais atenção aos teus descendentes com Rebeca do que a ele. E ainda por cima irás entregar a chefia de Issacar ao filho dela, mesmo Jesiel sendo mais velho e mais preparado para a liderança.

Eu olhei para ela e falei, transtornado:

— Que sabes tu, mulher, de meus planos? Jamais coloquei os laços de sangue acima dos interesses da tribo de Issacar. Se eu constatar que o último dos meus filhos é o mais preparado, o indicarei para me substituir no momento adequado; assim como fará Moisés, que já demonstrou que será Josué o seu sucessor, e não o seu primogênito Gerson. Nosso líder sabe que a liderança de Josué é inabalável. Portanto, pecaste pela tua ansiedade e egoísmo. Ao nosso filho Jesiel, reservo as mais sagradas glórias que um pai pode desejar. Ou achas que sou cego para os valores de nosso menino? Tenho acompanhado os passos dele desde criança; sei que será um valoroso guerreiro de nosso exército e trará muitas alegrias para o nosso povo. Lamento por ti, Débora! Não tiveste grandeza para cumprir a tua sagrada missão no mundo dos homens. Possuis filhos maravilhosos. Talvez sejas, entre as minha esposas, aquela que gerou mais descendentes brilhantes para o clã de Issacar, e no entanto te apegas a sentimentos mesquinhos, típicos de almas distanciadas do amor de Deus. Só o que posso fazer por ti é entregar-te aos juízes.

Após aquelas duras palavras, virei as costas e saí rapidamente da tenda. Jesiel correu atrás de mim e me segurou, dizendo, com os olhos cheios de lágrimas:

— Por favor, meu pai, ninguém morreu. Não delates a minha mãe! Pelo amor de nosso Senhor!

Eu abracei o menino, que possuía um coração de ouro, e falei:

— Meu filho! Meu amado filho! Não é a primeira vez que a tua mãe conspira contra mim. E a Lei de Yahwéh é uma só. Não podemos ter dois pesos e duas medidas. Isso causaria uma desarmonia no espírito de justiça que deve reger nosso povo. Que os juízes a julguem! Todos conhecemos a Lei de Yahwéh. Tua mãe não deveria ter se arriscado dessa forma.

Então, beijei a fronte de Jesiel e me afastei na escuridão, deixando-o entregue às suas próprias lágrimas.

No dia seguinte, os juízes de Israel extraíram mais uma confissão de Débora: ela havia obtido o veneno com Abigail. Fazia anos que Moisés desconfiava das atividades da bruxa, mas não conseguia provas para encerrar as suas práticas nefastas. Ela tinha se especializado em destruir casamentos e colocar o seu "mau-olhado" sobre o destino alheio, perturbando a harmonia entre o nosso povo e atraindo a ação de espíritos das trevas.

Débora, Abigail e a curandeira foram julgadas sob a dura lei do "olho por olho, dente por dente". Como tinham cometido uma tentativa de assassinato, foram condenadas à morte por decapitação. E a sentença de Débora deveria ser executada por mim.

Jesiel aproximou-se e disse, com uma dor imensa no peito, enquanto eu carregava a espada, como um fardo insuportável:

— Se matares minha mãe, esquece-me como filho! Jamais olharei novamente em teus olhos!

Então, voltei-me para ele e falei, desanimado:

— Filho, isso doerá em mim tanto quanto em ti. Tua mãe é a mulher a quem mais amo, depois de Rebeca.

Jesiel afastou-se e eu caminhei em direção a Débora, com passos lentos. Ela nem sequer levantou a cabeça para me desafiar com seu olhar orgulhoso. Rapidamente desferi o golpe. Era melhor terminar logo com aquela selvageria insana.

Logo depois, Moisés executou pessoalmente a bruxa Abigail e disse para o povo:

— Não se deve deixar viver uma feiticeira!

Moisés estava certo! Antes ela morrer por seus crimes do que permitirmos a desgraça e a morte de pessoas inocentes. Muitas desgraças tinham ocorrido entre nosso povo por causa das intrigas e das práticas demoníacas de Abigail. O mal finalmente fora extirpado de Israel. Como eu já disse, era uma lei dura, porém necessária ao seu tempo.

Naquela noite, caminhei lentamente até minha tenda. Rebeca e Rute estavam entregues a um pesado sono, e se recuperavam satisfatoriamente da ação sorrateira do envenenamento. Pelo menos, uma boa notícia naquele dia de emoções dolorosas...

Enquanto elas dormiam, coloquei as mãos no rosto e chorei, de forma descontrolada. Entregue à minha dor, perguntei a mim mesmo, com a voz entrecortada pelas lágrimas:

— Quando, meu Deus, terei paz?

Tentei dormir, mas foi inútil. A imagem de meu filho Jesiel, pedindo perdão pelo ato da mãe, não saía de minha cabeça. Levantei-me e fui à sua tenda. Lá, o encontrei deitado, lamentando a morte de Débora. Então me aproximei e lhe disse:

— Desculpa, meu filho! Eu não queria que as coisas terminassem assim, mas temos de cumprir as leis de Deus.

Ele se virou para mim e gritou:

— Que Deus é esse que fala de amor, mas mata sem misericórdia?

Jesiel se levantou e tentou me agredir. Rapidamente eu o abracei para conter os seus golpes, mas ele continuou a socar as minhas costas com toda a sua força, que aliás não era pouca.

Tentando conter a dor das fortes pancadas, eu lhe falei, com determinação:

— Isso, meu filho, coloca para fora a tua dor! Bate-me com toda a força que puderes! Não represes dentro de ti esse sofrimento, pois ele só irá te fazer mal. Expulsa esse demônio de dentro de ti!

Depois de alguns instantes, Jesiel se cansou, parou de me bater, e escorregou pelos meus braços, chorando de uma forma que estilhaçou o meu coração. Eu então me sentei ao seu lado e depois de pensar um pouco lhe falei com serenidade:

— Jesiel, meu filho, um dia eu também me perguntei isso: Como podemos pregar a mensagem do amor de Deus, conforme o primeiro mandamento, se o descumprimento dessas leis são punidas com tal severidade? No dia em que me fiz essa pergunta, senti um grande cansaço e me entreguei a um sono profundo. Poucos minutos depois, sonhei que estávamos todos nos Céus, em cima dessas nuvens que às vezes obscurecem o Sol, e o próprio Yahwéh nos falava sobre os compromissos que estávamos assumindo quando aceitamos, por nossa própria vontade, reencarnar entre o povo escolhido para a grande missão.

Olhei para o meu filho e percebi que ele estava mais calmo e atento às minhas palavras. Seus límpidos olhos castanhos, tal como os de sua mãe, brilhavam por causa das lágrimas; então voltei a falar:

— Nosso Deus nos disse naquele momento: "Sois almas abençoadas por participardes da grande missão de implantar a crença no Deus Único na Terra. No entanto, essa missão exigirá de todos muito desprendimento e espírito de conciliação. Israel deve tornar-se um exemplo de bons valores para as gerações futuras. A vida humana é apenas um suspiro na eternidade. Logo, não vos corrompeis, porque isso macularia o sagrado trabalho ao qual vos envio. Lembrai-vos que entre Israel não será tolerada a corrupção para que se crie um modelo inquebrantável de fé e dignidade para o futuro. Não poderei ser indulgente com qualquer fuga a esse sagrado compromisso que aqui selamos, porque onde houver um fruto estragado estará prejudicada toda a colheita, se ele não for logo removido. Todo aquele que fraquejar em sua fé e respeito às leis de Deus terá de ser retirado da vida humana para não macular a obra divina. Ouvi, ó Israel, a voz de meu profeta, para que se multipliquem os vossos anos de glória na Terra!".

Depois que eu terminei aquela exposição, Jesiel ficou em silêncio, me observando. Como ele nada dizia, eu lhe perguntei:

— Compreendeste esse sonho, meu filho?

Ele fez um sinal afirmativo e falou pausadamente:

— Sim, meu pai. Nós temos uma missão neste mundo, e ela é muito importante. A vida humana é algo pequeno perante essa grande obra. Se não estivermos sintonizados com a vontade de Deus, é preciso que sejamos retirados do mundo dos homens para que não prejudiquemos o trabalho de renovação espiritual da humanidade.

Concordei com ele e completei:

— Já te disse uma vez que Henok me ensinou que nós vivemos diversas vidas. Portanto, tranquiliza o teu coração, pois será dada à tua mãe uma nova oportunidade. Talvez muito em breve, quem sabe, ela volte à vida humana como tua própria filha, quando te casares e tiveres uma prole numerosa que educarás com dignidade. Assim, ela terá a chance de recomeçar, crescer e evoluir.

Jesiel concordou com minhas palavras e falou, com muita tristeza:

— Entendo as tuas palavras, meu pai, mas não consigo controlar a dor que dilacera o meu peito.

Eu o abracei com imenso carinho e disse:

— Ei, ei, ei, pode chorar, filho! É justo que chores pela morte de tua mãe, pois se assim não o fizesses, serias um filho insensível. Eu vou te contar algo: meu coração está quase explodindo dentro do peito de tanta dor; no entanto não posso chorar, pois preciso te dar forças. A vida é assim mesmo. Às vezes, temos de nos esquecer de nós mesmos para manter o equilíbrio, a harmonia, e ajudar os nossos semelhantes. Sei que a partir de hoje terei de viver com a dor de ter sido o executor de Débora. Entretanto, sei que Deus me dará a oportunidade de renascer com ela e ajudá-la a recuperar todos os traumas que aqui passamos. No momento, o importante é pensar no projeto divino e não em nossas próprias questões pessoais. Se eu fugir da Lei de Deus e tiveres de me executar, meu filho, faze-o com paz no coração, porque entenderei a importância desse gesto para a afirmação dos valores de Deus.

Jesiel olhou para mim e falou, com uma cumplicidade que me emocionou:

— Pode chorar também, meu pai! Eu sei que a tua força está comigo.

Então nos abraçamos e choramos juntos por horas, até que o cansaço nos venceu e dormimos abraçados: pai e filho, unidos pelo mesmo ideal, vencendo toda a dor de uma situação insólita.

Graças a Deus, nos dias de hoje, nossa humanidade já atingiu um outro patamar evolutivo que não necessita de tais demonstrações de justiça; porém o leitor deve compreender o panorama evolutivo da civilização de há três mil anos, quando ainda se sacrificavam crianças inocentes a deuses de pedra.

Dia seguinte, recebi a visita amiga de Aiezer. Depois de um forte abraço, desabafei:

— Não sei se sinto alegria pela recuperação de Rebeca e Rute ou tristeza pela morte de Débora.

Ele fez um gesto só seu, com a cabeça, e me consolou:

— São coisas da vida, meu amigo! Temos de sacudir a poeira de nossas sandálias e dar prosseguimento aos nossos ideais e nossa tarefa no mundo!

Eu fiz um sinal afirmativo, e depois de meditar respondi:

— O que me consola é ter Rute junto a mim. Eu amo demais essa menina. Sei que ela se entristecerá quando souber que tive de executar Débora, mas compreenderá que devemos seguir a Lei.

Aiezer então coçou a barba.

— Falando em Rute, eu gostaria de saber se o grande amigo me cederá sua filha em casamento, para algum de meus filhos. Eu e Raquel temos uma simpatia muito grande por ela.

Eu sorri e respondi:

— Minha Rute decide o seu destino, Aiezer! Jamais intervirei em suas decisões, pois reconheço nela uma sabedoria muito além da minha. Na verdade, às vezes até sinto vontade de perguntar a ela como decidir certas questões, ao invés de dar-lhe ordens.

Aiezer riu de minhas colocações e disse em tom irônico:

— O que ouço, Natanael? Vais me dizer que deixarias as tuas decisões nas mãos de uma mulher?

Eu olhei para ele com severidade e respondi:

— Meu amigo, não creio que nosso Senhor diferencie os sexos. Somos todos filhos de Deus, feitos à Sua imagem e semelhança. Já vi homens verdadeiramente estúpidos, como Namuel, e mulheres geniais como tua própria esposa, Raquel, a quem deverias das mais ouvidos. Percebo que ainda não compreendeste que foste abençoado com uma jóia rara. Ouve mais o que ela tem a te dizer, meu amigo! Não te escravizes aos preconceitos machistas, porque estarás perdendo uma inigualável oportunidade de crescimento. Lembra-te do que os sábios sempre nos dizem a respeito da Lei de Causa e Efeito! Se desprezares a boa esposa que recebeste de Deus nesta vida, talvez voltes numa outra tendo de casar-te com Nezmet, que quase desgraçou a tua vida no Egito.

Aiezer fechou o semblante.

— Não precisas me amaldiçoar, Natanael! Entendi o que queres dizer. Já chega as minhas outras esposas! Tu só te lembras de Raquel, mas esquece-te de que também possuo diversas outras mulheres problemáticas, assim como o nobre amigo.

Rebeca e Rute logo se recuperaram integralmente, para minha alegria. Dividi-me entre dar-lhes atenção e apoiar os meus filhos com Débora. Alguns, principalmente as mulheres, ficaram muito revoltados, mas com o tempo isso mudou, graças à palavra conciliadora de Jesiel que passou a ser o chefe imediato daquele ramo de minha numerosa família.

Tudo parecia ter retornado à tranquilidade, até o sábado seguinte, quando Moisés, conforme havia prometido, reduziu a guarda da Arca Sagrada e os filhos de Aarão — Nadab e Abiú — colocaram em prática o seu plano. Era quase quatro horas da madrugada quando eles adentraram a tenda da Congregação e se aproveitaram de um momento em que os guardas cochilavam. Como a arca tinha peso nulo, o único trabalho seria conduzi-la para fora do arraial e entregá-la aos madianitas.

Seguindo a orientação de Moisés, Bezaleel retirou as baterias e colocou a outra série, com plena carga. Quando os filhos mais velhos de Aarão foram segurar a Arca da Aliança, apoiaram as mãos no metal condutivo e receberam uma descarga elétrica de muitas centenas de volts. Seus corpos foram torrados instantaneamente pelo poder elétrico da casa do "deus do trovão".

Um enorme clarão iluminou o arraial, incendiando uma parte da tenda da Congregação. O estrondo forte e seco da descarga elétrica alertou a todos, e em segundos houve uma correria por toda a área central de nosso acampamento.

Moisés e Aarão foram chamados e constataram a tragédia: os filhos do sumo sacerdote do culto a Yahwéh eram ladrões, e, caso não tivessem morrido, seriam condenados de qualquer forma à morte por apedrejamento. Esse fato foi relatado na Bíblia somente com a informação de que Nadab e Abiú morreram por ter apresentado, diante do Senhor, um "fogo estranho".

Rapidamente o fogo na tenda foi apagado e os corpos carbonizados foram retirados das proximidades da Arca Sagrada. Então, acendemos algumas fogueiras para iluminar a noite e Coré surgiu em meio à multidão, para falar com indignação:

— Vede Mosheh, o que fizestes? Dizeis ouvir a voz de Yahwéh, no entanto colocastes no serviço do culto ao nosso Senhor dois larápios que quase roubaram a Arca Sagrada. Se fostes justos, não empregaríeis os vossos parentes; ao invés disso nomearias os mais capazes. A tribo de Levi possui muitos membros dignos, não precisais da corrupta família de Aarão que já demonstrou má índole no culto ao bezerro de ouro.

Aarão e sua esposa Isabel choravam desesperadamente pela dupla tragédia: a morte dos filhos e a desgraça sobre o nome da família. Durante todos aqueles anos, ele havia tentado apagar com muito trabalho a imagem negativa que pairava sobre si, na época em que Israel se corrompeu aos pés do monte Sinai.

Moisés então tentou acalmar os ânimos, mas a situação se

intensificou ainda mais quando os filhos de Eliab, da tribo de Rubens, se aliaram a Coré e os seus, alimentando rapidamente uma rebelião e causando pânico na multidão que acordara assustada com a repentina catástrofe.

Abiram, completamente descontrolado, começou a gritar impropérios contra Moisés e sua família, de tal forma que o nosso líder indignou-se e disse:

— Cala-te imundo! Que o Senhor te fira com a úlcera do Egito, de modo que não possa curar-te!

O rebelde intransigente ficou petrificado, com medo de que a praga se tornasse realidade. Em se tratando de Moisés, todo o cuidado era pouco. Sua sugestão hipnótica era realmente muito forte. Abiram até chegou a sentir algumas alergias nos braços e nas virilhas. Sem pensar um minuto sequer, ele correu para se lavar.

Josué teve de organizar rapidamente o seu exército para conter o motim que surgiu veloz como um relâmpago. O grande legislador olhou para a sua esposa e falou:

— Eis, minha Estrela, o motivo de minhas preocupações! Meu coração já me avisava de que algo muito grave estava para acontecer.

Depois de muito tumulto, todos voltaram a dormir e, pouco antes de amanhecer, bem cedo, os rebeldes já estavam fazendo campanha para depor Moisés da chefia de Israel e Aarão do cargo de sumo sacerdote de Israel.

Entre os aliados de Moisés, ninguém dormiu. Todos procurávamos descobrir o que havia levado os filhos de Aarão àquela iniciativa absurda. Mesmo que eles conseguissem realizar o seu intento, seriam descobertos e caçados como animais; a não ser que o objetivo fosse desaparecer do meio de nosso povo.

Moisés então nos disse, com uma voz cadenciada:

— Só há uma explicação! A Arca Sagrada seria entregue aos nossos inimigos madianitas. Ultimamente eles estão muito confiantes. Os filhos de Aarão contavam com algum prêmio, por meio do qual poderiam viver em segurança longe de nosso povo.

Eliabe, que havia se tornado o novo chefe do clã de Zebulom com a morte de seu velho pai, Helom, falou:

— Os rebeldes devem ter algo com isso. Nadab e Abiú eram muito ingênuos e não mantinham nenhum contato com os madianitas. Já Abiram e Datan, se ausentavam com muita frequência de nosso acampamento. Percebi isso nos últimos dias.

Moisés caminhou pensativo, e falou para Aarão, que estava jogado num canto, mais parecendo um morto-vivo, pois o seu mundo havia desmoronado:

— Aarão, procura nos pertences dos teus filhos algo que possa indicar quem são os mandantes do roubo da arca. Só assim poderemos salvar o nosso acampamento de um derramamento de sangue, pois os ânimos estão cada vez mais exaltados lá fora. Se os rebeldes desejarem tomar o poder e ganharem o apoio popular, teremos de lutar contra todos e até matar os inocentes mais atrevidos. Somente desmascarando os mentores do golpe é que restabeleceremos a paz em Israel.

Aarão e Isabel seguiram imediatamente para a sua tenda a fim cumprir a ordem de nosso líder. Alguns instantes depois, retornaram com um bornal carregado de safiras e outras pedras preciosas. Moisés verificou tudo e disse:

— Sim. Isso só pode ter sido algum pagamento dos madianitas, o que prova que Nadab e Abiú se venderam. Não temos como incriminar os mandantes.

Moisés olhou para o céu, buscando uma inspiração divina; depois se virou para o general de seu exército e disse:

— Josué, seleciona alguns dos teus melhores homens e vai até o palácio dos madianitas. Traze aqui o seu rei! Cortaremos o pescoço dele, se não revelar quem são os seus cúmplices.

O chefe do exército israelita ficou atônito.

— Mas como farei isso, Mosheh! Zur deve estar protegido por dezenas de guardas, e eu nem ao menos sei onde encontrá-lo.

Moisés ergueu a mão, e falou com uma determinação sem igual:

— Josué, cala-te! Não confias no poder de Yahwéh? Ele te inspirará a encontrar Zur e a trazê-lo até aqui. Tem fé em nosso Senhor!

Aquelas palavras animaram Josué de uma forma impressionante; ele simplesmente respondeu:

— Sim, o Senhor está conosco; nada nos é impossível! Antes do amanhecer, Zur estará aqui, de joelhos, para confessar os seus crimes.

Rápido como uma flecha, Josué recrutou Misael e mais alguns excelentes guerreiros e partiu a galope em direção ao povoado dos madianitas. Entretanto, nunca o Sol pareceu surgir tão rápido no horizonte. Quando menos esperávamos, no centro do acampamento, em frente à tenda da Congregação, já se encontravam centenas de pessoas pedindo uma satisfação sobre os crimes dos filhos de Aarão.

O irmão de Moisés teve de ser escondido para que não fosse linchado. A situação a cada hora tornava-se mais tensa e nosso líder nada podia fazer, enquanto Josué não regressasse de sua missão.

Datan, Abiram, On e outros rubenitas insuflavam o povo, e não demorou muito para os eternos rebeldes da tribo de Judá se aliarem a eles. Enquanto isso, Coré e mais duzentos e cinquenta levitas fiéis a ele reivindicavam a liderança do sacerdócio. O objetivo dos rebeldes era simples: Datan e Abiram desejavam assumir o posto de Moisés, enquanto Coré assumiria o poder religioso. Depois, eles negociariam com os madianitas um acordo de paz, no qual já estariam indenizados por obter a posse da Arca Sagrada.

A estupidez dos revoltosos era tão grande que eles não se davam conta de que ceder a Arca da Aliança ao inimigo era o mesmo que condenar à morte todo o nosso povo. O inimigo nos dizimaria, tanto física como moralmente, ao apoderar-se do poder ígneo de Deus.

Para tentar ganhar tempo até o retorno de Josué, Moisés então disse para a multidão que estava aguardando Yahwéh anunciar qual medida deveria ser tomada naquela situação.

O povo sabia que o profeta costumava entrar na tenda da Congregação e conversar com Deus, face a face; só que naquele dia muitos gritaram, com pulmões cheios, que duvidavam da "conversa" de Moisés com Deus.

Datan alimentou o ódio da multidão, e Moisés, demonstrando uma grande presença de espírito, falou a todos:

— Ó Israel, parece que a vossa memória é curta! Não lembrais que Datan, assim como o chefe do clã de Rubens, detinha privilégios especiais do faraó, no Egito. Quando retornei do deserto para vos libertar, encontrei esse mesmo homem chicoteando as costas sofridas de nosso povo, exercendo o desprezível encargo de capataz, sob as ordens de nossos algozes, simplesmente para usufruir luxos condenáveis. É nele que depositais a vossa fé? Esqueceis do que fiz para vos libertar da escravidão?

O povo silenciou e ficou sem saber o que pensar. Então Moisés, que era um hábil estrategista, aproveitou o momento de expectativa para completar:

— Agora irei entrar na tenda e conversarei com nosso Senhor! Tende paciência, porque ainda pela manhã solucionaremos o problema que vos aflige! A justiça de Deus é uma só! Ninguém será privilegiado. Nadab e Abiú já pagaram o preço de seu erro e talvez agora estejam queimando no fogo do inferno. Todavia, creio que isso tudo não acabou. E todos os conspiradores serão punidos. Eu vos prometo!

Nosso líder entrou na tenda sozinho, jogou-se de joelhos em frente à Arca Sagrada e suplicou:

— Ó meu Senhor! Ajudai Josué a cumprir a sua missão! É só o que nos resta para que todo o trabalho que realizamos nesses anos não se perca.

O profeta de Yahwéh orou com um fervor único, enquanto ouvia os gritos e murmúrios do lado de fora da tenda. Pouco mais de uma hora depois, ele percebeu uma movimentação diferente e saiu para observar Josué chegando, de peito estufado e orgulhoso de sua proeza: ele e os seus fiéis guerreiros, alguns com cortes profundos nos braços, traziam aprisionado Zur, um dos reis madianitas.

Gritamos de alegria quando vimos a chegada daquela criatura atarracada, que parecia não ter pescoço, ser trazida com as mãos amarradas às costas por Josué. Ele se aproximou de Moisés, que estava exultante de alegria, e disse:

— Yahwéh ouviu as vossas preces, meu mestre!

— E tiveste alguma dúvida disso? — perguntou Moisés sorridente.

Josué lançou um olhar significativo para nosso líder e enfatizou:

— Em momento algum duvidei do amparo do Senhor!

Moisés o abraçou e sussurrou em seu ouvido, como uma confidência entre o grande líder e o seu futuro sucessor:

— Meu querido filho, é por isso que conseguiste realizar essa missão que poderia ser impossível para os homens, mas não para Deus.

O povo aguardou em silêncio, pois não entendia o que o chefe dos madianitas estava fazendo ali. Os conspiradores começaram a se preocupar quando Moisés falou a todos, de forma solene:

— Povo de Israel, esta madrugada nosso Senhor me inspirou a enviar Josué até nossos inimigos para que a verdade fosse revelada. Os cinco reis de Madian desta região desejam apossar-se de nossa Arca Sagrada, a manifestação física de nosso Deus, para nos enfraquecer e nos vencer numa batalha que estão organizando há algumas semanas. Nadab e Abiú foram comprados com esse traiçoeiro propósito. Entretanto, esses jovens jamais se ausentavam de nosso acampamento, pois tinham de se dedicar integralmente ao serviço religioso de nosso Senhor. Em nenhum momento, eles tiveram contato com os madianitas. Por isso, eu vos pergunto: quem os corrompeu a cometer tal crime?

Antes que alguém tecesse alguma especulação, Moisés arrematou:

— O rei Zur revelará agora quem são os verdadeiros traidores dessa terrível conspiração contra Israel!

Um silêncio absoluto se fez. O rei madianita se manteve calado, de joelhos e com as mãos atadas. Moisés então desamarrou os seus punhos, levantou-o e disse:

— Ouvi-me, Israel! Juro pelo nosso Deus, e caso eu caia em falsidade deverei ser morto segundo as nossas leis, que se o rei Zur delatar os traidores de nosso povo será libertado imediatamente. Daremos um cavalo a ele para que possa retornar à sua casa são e salvo, e então poderá preparar-se para uma guerra justa, porque Israel não perdoará os madianitas pela afronta de tentar roubar a arca de nosso Senhor.

Zur levantou a cabeça e mirou Moisés com profundidade. Ao perceber que a promessa de nosso líder era sincera, procurou na multidão os traidores e os apontou dizendo:

— Datan, Abiram e Coré!

Moisés ergueu as mãos para o céu, agradecendo a Yahwéh

e disse:

— Josué, entrega um cavalo a Zur e permite o seu retorno em segurança. Caso algo aconteça com ele, estarei descumprindo a minha palavra e terei jurado pelo nome do Senhor em falsidade.

Josué então levou Zur com uma comitiva até os limites de seu povoado. Lá, ele o abandonou e retornou imediatamente. Antes de partir, ele disse ao madianita, com os dentes cerrados:

— Armai-vos para a guerra! Vosso povo se arrependerá por ter nascido!

Enquanto isso, os três mentores da rebelião foram presos.

— Antes eu tivesse me livrado de vós durante a rebelião do bezerro de ouro — desabafou Moisés. — Sois feitos do mesmo barro de vosso irmão Namuel; todos corruptos e impregnados de sentimentos ruins. Durante todos esses anos, não moveram um dedo para promover a concórdia e ajudar no projeto de edificação de um grande reino para Israel. Mas hoje isso será resolvido, porque a pena para a traição contra o nosso Deus é a morte. Talvez esse seja o pior crime cometido entre todos que até agora presenciamos, desde que Yahwéh nos escolheu para ser o seu povo eleito.

Datan cuspiu no chão e falou:

— Eu já estou farto de vossas palavras, Mosheh! Até hoje não acredito em vosso Deus e creio que utilizais essas palavras de efeito somente para nos manter submissos à vossa vontade. Se vosso Deus realmente existe, pedi a Ele que o solo abra a sua boca e nos engula!

Datan então começou a rir de forma desequilibrada, revelando um sentimento incontrolável de desespero. Moisés meditou por alguns segundos e falou:

— Será preciso que eu demonstre ainda mais prodígios de nosso Deus para que acredites? E o que ocorreu no Egito, antes de nossa fuga? Isso não te serviu de prova? Estou farto de vós, mas atenderei esse teu último pedido.

Nosso líder fez um sinal para que alguns homens cavassem uma cova profunda e depois falou para Datan, Abiram e Coré:

— Agora descei na cova, pois é assim que desejais morrer! Eu vos darei essa honra!

Os rebeldes tentaram lutar contra a sugestão mental de Moisés; no entanto esta era tão forte que eles tiveram de se submeter a ela. Com passos relutantes, desceram ao buraco, amaldiçoando nosso líder.

Eu olhei para o profeta e o vi mais alto, mais forte e com uma negra cabeleira trançada que ia até a metade das costas. O olhar penetrante era o mesmo. Naquele momento, eu revivia a encarnação em que Moisés fora o faraó Menés, primeiro soberano do Egito, e tinha condenado alguns rebeldes da mesma forma, durante as lutas para a unificação do Alto e Baixo Egito, sob o mesmo cetro.

Moisés então fez um sinal aos escavadores e falou:

— Tapai essa cova com toda a imundície que tem dentro! Que essa seja a última erva daninha a ser extirpada de nosso povo!

Lentamente a terra das pás foram sendo jogadas sobre as cabeças dos rebeldes, que inutilmente tentavam movimentar as pernas para fugir da condenação. Moisés os havia hipnotizado de modo tal que eles perderam completamente o controle sobre os próprios movimentos. Poucos minutos depois, Abiram, Datan e Coré desapareceram sob aquele monte de terra.

Nosso líder então se virou para a multidão e disse de forma incontestável:

— Filhos de Eliab, da tribo de Rubens, arrumai as vossas coisas e desmontai as vossas tendas! Os levitas seguidores de Coré também. Josué os levará para fora de nosso arraial, pois estais banidos de nosso povo.

Imediatamente ouviu-se um grande lamento em Israel. Moisés, enfim, disse-lhes:

— Por que chorais? Desconheceis as leis do Senhor nosso Deus? Tivestes quase dezoito anos, desde nossa saída do Egito, para ouvir as minhas advertências. No entanto, só o que fizestes foi conspirar contra nosso Senhor. Agora colhei o que plantastes, porque Yahwéh não vos deu apenas uma única chance, mas várias.

Israel contra os cinco reis 15

A tristeza havia se instalado na tenda de Aarão e roubado de forma sorrateira a vontade de viver de seus moradores. Depois de condenar os líderes rebeldes a ser enterrados vivos, Moisés teve de destituir o irmão do cargo de sumo sacerdote. Eliezer, o próprio filho do grande profeta, com apenas dezoito anos, substituiu Aarão, que compreendeu a decisão e não guardou nenhum rancor.

Não havia alternativa para Moisés. Manter Aarão seria demonstrar privilégios aos seus parentes, que era o que Coré sempre o acusava. Mesmo assim, Moisés contrariou muitos levitas ao manter o caçula de Aarão, Itamar, no serviço da tenda da Congregação.

Aarão amava o que fazia. A partir do momento em que teve de ser afastado da atividade mais importante de sua vida, começou a sentir um grande vazio interior e suas forças foram se esvaindo lentamente. A cada dia parecia que ele envelhecia um ano. Por mais que Moisés tentasse insuflar-lhe ânimo e prometesse que assim que as coisas se acalmassem ele voltaria ao serviço da arca, as atitudes deploráveis de seus filhos e o olhar de desprezo do povo foram minando a sua saúde. Isabel também sentiu o impacto por ser a mãe dos traidores. Ela dizia algumas vezes ao esposo:

— Antes Mosheh tivesse nos desterrado, como fez com as

famílias de Datan, Abiram e Coré. Não sei se suportarei por muito tempo os olhares acusadores de nosso povo. Eles não nos perdoam. Ó pobre Itamar! Sinto que ele sofrerá tanto. Eu espero que tenha forças para suportar os ataques que receberá na condição de sacerdote. Um servo de Deus que não tem credibilidade é a pior das maldições. Como ele realizará em paz o serviço do Senhor, se for atacado a todo instante por ser irmão dos traidores?

Isabel chorava desesperadamente, enquanto Aarão ficava olhando o horizonte, com um olhar parado. Parecia que a sua alma tinha sido arrancada com violência de dentro de seu corpo.

Enquanto Aarão e Isabel padeciam a dor da tragédia que se abatera sobre sua família, nossos exércitos se organizavam para a maior das batalhas que já havíamos travado. Josué, Misael e outros fiéis auxiliares de nosso general organizavam os pelotões para a pesada investida que receberíamos em breve, dos cinco reis de Madian.

Estávamos muito confiantes porque desde que saímos do Egito nosso povo tinha gerado milhares de descendentes: cada mulher tivera de oito a dez filhos, cumprindo a determinação de Moisés, embora alguns tivessem morrido cedo por causa da elevada mortalidade infantil da época, bem como muitos adultos e velhos. Mesmo assim nosso povo cresceu de forma considerável.

A nova geração tinha entre quinze e vinte anos, e essa era a idade em que os homens ingressavam definitivamente na fase adulta naquela época, conforme já relatei no primeiro volume deste trabalho. Eles não eram adolescentes, mas sim homens preparados para a vida.

Os jovens formados pela filosofia educacional de Moisés não eram crianças mimadas, como é tão comum nos dias de hoje; eram maduros, independentes e emocionalmente seguros. Além disso, conheciam muito bem as suas responsabilidades para com a comunidade e, desde cedo, compreendiam que teriam de lutar pelo seu próprio espaço no mundo, com honra e dignidade, ao contrário dos jovens atuais que vivem em um mundo de ilusões, brincando de matar e morrer em videogames, perdendo o importante contato com a realidade e o sentido da vida. Algumas dessas crianças emocionalmente instáveis terminam levando a fantasia para o mundo real, causando terríveis tragédias nas escolas por não compreender a gravidade do ato de tirar uma vida.

Moisés era um líder austero, porém prefiro mil vezes o seu método do que a permissividade dos dias atuais, que termina formando jovens fracos e sem valores, salvo raras exceções que são geralmente espíritos maduros que caminham com suas próprias pernas.

A rígida formação moral imposta pelo profeta de Israel acabou transformando os nossos filhos em belíssimos exemplares da dignidade humana, fazendo que sentíssemos um amor muito especial por todos eles. O perfil espiritual dessa nova geração nos enchia de orgulho, tornando-nos muito unidos e criando um sentimento de amor recíproco maravilhoso.

O doloroso disso tudo é que muitos desses jovens que iriam guerrear pela primeira vez eram os nossos próprios meninos, e sabíamos que alguns deles não retornariam. Mesmo sob o comando genial de Josué, era inevitável que alguns encerrassem as suas existências no solo sangrento do campo de batalha.

Meu filho Ariel recebeu efusivos abraços de Rebeca. Como toda mãe, ela lhe fez mil recomendações para a sua segurança. Depois de sua partida, ela me disse:

— Natanael, estou com um aperto no coração; temo por Ariel. Josué irá expô-lo demasiadamente para aproveitar a sua perícia com o gládio.

Eu a abracei e disse:

— Fica tranquila! É o teu coração de mãe que está apreensivo. Nosso filho é muito cuidadoso. Verás que ele até protegerá os nossos outros filhos, que são menos experientes.

Em seguida, dei uma atenção especial aos outros filhos, principalmente aos do casamento com Débora, que ainda estavam sentidos com a morte da mãe. Abracei Jesiel ternamente e lhe recomendei:

— Luta com honra e coração, meu filho! As guerras não devem ser uma carnificina injustificável. Luta para defender os teus irmãos e a tua pátria!

Ele concordou com um gesto e seguiu com a sua lança e o escudo em punhos. Antes do final da manhã, Josué estava conduzindo o nosso exército para fora do acampamento. De forma alguma poderíamos permitir que a batalha ocorresse em meio ao nosso arraial, expondo mulheres e crianças.

Assim, enquanto eu observava aquela multidão de jovens se dirigindo para o campo de batalha, vi Aiezer montado num fogoso corcel, partindo com o exército. Eu me aproximei do amigo e perguntei:

— Vais para a batalha, Aiezer?

Ele me olhou com um brilho no olhar.

— Tu me conheces, Natanael! Eu não perderia isso por nada. Vou arrancar o fígado desses malditos madianitas que tentaram corromper o nosso povo e roubar o nosso bem mais precioso.

Então, acariciei o pescoço do belo cavalo e perguntei:

— E quanto a Moisés? O que ele disse? Sabes que ele não quer que os chefes dos clãs se exponham a riscos desnecessários.

Aiezer pensou um pouco e respondeu:

— Meus filhos já são homens. A tribo de Dã estará em boas mãos, se eu não regressar. Até mais ver, meu amigo!

E sumiu como um raio, galopando o seu cavalo, sem mais palavras. Talvez ele tivesse receio de que eu tentasse dissuadi-lo de participar da guerra; então fugiu tão rápido que mal tive tempo de desejar-lhe boa sorte.

A batalha acabou sendo muito intensa. Os cinco reinos de Madian, unidos, ofereceram uma resistência que Josué não esperava. Um confronto que deveria ser rápido durou quatro longos dias, sendo que, no terceiro, uma nova tristeza se abateu sobre nossa casa, pois Ariel, meu primogênito com Rebeca, recebeu um golpe certeiro que lhe amputou o braço direito, quase na altura do ombro. Rapidamente ele perdeu muito sangue e perdeu os sentidos no meio do campo de batalha. Se ninguém o tivesse socorrido, ele certamente teria morrido ali mesmo. Entretanto, Jesiel o protegeu numa investida quase suicida: expondo-se ao gládio dos inimigos, lutou contra diversos madianitas para salvar o seu meio-irmão.

Aquele gesto de meu primogênito com Débora foi fundamental para a decisão que eu tomaria no futuro. Jesiel esqueceu-se de si para salvar aquele que era o seu rival direto na sucessão da tribo de Issacar. Essa nobre atitude eu jamais esqueceria durante toda a minha existência. Ainda me lembro das lágrimas em seu rosto quando ele chegou no acampamento carregando Ariel desacordado, com um torniquete improvisado no toco do braço direito, na tentativa de conter a sangria, demonstrando o seu generoso coração. Ambos estavam esgotados quando desceram do cavalo. Imediatamente corri para acudi-los.

Jesiel me falou com tristeza no olhar e um forte aperto no peito:

— Perdoa-me, pai! Procurei proteger todos os meus irmãos, conforme determinaste, mas acabei me descuidando de Ariel. Ele é mais hábil do que eu com a espada, por isso me concentrei mais em defender os garotos.

Eu passei a mão na sua cabeça, com carinho, para ele perceber que eu não o culpava, e depois fomos cuidar de Ariel, que estava muito pálido; seus lábios perderam a cor e o olhar estava perdido. A carência de sangue no seu sistema circulatório fez que ele perdesse a consciência algumas vezes, tivesse sonolência, desorientação e confusão mental; tudo por causa da baixa irrigação no cérebro. Além disso, o seu pulso estava acelerado e os pés e mãos estavam frios e úmidos, sem contar a perigosa hipotensão arterial.

Ariel mal podia perceber os gritos desesperados de sua mãe, que chorava descontroladamente. Imediatamente lavamos o corte e providenciamos a cauterização do ferimento, enquanto Rebeca era retirada da tenda e amparada pelas amigas. A dor extrema fez que Ariel desmaiasse, o que facilitou muito o nosso improvisado trabalho. Infelizmente, ele já tinha perdido muito sangue. Moisés então olhou para Henok e perguntou, pouco esperançoso:

— Mestre Henok, não temos como repor o sangue por meio de uma transfusão? Não estudastes isso? Eu sei que os sumérios realizavam a transferência de sangue para os seus feridos.

Henok sacudiu a cabeça, desiludido, e falou:

— Cada indivíduo possui um tipo diferente de sangue e eu não sei como identificá-lo. Também não teríamos os instrumentos necessários para isso; precisaríamos de meios para retirá-lo de um de nós e repassá-lo a Ariel. Só nos resta alimentá-lo bem e hidratá-lo para que o seu próprio organismo produza o sangue perdido. É importante que ele se alimente de fígado de boi e ovos de galinha, para repor a perda de ferro. Vamos orar para que o corte não infeccione!

Moisés concordou com um gesto e disse:

— Temos de nos aprofundar mais na ciência médica. Muitas vidas poderiam ser salvas se pudéssemos repor o sangue: a essência da vida.

O mais engraçado é perceber que hoje em dia algumas religiões que seguem a Bíblia à risca não permitem a transfusão de sangue em seus adeptos, por causa de uma infeliz interpretação dos textos sagrados, que foram adulterados centenas de vezes nos primeiros séculos de sua compilação.

Moisés afirmava que o sangue é vida, e justamente por ser vida deve ser doado aos seus semelhantes, num gesto absoluto de amor ao próximo, como reza o mandamento principal da lei mosaica. Proibir esse gesto sublime que salva vidas é um contra-senso, um verdadeiro absurdo!

O profeta era um progressista incorrigível, e não um retrógrado fanático religioso, como se percebe na má interpretação da Bíblia. Suas proibições sempre visaram ao bem de seu povo, como no caso da restrição ao consumo da carne de porco e outros animais que não tinham a pata fendida ou não ruminavam; determinação cuja finalidade era preservar a saúde de todos, e não um estúpido ato ritualístico como observamos nos dias atuais.

Jamais Moisés iria proibir um gesto que salvaria vidas, assim como atualmente seria um absurdo a condenação aos transplantes de órgãos. Se Deus permitiu que alcançássemos tal conhecimento é porque nossa humanidade já está pronta para esse avanço na preservação da vida, pois o homem nada sabe, mas é chamado a tudo conhecer! Toda a tecnologia que a humanidade vier a dominar, se utilizada para o bem comum, é obra da vontade de Deus.

Exatamente no dia seguinte, o exército madianita foi derrotado e seus reinos tomados por Israel. Os idosos, as mulheres e as crianças madianitas foram reunidos para ouvir a palavra de nosso mestre, que apareceu no meio deles montado num fogoso cavalo.

— Nunca desprezei o vosso povo! Só não quero que a vossa cultura prejudique o trabalho que estamos realizando em Israel. Cremos no Deus Único, mas ainda cultuais imagens e deuses de pedra. Nunca vos quis mal, porém a ambição de vossos líderes causou esses quatro dias de dor e sofrimento para todos nós. Ouvi o que vos digo: retornai para junto dos madianitas do Sinai! Jetro os receberá bem. Todo o povo que se divide termina por ser derrotado em batalhas como esta e torna-se escravo nas mãos de nações mais fortes. Não queremos servos! Nosso Deus abomina a escravidão porque fomos escravos no Egito. Portanto, vos encaminho para onde nunca deveis ter saído. Voltai para Madian e jamais vos deixais novamente influenciar por líderes ambiciosos que só pensam em seus interesses! Mantei-vos unidos, com os membros de vossa etnia! Só assim tereis alguma chance de sobrevivência e liberdade neste mundo cruel.

Nosso líder cavalgou em direção ao seu exército e, olhando firme nos olhos de cada um dos guerreiros, falou, com uma envolvente empolgação:

— Israel é um só reino e por isso é grande! Não temos reis; somente nosso Senhor é o nosso rei. Submeto-me as mesmas leis que lhes são impostas, porque eu sou tão-somente o porta-voz de Yahwéh e o responsável por zelar pelo cumprimento de Sua Lei. Estamos unidos pela crença no Deus Único e somente isso fará que sejamos um povo livre e feliz por todas as gerações futuras. Se nos afastarmos de nosso Deus, motivados pelas nossas ambições puramente humanas, estaremos perdidos.

Ao final dessas palavras, instintivamente todos os guerreiros de Israel se ajoelharam, demonstrando submissão total ao grande profeta. Feliz com a devoção de seu exército, ele então se retirou lentamente. Era possível ver apenas o seu corpo sacolejando sobre o lombo do vigoroso cavalo. Seus longos cabelos, suas barbas brancas, seu semblante austero e respeitoso, fazia que tornasse ainda mais notório o seu absoluto poder, sabedoria e ascendência sobre o nosso povo.

Josué então subiu no lombo de seu cavalo e percorreu o campo de batalha, gritando aos seus soldados:

— União! União! Somente o Senhor Deus de Israel é o nosso rei!

Os guerreiros ergueram suas lanças e espadas e gritaram vivas a Yahwéh, a Moisés e a Josué!

A teocracia religiosa de Israel era um modelo perfeito, tanto social como político. O poder absoluto nas mãos de Deus fazia que as Suas leis fossem incontestes. Quem seria louco de questionar as regras divinas? O máximo que poderia acontecer era duvidarem da capacidade de Moisés em ouvir as determinações de Yahwéh. No restante, era inútil qualquer questionamento.

E o mais importante era a posição de nosso líder, que se colocava sempre como apenas um humilde servo de Deus, igualando-se aos demais súditos de Israel. Enquanto os juízes e reis de Israel mantiveram esse mesmo comportamento, a nação de Deus foi próspera. Somente quando os soberanos começaram a se diferenciar de seus súditos, é que se iniciou a decadência do povo escolhido e o novo período de cativeiro.

Assim, durante aquela fatídica noite, mal conseguimos dormir. Todos de minha família estavam muito preocupados com o grave estado de Ariel, que parecia não reagir. Além disso, Aiezer tinha se ferido no ventre; nada muito grave, no entanto Moisés entrou em sua tenda e ficou a sós com ele por um longo tempo. Certamente ele estava sendo recriminado por descumprir as ordens que proibiam os chefes dos clãs de participarem das batalhas.

Durante a vigília da noite, todos caíram num sono profundo. Apenas eu fiquei a madrugada toda segurando a mão de meu filho e procurando irradiar-lhe minha energia, minha saúde. Até que, por volta das três horas da madrugada, ele despertou, mais lúcido, e finalmente libertou-se do estado de confusão mental em que se encontrava, percebendo a ausência do braço. Tentei consolá-lo de todas as formas, mas o pobre jovem não conseguia aceitar o seu destino. Todos os seus sonhos haviam sido destroçados.

Depois de muito dialogarmos, ele esticou o braço esquerdo e pegou uma adaga que estava ao seu alcance e me entregou, dizendo:

— Meu pai, peço-te, pelo amor que dedicamos ao nosso

Deus, mata-me! Não posso viver assim. Conheces a dureza de nossa jornada. Um inválido em meio ao deserto é somente mais um estorvo para todos. Não conseguirei sobreviver dessa forma.

Eu retirei rapidamente a arma letal de sua mão e falei:

— Que dizes, meu filho?! Estás louco?

Mas ele tentou me convencer, afirmando:

— Pai, poupa-me desse sofrimento! Eu não tenho forças para continuar vivendo; estou muito fraco. Quero apenas morrer. E se eu viver será um castigo ter de prosseguir com esse estigma, dependendo da ação de outros para subsistir.

Naquele instante as palavras de Ariel me pareceram tão convincentes que a princípio concordei com ele. Não sei explicar o porquê. Talvez eu tenha me colocado no seu lugar e sentido a sua imensa angústia, ou então porque eu desejasse apenas aliviar o seu sofrimento. Só sei que peguei o punhal com as duas mãos e apoiei-o entre as costelas, no lado esquerdo do peito, sobre o coração de meu filho. Ele me olhou com profundo amor, e me falou:

— Foi um privilégio ter sido teu filho, Natanael!

Grossas lágrimas correram de meus olhos e caíram sobre o corpo abatido de Ariel, lavando-lhe a alma. Assim, quando eu ia trespassar o seu generoso coração com o metal frio e insensível, uma luz cristalina me envolveu como um fogo purificador. Rapidamente recuperei a lucidez, lancei longe a adaga e gritei para o meu filho:

— Não te dou o direito de partir! Somente Yahwéh é o Senhor da vida e da morte! Se eu te matar estarei descumprindo um dos mandamentos sagrados. Sê digno, meu filho, e deixa essa decisão nas mãos de nosso Deus! Se Ele desejar a tua partida, Ele mesmo te levará para o Seu reino invisível. Caso contrário, vive com honra, mesmo sem um braço, porque se nosso Senhor te manter neste mundo é porque Ele encontrará para ti uma serventia mesmo como te encontras. Se não suportas a dor é porque não és meu filho. Os filhos de Issacar são fortes como um jumento e devem aguentar todo o peso da carga que Deus coloca em nossos ombros.

Segurei firme a cabeça de Ariel e, com a minha testa sobre a dele, gritei como um louco:

— Luta, Ariel! Luta, Ariel!

Aqui, diante dessa situação extrema, vemos um belo ensinamento sobre a eutanásia, que nos dias atuais está sendo tão discutida. O poder sobre a vida e a morte é de exclusiva competência de Deus. Nós, os Seus filhos, devemos ser honrados e nos submeter aos Seus desígnios. É necessário viver e morrer com honra e dignidade. Aqueles que crêem em Deus jamais devem lamentar o sofrimento; devem sim convertê-lo num processo salutar de purificação espiritual. Se Jesus carregou a Sua cruz até o último minuto, porque nós deveríamos agir de forma diferente?

Ariel, então, começou a chorar convulsivamente.

— Sim, pai, vou lutar. Não quero partir. Só não sei se suportarei ser rejeitado.

Intrigado com sua colocação, indaguei, com imenso amor no tom de voz:

— Rejeitado por quem, filho amado?

E ele, com os olhos marejados de lágrimas, respondeu:

— Por ti, meu pai! Unicamente por ti.

Eu o abracei chorando.

— Ó meu filho, não digas isso! Não sabes o quanto te amo. Jamais imaginei que algum dia poderia amar um filho assim, desta forma. Vive e me farás feliz! Eu te prometo que jamais te rejeitarei e farei o possível para encontrar junto contigo uma atividade enobrecedora para que sejas útil ao nosso povo. Vê o trabalho dos sábios! Eles utilizam quase que somente a mente. Tu poderás escrever com a mão esquerda, se te for necessário.

Eu sequei as lágrimas dos seus olhos, e voltei a lhe falar:

— Mas isso não é importante agora. O importante é que deves descansar para que te recuperes o mais breve possível.

Ele então fechou os olhos, demonstrando uma extrema fraqueza, e entregou-se a um profundo sono. Seu esgotamento era muito grande e a febre elevada não era um bom sinal. Analisei os seus sinais vitais e concluí que ele não sobreviveria àquela noite. Era necessário fazer algo! Então, me levantei apavorado e caminhei de um lado para o outro, dizendo a mim mesmo:

— Ó meu Deus, o que fazer? O que fazer? Meu menino não pode morrer!

Então lembrei-me das palavras de Henok e Moisés sobre a necessidade de uma transfusão de sangue para a recuperação de Ariel, e procurei em nossa tenda um novelo de linho, daqueles que eram utilizados nos teares para a fabricação de nossas roupas. Depois de encontrá-lo, amarrei-o ingenuamente em meu braço direito e me deitei ao lado do meu filho. Logo depois cortei a outra ponta e atei o fio no braço de Ariel, como se eu estivesse simulando uma transfusão de sangue. Em seguida, peguei rapidamente uma pele de carneiro e ali rabisquei um bilhete de despedida para Rebeca.

Ariel dormia profundamente, quase em estado de coma, quando me tranquilizei ao seu lado e comecei a orar:

> Ó Yahwéh, Senhor da vida!
>
> Não conheço os Vossos desígnios, nem sei como controlais a vida e a morte. Não sei transferir o meu sangue para o meu filho, mas Vos peço que, com o Vosso poder sublime, realizeis essa transfusão em nome do amor que tenho pelo meu menino. Não me importo de morrer! Não me importo! Podeis tirar todo o meu sangue para restabelecer a saúde de meu querido Ariel. Sei que a Vossa vontade é mais importante que os meus desejos de pai, mas mesmo assim Vos suplico: escutai a minha prece, ó Soberano do mundo! Deposito em Vós, meu Senhor, toda a minha fé!
>
> Que assim seja!

Depois dessa prece fervorosa, fiquei mentalizando durante toda noite o sangue saindo de meu braço, percorrendo o inofensivo fio de linho e adentrando a corrente sanguínea de Ariel, serenamente. Minha determinação era tão grande que eu chegava a sentir o fluxo de sangue fazendo esse percurso; algumas horas eu até o sentia bem quente; outras, muito frio.

Com o passar do tempo, passei a sentir uma fraqueza muito grande e a suar frio, como se o meu fluido vital tivesse se esvaído. Então, apenas balbuciei:

— Obrigado, meu Senhor e Deus! Eu entrego em Vossas mãos, neste instante, o meu espírito!

Depois dessas palavras, entrei num sono profundo e me

encontrei no plano espiritual com o meu pai, o nobre Zuar, que havia desencarnado antes de sairmos do Egito, conforme relatei no volume anterior desta saga. Ele estava muito sorridente e me dizia, depois de me dar um forte abraço:

— Meu filho, como estou orgulhoso de ti! Realmente me surpreendeste. Quando eu me lembro daqueles dias no Egito, em que te entregavas a uma vida fútil junto aos egípcios... E agora te vejo assim, honrado e digno! Meu coração está repleto de paz e alegria.

Eu esbocei um sorriso cansado e falei:

— Obrigado, meu pai! Mas agora conduze-me para o reino de Yahwéh; estou muito cansado e preciso repousar.

Ele sorriu com a minha ingenuidade.

— Não, não... Não chegou ainda o teu momento, Natanael. Retorna para o mundo dos homens, e manda um abraço a Henok por mim.

A imagem de meu pai desapareceu, e quando despertei já eram altas horas da manhã. Moisés e Henok estavam olhando para o fio de linho que amarrei em meu braço, e Rebeca lia a dramática carta de despedida com os olhos cheios de lágrimas e com os dedos sobre os lábios.

Eu, então, lhes falei, meio sonolento:

— Eu estava transtornado e tentei doar o meu sangue para Ariel. Mas acho que nada consegui, pois eu ainda estou vivo.

Moisés me olhou com espanto e depois baixou o olhar para o inocente barbante que me ligava a Ariel. Quando ele ergueu os profundos olhos negros de volta para mim, vi algo que me impressionou deveras. Ele chorava de uma forma como poucas vezes vi em toda aquela existência. O profeta de Yahwéh, naquele momento de intensa emoção, me abraçou dizendo:

— Natanael, Natanael, que Yahwéh te abençoe hoje e sempre pela grandeza do teu gesto!

Henok procurou avaliar o estado de meu filho e depois de alguns minutos de observação olhou para mim, sorrindo, e falou:

— Natanael, eu acredito que a tua transfusão de sangue foi um sucesso! Ariel vai sobreviver.

Depois, ele voltou-se para Moisés e Rebeca, e completou:

— É que não foi uma transfusão de sangue, mas sim uma

transfusão de amor!

Eu então me lembrei de meu contato com Zuar e contei para Henok:

— Eu estive com o meu pai esta noite e ele me pediu que vos desse um grande abraço.

Henok sorriu e me abraçou.

— Sinto muita falta de minhas conversas com o nobre Zuar. Sempre me lembro dele em minhas orações.

Todos sorrimos e depois comemoramos o rápido restabelecimento de Ariel. Aqueles haviam sido os piores dias desde que chegamos a Cades. Primeiro a tensão aguardando a recuperação de Rebeca e Rute, que haviam sido envenenadas, e depois a morte de Débora e o estado crítico de Ariel me levaram a um esgotamento profundo, ainda mais que eu tinha transferido uma energia magnético-espiritual muito intensa a Ariel naquela última noite.

Ainda assim levantei-me, alquebrado, e fui procurar auxiliar os membros da tribo de Issacar feridos na luta. Meu irmão Uziel e seus filhos, mais o meu sobrinho Benjamim, que agora era um homem feito e um dos melhores guerreiros de Israel, e também os meus demais filhos, todos, sem exceção, estavam cooperando dentro de suas possibilidades.

Minha querida Rute, completamente restabelecida e após constatar que seu irmão estava salvo, também prosseguiu auxiliando nos cuidados aos inúmeros guerreiros feridos.

No final da tarde, tivemos de enterrar todos que morreram. Alguns realizavam isso como se fosse um ato rotineiro, quase mecânico, com total insensibilidade, mesmo tratando-se de seus próprios filhos.

Ao perceber que Rute estava ao meu lado, resolvi ouvir as suas sábias explicações. Eu a abracei e lhe disse:

— Sabe, minha filha, algumas vezes eu gostaria de ser um homem rude que mal sente a perda dos seus. Talvez assim a vida fosse menos sofrida.

Ela me mirou com os seus iluminados olhos e falou:

— Não digas isso, meu amado pai! É esse sentimento de dor e compaixão que nos transformará da animalidade para a civilidade. Somente quando os homens forem realmente sensíveis, a ponto de sentir o quão grande é a dor da perda de uma pessoa amada, assim, de forma violenta, é que a humanidade compreenderá a insensatez das guerras e do ódio. Enquanto formos indiferentes, jamais compreenderemos verdadeiramente o amor de Deus. O sofrimento é necessário, porque os homens têm dificuldade para entender que apenas o amor liberta e conduz à felicidade. Só aprendemos a amar quando o nosso coração se compadece pela dor alheia. Amor, meu pai, é doação, e não posse!

Eu me recordei então de Ariel e falei à minha jovem princesa:

— Sim, minha filha! Como sempre, estás com toda razão. Acredito que agora amo Ariel muito mais do que antes. E só compreendi esse amor com o sofrimento desta noite. A possível perda prematura de meu filho me fez despertar para outras questões da alma.

Ela sorriu e me abraçou. Depois disse, enquanto me dava um beijo no rosto:

— Que bom, meu paizinho! Mas verás no futuro que o verdadeiro amor ultrapassa os laços de família e até mesmo dos povos. Um dia compreenderemos que até aos inimigos devemos dedicar sentimentos de amor, porque Yahwéh é o nosso Pai e também o de todas as criaturas do mundo. Logo, somos todos irmãos dentro de uma única família universal.

Eu respirei fundo.

— Vamos por partes, querida! Não estou pronto para esse novo conceito de fraternidade.

Ela me olhou com ternura e falou:

— Não te preocupes, meu pai! Não tardará muito e compreenderás tudo o que te falo. Quando isso acontecer, agirás com naturalidade.

Eu então pensei por alguns instantes sobre o que Rute havia me dito e aproveitei para perguntar:

— Minha filha, eu tenho curiosidade de saber sobre o que tanto estudas, seguindo as determinações de Mosheh. Podes me elucidar alguma coisa?

Ela fez um sinal positivo com a cabeça e falou, enquanto retornávamos para nossa tenda:

— Em essência, procuramos meios de manter íntegros todos os ensinamentos que o nosso povo já conhece. O maior receio de Mosheh é que a mensagem de amor e justiça de Yahwéh seja deturpada pelas próximas gerações. Além disso, estamos definindo uma nova filosofia de vida baseada na retidão e no amor. Por exemplo: quando alguém descumprir as leis de Deus, no futuro, a punição não será mais a morte ou o desterro, e sim a obrigação de fazer um bem proporcional ao mal cometido, para que seja restabelecida a harmonia com a Lei de Deus.

Logo que chegarmos à Terra Prometida e não formos mais nômades, deverá ser criada uma estrutura social superior que procure resgatar o erro cometido, e não elimine o infrator. Procuramos também desenvolver estudos filosóficos que estimulem a reflexão e a reforma íntima das futuras gerações de Israel, e exercitamos a sobriedade e o controle sobre as paixões humanas. O dia em que a humanidade tiver controle sobre si mesma e cultivar somente virtudes, encontraremos a verdadeira felicidade, a paz e a harmonia. É necessário nos libertarmos das paixões humanas que nos levam aos sentimentos de angústia, medo, dúvida e insegurança. A incerteza causa dor, já a luz da sabedoria divina leva-nos à paz!

Procuramos dominar o sentimento de perda e posse para sermos livres dos anseios humanos, e realizamos também exercícios para ser mais tolerantes, pacíficos, carinhosos e compreensivos com o nosso semelhante. Estudamos que vivemos diversas vidas e que elas são reflexos do bem ou do mal que praticamos. Toda ação possui uma reação de mesma intensidade: o bem gera a felicidade, a paz e a harmonia; o mal gera tão-somente dor e sofrimento.

Dentro de uma estrutura social sólida que não permita privilégios de natureza alguma, essas leis podem ser aplicadas de forma que a punição seja a correção, e não a eliminação do indivíduo. Todo esse trabalho visa a preparar o próximo estágio de crescimento espiritual de nosso povo e preparar o terreno para a vinda do Grande Messias. Eu já sonho com o dia em que receberemos de braços abertos o Iluminado de Deus. O povo de Israel sentará aos Seus pés e beberá de Sua infinita sabedoria.

Infelizmente a vinda do Messias não foi bem como minha filha esperava. Alguns sentaram-se aos pés do Mestre para saciarem-se com os Seus insuperáveis ensinamentos, mas uma grande maioria armou-se de pedras e impropérios para recebê-lo.

Eu concordei com um gesto sereno e disse para Rute:

— Estou muito feliz em saber que estás realizando essa grande tarefa! Sinto-me honrado em ter-te como minha filha.

Ela sorriu e voltamos para os nossos lares, abraçados e com muita fé no futuro da humanidade.

Alguns dias depois, quando os nossos homens já estavam recuperados, Moisés ordenou que fizéssemos a colheita de nossas lavouras e desmontássemos o acampamento. Ele então nos disse, com um ar triste:

— Israel, chegou o momento de partir. Este lugar foi maculado pela ambição e pelo ódio. A nova geração de Israel a cada dia é mais digna e valorosa. O Senhor abrirá as portas da Terra Prometida para o nosso povo, muito em breve.

O monte Nebo 16

O percurso de Cades até o monte Nebo era de aproximadamente duzentos quilômetros. A distância, porém, não era problema para nós; nossa maior dificuldade era atravessar os territórios dos povos do deserto.

Moisés estava decidido a enfrentar todos os obstáculos, e isso significava várias lutas pela frente, até que chegássemos ao nosso destino. Quando era possível negociar, assim o fazíamos; quando não, a luta armada era a solução. Mas antes tentávamos assustar os oponentes com o poder da arca, a fim de evitar derramamento de sangue.

Nossa primeira parada foi no monte Hor, local onde Aarão veio a falecer. A dor pela perda dos filhos foi tamanha que a morte o levou rapidamente. No dia do seu desencarne, parecia que ele havia sido vampirizado, pois a vida foi se ausentando de seu corpo de tal maneira, que o seu peso se reduziu à metade do normal. Aaarão então sofreu uma parada cardíaca. Isabel, sua esposa, também não chegou às planícies de Moab.

Acampamos em Hor somente o tempo necessário para nos refazer e enterrar Aarão. Em seguida, partimos trilhando por diversos reinos: primeiro lutamos contra uma coalizão dos edomitas e moabitas; mas eles recuaram ao perceber o poder de nosso Deus e de nossos exércitos, pois era inútil lutar, já que estávamos apenas de passagem, embora os moabitas desejassem frear nosso avanço antes de chegarmos às suas terras; depois foram os amorreus: o rei Seon, por excesso de orgulho, acabou condenando o seu povoado ao extermínio.

E assim fomos seguindo viagem, sendo obrigados a fazer diversas paradas para negociar nossa passagem ou forçá-la, com as armas. Levamos quase um ano nessa exaustiva travessia, porque era difícil obter autorização para prosseguir, ou então por causa das longas campanhas militares. Vou me abster de maiores detalhes, porque as lutas foram muito sangrentas e muitas pessoas morreram. A guerra possui um único vencedor, que é a morte!

Esse foi o cenário de nossa caminhada, até que finalmente chegamos às planícies de Moab. O povo ficou deslumbrado e acreditou que se tratava da Terra Prometida. Desde que saíram do Egito, os israelitas não tinham visto uma vegetação tão bela e abundante, com frutos desconhecidos para muitos. A nova geração ignorava completamente a natureza daquelas plantas. Os jovens acreditavam então que estavam no céu ou na terra que mana "leite e mel", prometida aos seus antepassados por Yahwéh.

Ali começamos a erguer nossas barracas, de forma improvisada, ao sopé do monte Nebo. Mas logo os soldados de Josué percorreram a multidão, montados em cavalos, gritando:

— Montagem definitiva das tendas! Montagem definitiva das tendas!

As mulheres mais idosas louvavam a Yahwéh com as mãos erguidas para o céu:

— Graças ao meu Senhor!

Todos estavam muito cansados; precisávamos de um período de sedentarismo, embora esse não fosse o motivo da parada ordenada por Moisés.

Estávamos a um passo da Terra Prometida. O rio Jordão era logo ali, e o nosso primeiro objetivo — a cidade de Jericó — estava muito próximo. Mas para Moisés ainda faltava algo para nos credenciar, aos olhos de Deus, a entrar em Canaã.

No fim da tarde, Balac, rei de Moab, aproximou-se de nosso acampamento com um grupo de guerreiros. Moisés já estava cansado daquela rotina de atritos. Era possível ver em seu semblante o desgaste de tantos anos de lutas para fazer o mundo conhecer o Deus Único.

Nosso líder não precisou se apresentar. A cada ano, a sua aura profética parecia torná-lo um ser extraterreno. Ele já não era mais humano como nós; seus feitos o haviam tornado divino.

Apoiando-se em seu cajado, ele aproximou-se de Balac e disse:

— Amigo, ao que devemos a honra de vossa visita?

Balac fechou o semblante e disse:

— Isso não é uma visita. Estamos aqui para expulsar-vos. Não sois bem-vindos.

Moisés ergueu a cabeça para o céu, meditou por alguns instantes, e afirmou, enquanto os seus olhos pareciam emitir uma luz divina:

— Quando chegamos, encontramos esses campos abandonados. Não havia ninguém morando aqui ou cultivando estas terras. Creio que é uma ambição desmedida de vossa parte acreditar que este local é domínio exclusivo de vosso povo. Estamos de passagem e acreditamos que toda a terra é do Senhor nosso Deus. Portanto, iremos ficar porque essa é a vontade do Altíssimo.

Balac se irritou e praguejou:

— Não me interessa o vosso deus! Eu sei que falais por todo o lugar por onde passais que não existem outros deuses, somente o vosso. Quero que o vosso povo abandone imediatamente as minhas terras!

Nesse momento, o exército de Israel colocou-se estrategicamente atrás de Moisés, que se virou com uma certa dificuldade para admirá-los. Balac se assustou com a organização e o peso do armamento dos guerreiros israelitas, e recuou. Ele já tinha mandado um pelotão para auxiliar os edomitas, mas ainda não tinha visto pessoalmente no que Israel transformara-se. Nosso exército, sob a liderança de Josué, a cada dia tornava-se uma máquina de guerra mais grandiosa, habilidosa e equipada. Tínhamos lanceiros e arqueiros, com uma habilidade notável. E nossas armas, com o passar dos anos, tornaram-se mais requintadas. Josué até possuía uma espada belíssima banhada a ouro.

Nosso líder então falou:

— Ouvistes falar sobre o que fizemos com os povos de toda esta região que nos negaram passagem? Então sede sábio, meu irmão, e voltai para o vosso lar! Não queremos nada de vós; desejamos apenas utilizar estes campos por algum tempo.

O rei moabita nada respondeu e se retirou lentamente com o seu exército. Quando ele e os seus lanceiros se afastaram, voltamos às nossas atividades: as mulheres foram buscar água e os homens começaram a erguer o acampamento.

Depois de montar a minha tenda, fui auxiliar Ariel e seus irmãos menores. Apesar de ter perdido um braço, ele já estava se virando muito bem; já tinha desenvolvido uma considerável destreza com a mão esquerda e procurava a todo instante ser útil.

Com o passar do tempo, sem que ele percebesse, fui introduzindo-o no grupo dos sábios de Israel, que lhe ensinaram o valor da mente. Ariel também passou a escrever com a mão esquerda e logo a sua letra estava tão clara quanto antes. Com o passar dos anos ele aprendeu diversas línguas. Meu objetivo era qualificá-lo, para depois pedir a Moisés que o aceitasse dentro daquele misterioso grupo de estudiosos que ele tinha criado, antes de partirmos de Cades. Minha filha Rute também estava empenhada nessa tarefa.

Alguns dias depois, Moisés convocou os principais representantes de todos os clãs de Israel e nos levou até o pico do monte Nebo. Quando chegamos lá no alto, ele apontou para as imensas terras que iam do Jordão até onde a nossa vista alcançava, e nos falou de forma solene:

— Eis, Israel, a Terra Prometida por Yahwéh aos nossos ancestrais!

Nós nos ajoelhamos no mesmo instante e agradecemos ao Grande Deus pela bênção que receberíamos em breve. Alguns minutos depois, o chefe da tribo de Neftali perguntou:

— Por que acampamos aqui? Estamos tão perto da Terra Prometida; deveríamos ter atravessado o rio e tomado posse da terra que nosso Senhor nos reservou.

Moisés se apoiou numa pedra que poderia lhe servir de banco e sentou-se. Depois, respondeu pausadamente:

— Canaã é uma terra que já está habitada. Lá, vivem os descendentes dos irmãos de nosso pai Jacó. Somos seus primos, mas eles não nos reconhecerão. Ademais, eles são escravos da cultura politeísta. Lutei muito para defender o nosso povo dessa perniciosa influência; portanto, para tomar posse da Terra Prometida teremos de derrubar os seus reis e destruir a sua cultura. Todo aquele que se submeter ao nosso Deus será agregado ao nosso povo; já os que se rebelarem, deverão ser eliminados ou expatriados. Assim que dominarmos as cidades de Canaã, teremos de quebrar em mil pedaços todas as imagens de deuses que lá encontrarmos. Essa é a vontade de Yahwéh!

Todos ficamos em profundo silêncio, sentindo apenas a brisa que vinha da Terra Prometida para beijar os nossos rostos. Aspiramos, maravilhados, o inebriante cheiro de terra fértil daquele local que nos era sagrado. Eu poderia jurar que sentia até o aroma do delicioso pão que a minha mãe fazia, de forma tão especial. Ela tinha morrido alguns meses antes. Acredito que já não suportava mais tantas lutas para chegarmos àquele lugar abençoado. O que me consolava é que eu sabia que agora ela estava nos braços do homem a quem mais amou: o meu pai, Zuar.

Fui desligado de meus pensamentos pela voz vigorosa de Josué, que perguntou ao nosso líder:

— Mosheh, quando iremos invadir Canaã? Eu preciso preparar os nossos guerreiros.

O profeta de Deus fez um sinal breve com a mão, para que Josué se acalmasse.

— Descansa, meu filho! O povo de Israel ainda não está pronto para pisar na terra que Yahwéh nos prometeu. Estamos bem próximos disso, mas ainda não é o momento. Eu vejo que o povo aqui está feliz. Além do mais, temos água em abundância e bons campos para plantar e alimentar o nosso rebanho. Não há porque ter pressa. Sinto que neste monte o nosso Deus nos iluminará com Sua sabedoria. Aqui concluiremos a formação espiritual de Israel, antes que possamos entrar dignamente em Canaã.

Concordamos com um gesto significativo e descemos o monte para cuidar de nossas vidas. As semanas que se seguiram foram bem tranquilas. Tocamos as nossas vidas em paz e harmonia. Todo o povo foi convidado a subir ao monte e vislumbrar a Terra Prometida, o que tranquilizou os israelitas incrédulos. Alguns diziam: "Então não é um sonho! Em breve, teremos a nossa pátria!".

Nos meses seguintes, Moisés subiu ao pico do monte Nebo junto com os seus eleitos para compilar os "Preceitos Eternos de Yahwéh", e nós ficávamos nas planícies cultivando a terra e cuidando da organização social de nosso povo. Israel alcançara um dos mais perfeitos estados de harmonia que já tinha visto em todas as minhas existências, entre qualquer povo. Pena que esse modelo se perdeu com o passar dos séculos, em decorrência da corrupção dos homens.

Não havia brigas nem atitudes contrárias às leis sagradas de nosso Deus. Moisés tinha conseguido realmente purificar a alma de Israel. Mas a que preço!... Tudo poderia ter ocorrido em paz, com a mensagem amorosa de Akhenaton, cem anos antes, no Egito; todavia, os rebeldes filhos de Deus precisaram sentir o aguilhão da dor na própria carne para compreender a beleza inesquecível do sentimento de amor e fraternidade, conforme já ressaltei algumas vezes nesta obra.

Seis meses depois, recebemos uma visita inusitada: um profeta conhecido da região, chamado Balaão, chegou ao nosso arraial montado numa jumenta; era um homem dócil e respeitável. Assim que desceu de sua singela montaria, informou-nos que gostaria de conhecer o grande profeta do Deus Único. Os soldados de Josué correram até nosso líder para avisá-lo da inesperada visita. Moisés então desceu do pico do monte, pois vivia mais com os sábios eleitos do que conosco, e recebeu o profeta estrangeiro.

Ambos se sentaram sob uma frondosa árvore, na encosta do Nebo, e Balaão lhe falou:

— Vou ser sincero, meu amigo: acredito que o nosso grau de consciência sobre as verdades sagradas nos convoca a uma conversa franca e aberta. Estou aqui porque Balac, o rei dos moabitas, me pediu para amaldiçoar a vós e ao vosso povo. Ele acredita que só poderá vencer-vos quando quebrar a proteção que recebeis dos imortais. No entanto, não estou aqui pelo ouro que ele me prometeu nem para vos amaldiçoar. Meus cabelos brancos já me deram a experiência necessária para enxergar um verdadeiro profeta e a vontade de Deus. O sopro divino habita o vosso coração! Eu sei que qualquer iniciativa contra vós será inútil, porque a vontade de Deus está convosco.

Moisés manteve-se em silêncio, tentando captar as intenções de Balaão. Depois de alguns instantes, perguntou reticencioso:

— O que então traz o amigo até aqui?

Balaão se ergueu, caminhou de um lado para outro e, depois de respirar profundamente, respondeu:

— Todos os sábios do mundo, desde os iniciados do Egito até os eremitas deste deserto, sabem que só existe um único deus. Não importa qual seja o nome que lhe damos. O Ser Eterno, Criador da vida, é um só! Imaginei que as massas ignorantes jamais aceitariam essa verdadeira crença. No entanto, quando percebi o crescimento de vossa missão, compreendi que esse é um grande projeto do Alto para finalmente iluminar a humanidade. Entreguei-me, então, ao estudo dos astros para ver se lá estava escrito esse fantástico fenômeno espiritual que está se concretizando pelas vossas mãos. E encontrei respostas que jamais imaginei em minha vida. Uma nova era se iniciará a partir de vossos passos. Assim que percebi isso, senti o desejo de presenciar esse fato de perto e conversar com o mentor dessa inigualável mudança em nossa humanidade. E também gostaria de orar ao vosso Deus, que é o mesmo meu, apesar de lhe atribuirmos nomes diferentes. Por essa razão, é que vos peço, profeta do Deus Único, que me permitais ajoelhar diante da famosa Arca Sagrada e orar ao Grande Deus, independentemente dos nomes que lhe atribuamos.

Balaão ficou em silêncio aguardando as palavras de Moisés. Mas este meditou, antes de dar a sua reposta.

— Desde que saí do Sinai, esta é a primeira vez que falo com alguém, fora do meu povo, que demonstra tanta sabedoria e iluminação interior. Confesso que isso até me chocou. Em consideração aos vossos nobres valores, concederei o que me pedis. Só rogo que não adoreis o nosso Deus por outro nome, não importa qual seja. Eu sei que estareis vos referindo ao Deus Único; no entanto, nosso povo jamais compreenderia que Yahwéh, Baal, Aton e todos os outros nomes utilizados pelos demais povos se referem unicamente ao Espírito Criador da vida. A falha das nações politeístas está na sua forma de culto e no ato absurdo de crer em outros deuses menores. Além disso, forjamos um trabalho de renovação moral sem igual na história dos povos.

Balaão curvou a cabeça em sinal de respeito e afirmou:

— Compreendo plenamente as vossas colocações, e assim me comportarei, pois sei que essas medidas são necessárias para os leigos, que ainda são cegos quanto aos assuntos espirituais mais profundos.

Moisés então conduziu Balaão até a tenda da Congregação e lá o profeta estrangeiro ajoelhou-se, estupefato, diante da poderosa Arca da Aliança.

Nosso líder fez um sinal a Aoliabe e a Melquiel para que eles acionassem o dispositivo de centelhamento elétrico da arca. Este último sacerdote tinha substituído Bezaleel, após sua morte no ano anterior.

A luz elétrica brilhou entre os querubins, sobre o "propiciatório", iluminando o maravilhoso baú. Parecia que as asas dos querubins sustentavam o magnífico facho de luz.

— Eis a "presença divina" materializada no mundo dos homens! — disse Moisés.

Admirado, Balaão comentou discretamente:

— Ó sim! O poder de El Shaddai, o deus do trovão dos madianitas do Sinai!

O profeta então sorriu.

— Sim, o mesmo Deus, porém com diversos nomes. Entretanto, chegará o dia em que o Criador não será mais nomeado, porque Deus é único e tudo o que é único não precisa de nomes para ser diferenciado dos demais.

Balaão concordou com um gesto, e, de joelhos, abaixou a cabeça e realizou uma prece íntima, com muito fervor. Moisés se sensibilizou com o gesto nobre do estrangeiro e o acompanhou na oração. Ambos ficaram ali, lado a lado, genuflexos, por um longo tempo.

Os sacerdotes responsáveis pelo serviço da Arca Sagrada se retiraram e deixaram os dois num absoluto estado de contemplação divina. Depois disso, ambos conversaram por mais algumas horas como velhos amigos. No fim da tarde, Balaão falou a Moisés:

— Já abusei demais de vossa hospitalidade. Sei que tendes vossos compromissos. Devo partir!

Nosso líder então perguntou ao novo amigo, no momento em que ele se preparava para montar sua jumenta:

— O que direis ao rei dos moabitas?

Balaão girou sobre os calcanhares, e respondeu:

— Falarei a verdade! Qualquer ataque ao povo de Israel só trará mais desgraças para Moab. Israel está protegido pelos Céus. Amaldiçoar ou lutar contra o povo escolhido pelo Grande Deus é uma temeridade!

O grande legislador sorriu e, enquanto Balaão partia em direção à comunidade dos moabitas, disse:

— Que a paz do Senhor seja convosco!

O profeta estrangeiro repetiu a mesma saudação.

Josué, que estava ao seu lado, perguntou demonstrando alguma desconfiança:

— Podemos confiar nele?

Moisés colocou a mão no ombro de seu general e falou com tranquilidade:

— Josué, és um grande guerreiro e conheces um bom soldado somente pelo seu olhar. Estou correto?

O general de Israel concordou com um gesto simples e Moisés então concluiu:

— Eu sou um profeta de Deus e reconheci no olhar desse homem algo que só vi até hoje em Amenófis, Jetro e Henok.

— Então confio em teu juízo, meu mestre!

E Balaão cumpriu o prometido: chegando no reino de Moab, informou a Balac que seria infrutífero qualquer ataque ao povo de Israel. Além disso, desaconselhou terminantemente uma ofensiva, com o risco de os moabitas sofrerem uma punição do poderoso deus dos israelitas.

Balac tentou insistir, pedindo ao profeta que amaldiçoasse Israel para que o povo escolhido perdesse os seus poderes. Entretanto, ele se negou, alegando que isso desgostaria os imortais, que o fariam perder o dom divino de profetizar.

Percebendo que era inútil e arriscado afrontar Israel, Balac passou a oferecer sacrifícios aos seus deuses para que o povo escolhido por Yahwéh atravessasse logo o rio Jordão em direção a Canaã.

Assim, cinco anos se passaram desde que chegamos nas planícies de Moab, período de paz e alegria no qual adquirimos imensos valores.

Determinada manhã, acordei muito bem-disposto e me dirigi à tenda de mestre Henok. Apesar de ele estar sempre auxiliando Moisés a instruir os escolhidos no topo do monte Nebo, dedicava algum tempo ao povo simples e a mim. Algumas vezes, até me convidava a subir junto com ele o monte, e eu lhe respondia:

— Sinto que a minha tarefa está aqui embaixo. Eu devo dar uma atenção maior ao meu clã e preparar os meus filhos para a minha sucessão. Prefiro deixar para Rute e Ariel os encargos dos sábios; eles possuem muito mais capacidade para isso do que eu, e também são jovens, poderão propagar a mensagem de Yahwéh por muito mais tempo.

Henok era um homem incansável, apesar da avançada idade — tinha quase oitenta anos, embora não aparentasse. Nesse grande homem encontrei o pai que havia perdido muito cedo num acontecimento marcante, conforme narrei no primeiro volume desta jornada.

Henok e Rute foram amigos fundamentais para o meu crescimento nesta existência; sem eles, talvez eu não tivesse desanuviado a minha mente dos traumas que tinha vivido em existência anterior. Devo muito do homem melhor que hoje sou a Henok, reencarnação de Hermes ao tempo de Moisés.

Quando cheguei na sua tenda, o encontrei deitado de lado, de costas para a entrada. Coloquei a mão no seu ombro e falei, com voz serena:

— Mestre, já é muito tarde! Não vos levantareis?

Ele virou-se para mim com dificuldade e disse:

— Natanael, os meus dias neste mundo estão se findando. Estou perdendo a força de meus membros. Creio que não tenho mais como me erguer para as lutas da vida.

Fiquei petrificado com aquelas palavras.

— Não pode ser, meu mestre! Ainda sois tão jovem e forte!

Nunca imaginei que pudesse ver-vos assim!

Ele sorriu e se dirigiu a mim com uma voz fraca e abafada:

— Não sou jovem como dizes! Mal me recordo de minha infância como escravo no Egito. Acredito que já cumpri minha missão. Chegou a hora de partir para junto daqueles que me precederam: os meus queridos amigos Amenófis e Jetro.

— Jetro morreu? — indaguei.

— Ele às vezes conversa comigo em minhas meditações.

Sem saber o que fazer, tentei animá-lo dizendo:

— Henok, não podeis partir agora! Estamos tão perto da Terra Prometida. Em breve, o Messias chegará e teremos de recebê-lo. Mereceis estar aqui quando isso acontecer.

Ele me olhou com serenidade e falou:

— Natanael, sabes bem que o Messias não virá agora. Isso só ocorrerá quando a humanidade estiver pronta para mais uma nova revelação. Mas quem sabe não regressaremos de novo à vida física para ver tudo isso de muito perto? Que Deus nos abençoe e nos permita ser humildes servos do Grande Espírito em Sua gloriosa missão!

Concordei com o inigualável sábio e, enquanto ele suspirava para repor as forças, corri ao encontro de Rute. Logo ela estava ao seu lado para ampará-lo naquele momento extremo de sua existência. Algumas horas depois, suas forças foram se esvaindo mais e mais, até que o seu espírito glorioso abandonou a matéria e subiu aos Céus, que é a morada compatível com o seu nível espiritual.

Moisés decretou luto por tempo indeterminado, tal a grandeza de Henok aos seus olhos. O povo lamentou por muitos dias, pois o grande sábio da tribo de Levi era sempre amoroso e generoso com todos. Ao contrário de Moisés, que precisava ser rude, Henok sempre tinha uma palavra amiga e conciliadora. Sua autoridade moral era tão grande que até os rebeldes se submetiam às suas palavras — única exceção foi a tragédia do bezerro de ouro. Mas obviamente que Henok tratava de assuntos menos críticos que Moisés.

Com o passar dos dias, senti um imenso vazio por causa da morte do grande mentor. Para agravar ainda mais esse sentimento, Rute conseguiu o ingresso definitivo de Ariel no grupo de estudos dos eleitos. Os dois então passaram a viver junto de Moisés durante a maior parte do tempo.

Minha filha me confidenciava que o profeta parecia estar acelerando os estudos, pressentindo que sua vida não seria muito longa. Apesar de não querer aceitar essa idéia, percebíamos que os seus movimentos estavam mais lentos e a sua voz mais fraca, a cada dia.

E já que Rute e Ariel estavam ocupados com os ensinamentos de Moisés, passei a dedicar mais tempo aos amigos Aiezer e Eliabe, ou então ao meu irmão Uziel e aos meus filhos e sobrinhos. Sem esquecer, é claro, de procurar atender as carências das minhas esposas, que sempre reclamavam mais atenção.

Jesiel cada vez mais demonstrava maior maturidade e espírito de liderança. Ao perceber isso, passei a colocar as responsabilidades do clã de Issacar em suas mãos. O menino realmente possuía uma capacidade de liderança notável. Ele conseguia agregar a todos em prol dos seus objetivos.

Ao vê-lo tão desembaraçado, realizando aquela importante atividade, lembrei-me de sua mãe Débora. Ela reclamava sempre que eu não dava a devida atenção aos seus filhos, no entanto agora o seu primogênito seria o meu sucessor na chefia da tribo de Issacar.

Almas valorosas não precisam utilizar-se de subterfúgios para se destacarem. Jesiel demonstrou sua capacidade como poucos e conquistou o seu espaço. Dentro de uma sociedade digna, o próprio esforço traz a recompensa. Jesiel era um exemplo concreto do belo trabalho de renovação moral e espiritual do povo de Israel no deserto. Ele demonstrou sua notável nobreza de caráter, de forma inesquecível, quando salvou da morte o seu irmão e maior rival na sucessão do clã de Issacar.

Entretanto, nem todos os meus filhos eram assim tão maravilhosos. Um deles me trazia muitos problemas. Ele era arredio e contestava sempre a minha autoridade. Havia um motivo para isso: ele era Natan reencarnado!

Conforme relatei no trabalho anterior, Natan tinha tentado me roubar a chefia do clã de Issacar, logo após a morte de meu pai, Zuar. Ele morreu pelas minhas mãos, e a sábia Lei de Causa e Efeito fê-lo retornar aos meus braços, como uma frágil e indefesa criança, para que nos harmonizássemos. Foi uma tarefa difícil, mas em minhas últimas semanas de vida nos tornamos muito amigos. Minha dedicada atenção aos traumas de meu rebelde filho fez que, no final, ele superasse a sua aversão a mim e construísse um futuro feliz para si, livre do ódio e cultivando com sinceridade os valores ensinados por nosso líder.

Contudo, mesmo tendo bons amigos e filhos maravilhosos, eu não me sentia feliz. Naquela semana, comecei a sentir a mesma vibração estranha que eu percebera durante os acontecimentos do culto ao bezerro de ouro e quando os filhos de Aarão morreram por oferecer um "fogo estranho" ao Senhor. Fiquei apreensivo porque tudo parecia correr muito bem. Imediatamente comentei isso com Rute e ela me relatou que, segundo informações do próprio Moisés, não precisávamos mais nos preocupar com o nosso povo, pois o mal estava afastado de Israel.

E ela tinha razão! O problema que eu pressentia era de natureza pessoal. Rebeca passou a entrar num estranho estado de depressão; a cada dia se tornava mais taciturna e irritadiça, mesmo recebendo os meus carinhos e dos seus amoráveis filhos.

Rute estava envolvida por sentimentos de luz por seu belo trabalho, e também porque começava a brotar em seu coração um amor cada vez maior por Eliezer, filho caçula de Moisés. Assim, ela nada percebeu do desequilíbrio da mãe, pois sua alma estava nas nuvens. Vendo a felicidade de minha filha, preferi não lhe confidenciar as minhas graves impressões sobre o estado de Rebeca, a fim de não preocupá-la.

Algumas vezes, minha esposa falava coisas desconexas, como se uma força misteriosa tomasse conta de suas cordas vocais. Com o passar das semanas, percebi que Rebeca começou a nutrir um ódio incontrolável por mim. Ela tentava represar esses sentimentos lutando contra si mesma, mas era inútil. Nesses tristes momentos, minha companheira de tantas lutas se mantinha quieta ou respondia às minhas perguntas com desdém, como se estivesse enojada da minha presença.

Durante o sono, espíritos do mal a levavam para uma região sombria e rememoravam os acontecimentos finais de sua vida, ao tempo de Akhenaton. Eles diziam a Rebeca que ela deveria me matar com um punhal, conforme eu fizera com ela no passado. Para corroborar as suas palavras sombrias, os espíritos mórbidos lhe falavam:

— Olho por olho, dente por dente! Não é isso que apregoa o líder de teu povo? Deves cobrar até a última gota de sangue pelo mal que ele te fez passar. Somente assim estarás livre dessa angústia.

Determinado fim de tarde, entrei em nossa tenda e a vi acariciando um dos meus punhais, com um olhar estranho, quase petrificado. Perguntei se estava tudo bem e ela desconversou. Para não irritá-la, resolvi sair e dormir junto com alguma de minhas outras esposas, o que terminou alimentando ainda mais o seu ódio.

Naqueles dias, eu estava muito agoniado e triste. Ao invés de reagir com revolta, como costumava fazer na minha juventude, resolvi relembrar os belos ensinamentos de Henok sobre o amor e a compreensão. Quanto mais eu me lembrava do mentor amigo, parecia que mais perto de mim eu o sentia. E ele realmente estava ali, próximo, em espírito, para me intuir a fazer a coisa certa, que era orar a Deus.

Com absoluta naturalidade, coloquei-me de joelhos sob a sombra de uma árvore acolhedora e orei com fervor:

> Meu Senhor, Deus de Israel, amparai-me neste momento de angústia, pois sinto que nuvens escuras do mal pairam sobre o meu destino. Não sei o que fiz para que Vossa magnânima luz tenha se afastado de mim e as trevas tenham se acasalado no coração de Rebeca. Amo minha esposa e desejo lhe fazer todo o bem que estiver ao meu alcance. Inspirai-me, Senhor, para que eu aja de forma que se restabeleça a paz e a concórdia em nossas vidas!

Depois dessa rápida oração, me senti renovado. Rebeca também melhorou bastante, mas não demorou muito para ela entrar na vibração das trevas novamente. Assim operam os irmãos desencarnados que ainda acreditam nas forças do mal: eles aguardam que nós os alimentemos com sentimentos negativos para estabelecer a sintonia obsessiva. Na verdade, não somos vítimas de obsessões espirituais; criamos um sistema de troca de energias negativas com esses irmãos escravizados no caminho das sombras. Se nos sintonizarmos com a luz, libertando-nos das trevas, jamais estabeleceremos uma frequência dessa natureza, pois os bons pensamentos e nobres ideais nos associam aos bons espíritos, que só nos inspiram ao sucesso e à paz.

Vários dias depois, em determinada manhã, acordei com a nítida sensação de que aquele seria o meu último momento na Terra. Um aperto no peito fez que instintivamente eu visitasse todas as pessoas a quem eu amava e conversasse com elas por horas. Algumas de minhas filhas até me perguntaram por que eu estava tão carente naquele dia. Mas eu sinceramente não sabia explicar.

A noite daquele fatídico dia surgiu no céu de forma especial. Quando o Sol desceu no horizonte da planície de Moab, eu chorei como se nunca mais fosse vê-lo. Desde a minha encarnação com Akhenaton, eu tinha criado uma relação muito especial com o astro-rei, já que o culto a Aton se referia à adoração a ação benéfica dos raios solares.

Percebi então que o perigo estava ao lado de Rebeca, mas mesmo assim fui dormir com ela. Fugir do problema não iria solucioná-lo! Minha esposa estava especialmente obsediada por espíritos do mal naquele dia, e já tinha escondido uma pequena adaga perto do nosso leito. Eu entrei na tenda como um cordeiro que se preparava para o sacrifício. Ela me olhou com desinteresse, e foi deitar-se. Eu me sentei num canto e meditei um pouco; depois hesitei mas resolvi lhe falar:

— Rebeca, te lembras de quando vivíamos no Egito? O nosso casamento, as primeiras viagens... Apesar de todas as dificuldades e atritos pelos quais passamos, na minha opinião vivemos bons momentos.

Ela se virou para mim e perguntou curiosa:

— Natanael, por que estás pensando nisso agora?

Eu sacudi a cabeça e disse:

— Não sei! Hoje, um sentimento de nostalgia me dominou durante o dia inteiro. Sinto que minha vida está encerrando uma etapa, e terminei refletindo muito sobre todas as coisas que fiz nesta existência. Algumas delas, eu me orgulho, mas outras me conduziram a um sentimento de muita tristeza. Hoje compreendo que, se te fiz feliz em algum momento, te entristeci em muitos outros. Não compreendi o teu coração de mulher e te cobrei uma reforma íntima de maneira, às vezes, demasiadamente agressiva. Eu sei que faria tudo de novo se tivéssemos de recomeçar, mas agora aprendi que devo me colocar em teu lugar e procurar sentir as tuas dores. Ao invés de ser teu parceiro e confidente, fui um pai cruel e arrogante. Creio que cheguei ao destino a que me propunha, mas trilhando a estrada tortuosa!

Rebeca me olhou com lágrimas nos olhos, não acreditando naquilo que ouvia, enquanto eu abria o meu coração de uma forma tão sincera que até eu mesmo me surpreendi. Profundamente emocionado, completei:

— Se um pedido de desculpas de minha parte puder ajudar-te a me perdoar, serei eternamente feliz e poderei morrer em paz, se o nosso Senhor desejar levar minha alma esta noite.

Minhas últimas palavras levaram Rebeca a um choro compulsivo, cujo motivo eu não compreendia. Corri até ela e a abracei, para acalmá-la. Por diversas vezes, perguntei o que estava acontecendo e qual o motivo daquele choque emocional tão grande. Depois que muito insisti, ela apontou, com a mão trêmula, para uns mantos de pele de carneiro jogados de forma desordenada ao lado de nosso leito. Fui até lá e encontrei, embaixo da pilha, uma adaga muito afiada. Meu coração então gelou quando vi aquela arma mortal, e imediatamente me transportei para os últimos momentos de minha encarnação anterior, em que eu me chamava Radamés e ela, Kermosa.

Relembrei passo a passo o desfecho trágico de nossas vidas que estava bloqueado no meu inconsciente, enquanto ela chorava e me pedia desculpas pela loucura que arquitetara durante a madrugada. Depois de alguns instantes meditando sobre o meu destino, me aproximei novamente dela e a abracei com ternura.

— Não precisas te desculpar, meu amor! Eu te compreendo e te perdôo. És a mulher a quem mais amo nesta vida, e vou fazer de tudo para reconstruir o nosso relacionamento. Eu te prometo que agora que os nossos filhos estão encaminhados me dedicarei somente a ti. Eu quero ouvir mais o teu coração, os teus sonhos, os teus anseios. De agora em diante, serei somente teu e jamais te tratarei com severidade! Já realizamos o nosso papel no mundo. Cabe à nova geração o trabalho de manter a honra, a disciplina e a dignidade de Israel.

Rebeca me abraçou forte e falou, com o rosto coberto de lágrimas:

— Não sei por que esses sentimentos assaltam a minha alma, Natanael! Eu te amo mais do que aos meus próprios filhos, e no entanto quase cometi um gesto tresloucado esta noite. Agora, só de pensar em viver sem ti, já me sinto enlouquecendo. Acho que agiste com justiça e amor durante todos esses anos, porque se tu não freasses os meus instintos talvez eu já estivesse morta por descumprir os mandamentos de nosso Senhor.

Então coloquei as mãos nos lábios dela e disse:

— Vamos esquecer tudo isso! Eu quero, a partir de agora, somente te amar. Rute e Ariel estão tendo a honra de trabalhar perto de Moisés, no grupo dos sábios. Jesiel chefiará a tribo de Issacar e todos os meus filhos adultos estão bem encaminhados. Cuidarei somente de ti e de nossas jovens crianças. Aquieta o teu coração! Desejo ouvir somente coisas alegres, pois sinto que renasci esta noite. O Senhor, em todo o Seu esplendor e sabedoria, me mostrou uma nova vereda de evolução espiritual que devo seguir. E eu espero aproveitar essa experiência de crescimento durante todos os dias que me restam neste mundo. Quero aprender a amar!

Rebeca me abraçou com imenso carinho e falou, como se tivesse recuperado o prazer em viver:

— Meu amor, como eu precisava ouvir isso! Durante todos esses anos, vivi à tua sombra sonhando com o dia em que me dirias que eu sou importante para a tua vida. Nunca me interessei em ser considerada bela, ou inteligente, ou então com habilidades especiais; só desejei ser importante na a tua vida e que te sentisses feliz ao meu lado!

Depois daquele dia, me desinteressei por todos os assuntos que me eram pertinentes e passei a conviver o tempo todo com Rebeca: passeávamos a cavalo pelos campos, brincávamos e trocávamos confidências, como dois namorados que acabaram de se conhecer. Ela desanuviou a mente e se libertou das trevas que a envolviam.

Por meio da ação do amor, a Lei de Ação e Reação que nos convidava à harmonia pelo caminho da dor se extinguiu. Somente o amor liberta, ao passo que o ódio escraviza. O carma pode ser plenamente modificado desde que trilhemos o iluminado caminho do amor e da sabedoria.

Moisés e o rei de Jericó | 17

Quase dez anos se passaram desde que chegamos às planícies de Moab. Nesses dias, nosso povo tinha conquistado um grau de maturidade moral, social e espiritual nunca vistos, estabelecendo um longo período de paz e prosperidade.

Fazia quase vinte e nove anos que havíamos deixado o Egito, sendo que nos últimos cinco eu tinha me dedicado totalmente à companhia de Rebeca — anos maravilhosos! Parecíamos almas gêmeas, eternamente enamoradas. Nos fins de tarde, passeávamos pelas planícies de Moab ou então subíamos ao monte Nebo para observar de longe os nossos filhos estudando os primórdios da futura filosofia essênia, junto com os demais sábios de Israel. Claro que isso causou alguns sentimentos de rancor em minhas outras esposa! Algumas abrigavam um perigoso sentimento de despeito em seus corações.

— Tu nunca nos amaste, Natanael! Apenas nos usavas como um pedaço de carne para saciar os teus desejos — diziam elas.

Indignado com tais acusações, eu me defendia:

— Cumpri a vontade de nosso Deus, que determinou que nosso povo crescesse e se multiplicasse. Eu vos dei muitos filhos, eduquei-os com amor e nada vos faltou.

Uma delas, então, gritou chorando:

— Faltou amor! Somos seres humanos! Queremos ser amadas e não apenas fazer parte de um plano divino.

Eu me sensibilizei com a dor delas e as abracei, dizendo enfim:

— Estamos ficando todos velhos e não tenho mais energia para cuidar de todas vós. Nossos filhos são criaturas adoráveis e vos amam com imensa ternura. Olhai para essas dádivas que o Senhor colocou em nossas mãos, ao invés de alimentar rancor em vossos corações! Eu prometo que procurarei visitar-vos e dedicar-vos mais atenção. É que algumas vezes me sinto muito cansado; parece que vivi três séculos numa única existência. Durante todos esses anos, sempre tive de lutar para amparar a todos. Entretanto, alguém se preocupou com as minhas dores ou aliviou o meu fardo? Talvez somente minha filha Rute tenha agido dessa forma, pensando mais em mim do que em si mesma.

Elas se calaram e ficaram meditando sobre as minhas palavras, enquanto eu avaliava como o casamento poligâmico era complicado e injusto para com as mulheres. Ele foi necessário para fortalecer o exército e a própria nação de Israel; no entanto, poucos valorizavam o sofrimento que as mulheres passavam para atender a esse objetivo. Muitas morreram nos infindáveis partos ou derramaram lágrimas de sangue para criar toda a sua imensa prole. Mas, se assim não fosse, talvez morressem sozinhas; e foi o que aconteceu na maioria dos casamentos, pois, mesmo contrariando as determinações de Moisés, muitos maridos mal viam as esposas, apesar de as protegerem, embora elas no fundo desejassem e merecessem mais amor e atenção.

Por outro lado, a situação dos homens também era difícil. Casar-se com várias esposas, gerar dezenas de filhos, e atender todos, era muito desgastante. Analisando sob a ótica espiritual, e até mesmo sob a social, a monogamia é o modelo de casamento correto. Portanto, somente um desequilíbrio considerável entre os sexos, num povo em condições semelhantes as do de Israel, após o cativeiro, pôde justificar a poligamia adotada como parte do grande projeto monoteísta de Moisés.

Nas semanas seguintes, assim que eu percebia que Rebeca desejava dedicar mais atenção aos filhos ou ficar sozinha, me desdobrava para estar com os demais membros de minha numerosa família, e assim aliviar as carências e tensões. Entretanto, dois meses depois, tive de mudar de planos: Rebeca começou a ficar cada dia mais fraca, prenunciando a sua morte. Sua voz, nos últimos dias de vida, quase desapareceu, pois ela estava com câncer na faringe e esôfago. Eu tinha de me aproximar de seu rosto para conseguir ouvi-la.

Nos últimos instantes de vida, Rebeca segurou a minha mão e sussurrou serenamente:

— Agora compreendo a sabedoria divina! Parece que a chegada da morte faz que reflitamos sobre os desígnios de Deus. Até mesmo esse fogo que me queima a garganta sem trégua, sinto que é uma drenagem para purificar algo de ruim que fiz no passado. Hoje em dia, enxergo Yahwéh como Pai, e não como carrasco, apesar de toda a rigidez de Sua mensagem. Se nossos filhos são criaturas maravilhosas é por causa do austero modelo implantado por Mosheh. Lembras-te de nossa juventude no Egito? Éramos jovens sem valores. A sociedade egípcia criava os seus filhos de uma forma egoísta, arrogante e individualista, desprezando as nobres virtudes. Agora, vejo nossos filhos agindo com uma nobreza de caráter que me assombra. Ó meu Deus, me arrependo muito de minhas fraquezas! Deixei de cuidar de minha mãe quando ela adoeceu, demonstrando toda a minha imaturidade espiritual, e agora todos os meus valorosos filhos me amparam neste momento angustiante... Isso muito me alegra; mas lança uma luz sobre o meu desprezível egoísmo! Ah! Natanael! Hoje percebo o quão importante foi o trabalho de nosso líder, e me arrependo de não tê-lo apoiado desde o início. Agradeço a Deus por ele não ter me executado em Elim, quando adorei aos falsos deuses. Só assim pude aprender em vida os verdadeiros valores da alma!

Rebeca se calou por um instante para aliviar as dores na garganta, engolindo a saliva com extrema dificuldade; depois prosseguiu:

— Agradeço-te, meu adorado esposo, por teres me aberto os olhos, mesmo que tenha sido de forma dolorosa.

A lucidez espiritual de Rebeca naquele momento me fez pensar que tudo tinha valido a pena. Agradeci a Deus pela oportunidade de ter vivido ao seu lado, durante toda as nossas vidas, pois não existem pessoas más, e sim carentes de amor, atenção e esclarecimento espiritual.

Abracei minha esposa e lhe disse, profundamente sensibilizado:

— Acho, minha querida, que a vida humana tem exatamente essa finalidade: Deus nos envia ao mundo das formas para aprender, uns com os outros, a nos tornar pessoas melhores a cada nova existência. Voltaremos juntos à vida física outras vezes para intensificar ainda mais o nosso amor. A beleza dos dez mandamentos e das demais leis de nosso Deus é que moldou os nossos valores. Se seguirmos as leis divinas com dignidade e honradez, seremos sempre uma grande nação. O que dizer do mandamento "Honra o teu pai e a tua mãe"? É isso que os nossos filhos cumprem neste instante! E o mais belo é que eles compreendem a grandeza e a importância desse gesto. O cumprimento das leis de Deus é o que nos diferencia dos animais e dos povos bárbaros.

Ela então segurou minha mão com mais força e suspirou.

— Radamés, eu te amo mais que tudo. E sei que sempre vou te amar.

Nesse exato instante em que Rebeca proferiu tais palavras, entregou sua alma a Deus. Inconscientemente ela mencionou o meu nome da encarnação em que os nossos destinos se ligaram por um desejo puramente carnal e um intenso ódio. Agora finalmente tínhamos migrado para o amor maduro e fraterno: o amor verdadeiro, aquele que não suga, apenas doa!

Eu beijei o seu rosto e lhe disse, enquanto sua alma se afastava serenamente do corpo:

— Segue, meu amor, pelo caminho da luz de Deus!

Nas semanas posteriores, me dediquei intensamente aos assuntos da família; comecei a meditar sob a ação generosa do Sol nos fins de tarde, como fazia na cidade celestial de Akhenaton, em encarnação anterior. Durante esses momentos, eu refletia sobre toda a minha existência e procurava aprender com as lições da vida. Lembrava-me também de meus queridos pais e dos amigos iluminados que partiram, como Henok e Amenófis.

Já que Rebeca havia partido para a pátria espiritual, passei a dar mais atenção às demais esposas, procurando compensar a ausência do passado. Com o tempo, nos tornamos muito amigos; as paixões da juventude tinham dado espaço ao bom senso da maturidade. Até que, certo dia, Moisés chamou todos os chefes dos clãs para uma reunião. Eu tinha deixado os encargos da tribo de Issacar totalmente nas mãos de Jesiel, mas ainda assim nosso líder exigiu a minha presença. Outros líderes que também estavam delegando a chefia aos filhos, em razão da idade avançada, também foram chamados.

O inabalável profeta de Yahwéh, agora bem envelhecido, nos falou:

— Convoquei-vos aqui para avisar que chegou o momento de adentramos a Terra Prometida. Eu já enviei um mensageiro a Jericó solicitando uma audiência com o rei. Iremos todos juntos, eu, Josué, os chefes de clãs e seus sucessores.

Eu ergui a mão e falei, com grande preocupação:

— Mestre, ir todos juntos é muito perigoso. E se sofrermos uma emboscada dentro da cidade-murada? Eles podem nos fazer reféns ou até nos matar. A liderança de Israel ficaria seriamente comprometida. Nosso povo viria a se perder se todos os seus líderes desaparessem de uma só vez.

Moisés fez um sinal para eu ficar tranquilo:

— Natanael, acalma o teu coração e tem fé! Nós estaremos com o Senhor!

Abaixei a cabeça, resignado, porque Moisés não tolerava a falta de fé na proteção do Senhor. E certamente não era o momento de contrariá-lo.

Dia seguinte, nosso mensageiro retornou informando que seríamos recebidos pelo rei de Jericó. Então, montamos nossos cavalos e atravessamos o rio Jordão. Naquela época do ano, o volume de água era muito baixo e permitia a travessia com camelos ou a cavalo, sem a mínima dificuldade.

Um pouco mais além, estava a grande muralha de Jericó; uma verdadeira fortaleza dos tempos antigos. Nosso líder então se voltou para nós e disse:

— Alguns anos antes de eu nascer, os gregos venceram a cidade de Tróia, que era muito mais guarnecida que esta! Se os gregos puderam triunfar nessas condições, imaginai o que fará o nosso Senhor!

Ao vermos aqueles muros muito altos, nos entreolhamos,

impressionados, mas resolvemos não tecer nenhum comentário. Logo, os pesados portões foram abertos e colocamos, pela primeira vez, nossos pés na Terra Prometida. Ao contrário do que diz a Bíblia, Moisés também pisou em Canaã, mas isso ocorreu apenas essa única vez!

Um grupo de guerreiros cananeus então se aproximou e nos conduziu ao palácio do rei. Ficamos admirados com a magnífica cidade, construída com pedras e tijolos, enquanto caminhávamos pelas ruas estreitas. Nossos filhos então... ficaram ainda mais deslumbrados, pois desconheciam completamente aquele tipo de construção. Eles sempre tinham morado em tendas pelo deserto.

Eu me aproximei de Jesiel e falei:

— Vê, meu filho! Eram cidades assim que construímos para o faraó do Egito, antes de nosso Deus nos libertar da escravidão.

Ele me olhou com imenso respeito e falou:

— Nosso povo deve ter sofrido muito nas mãos dos egípcios. Eu te prometo, pai, que jamais permitirei que Israel se torne um povo escravo novamente.

Fiz um sinal positivo com a cabeça e prosseguimos em silêncio. Poucos minutos depois de seguirmos pelas ruelas, adentramos uma construção que se destacava pelo luxo. Ficamos frente a frente com o rei de Jericó. Ele olhou para Moisés com cautela, por alguns instantes, e depois falou, querendo demonstrar uma autoridade que não possuía perante nosso líder:

— Então sois vós quem apregoa que os nossos deuses são falsos?! Eu já estou informado de vossas intenções em nossas terras e devo afirmar-vos que sois mais louco do que eu pensava. Como tendes coragem de vir ao meu reino de mãos desarmadas? Não compreendeis que posso vos matar e encerrar essa vossa suposta pretensão aqui mesmo?

Colocamos as mãos na cintura, à procura de nossas armas, e lamentamos tê-las abandonado por ordem da guarda de Jericó. Moisés não se abalou e, enquanto apoiava o seu envelhecido corpo sobre o cajado, disse:

— Não possuís poder algum sobre nós. Minha vida e a de meu povo estão nas mãos de nosso único e verdadeiro deus. Ela só se extinguirá quando for a vontade do Criador do mundo!

O soberano cananeu assustou-se com a afirmação segura de Moisés. Ele já conhecia os diversos fatos e lendas a respeito da vida do grande profeta, pois algumas pessoas diziam que ele falava face a face com Deus.

Depois de pequena pausa, o profeta prosseguiu:

— Nós estamos aqui para fazer-vos enxergar com lucidez a vontade divina. Somos descendentes do clã de Jacó, uma das principais famílias de Canaã que partiu destas terras há mais de quatro séculos, para viver no Egito. Agora retornamos por ordem de nosso Senhor para implantar nestas terras a crença no Deus Único.

O rei de Jericó sorriu, com indisfarçável preocupação; olhou para os seus assessores e falou, tentando disfarçar a angústia:

— Realmente deveis ser loucos. Acreditais que abandonaremos o culto ao deus Moloc ou Baal para nos submeter ao vosso Deus?

— Devereis submeter-vos somente ao nosso Deus, abandonando a crença politeísta — respondeu Moisés serenamente —, e devereis cumprir também os mandamentos do Eterno Criador, que são as nossas leis. Não mais sereis o rei desta cidade e vossos familiares e amigos não terão nenhum poder sobre o povo. Ficareis todos submissos ao nosso comando espiritual e administrativo; caso contrário, vosso destino será a morte.

Eu e Aiezer nos entreolhamos; é possível que tenhamos pensado a mesma coisa: "Moisés está querendo nos ver mortos!". Dizer tudo aquilo na frente do inimigo, sem armas, era uma temeridade.

O rei de Jericó manteve-se em silêncio; depois falou, de forma reticenciosa:

— Eu não estou entendendo onde quereis chegar. Acreditais que vou ter medo de vosso Deus e de vossas feitiçarias, como fizestes no Egito? Mas nós também temos os nossos deuses e eles são mais fortes que o vosso. Acreditais que o poder dos imortais está somente do vosso lado? Nós não nos submeteremos ao deus de um povo mendigo.

Ele então fez um sinal para que o seguíssemos e nos conduziu a um anexo do palácio real. Lá chegando, vimos um templo suntuoso onde diversas sacerdotisas, vestidas apenas com uma túnica de seda transparente, estavam orando de joelhos diante de uma fria estátua do deus Moloc, cuja imagem era representada por uma grande cabeça humana com dois cornos; a boca era imensa e, do fundo dela, subiam labaredas, revelando tratar-se de uma grande fornalha.

Enquanto as sacerdotisas oravam, procurando aplacar a ira do deus mais do que pedir bênçãos, alguns padres conduziam crianças decapitadas para alimentar a boca fúnebre da estátua de pedra. Ficamos todos estupefatos com aquela selvageria. Os mais velhos lembraram-se dos sacrifícios humanos de nossas crianças ao deus amalecita, que ocorreu logo nos primeiros dias de nossa liberdade. Todos, então, reagimos com imensa indignação àquela barbárie.

O rei de Jericó, percebendo a nossa irritação, disse-nos com um sorriso de vitória no rosto:

— Vós julgais que os deuses estão somente convosco? Nós estamos oferecendo as nossas crianças para alimentar a força de Moloc. O sangue novo e inocente desses infantes agradará Moloc, que ficará favorável à nossa petição e nos fará vitoriosos! Por isso, eu vos aconselho a vos afastardes de nossa região.

Moisés não mais se conteve e falou, com indisfarçável irritação na voz:

— Sois piores que animais insensíveis! Matar crianças para alimentar uma inútil estátua de pedra, fruto de vossa própria ignorância, é algo abominável aos olhos do Grande Deus. Não faremos acordo algum convosco! Derrubaremos vossas muralhas, mataremos todos aqueles que não se submeterem de coração ao nosso Deus e quebraremos todas essas imagens que são o símbolo da vossa pobreza de espírito e ignorância.

Os cananeus se surpreenderam com a reação de Moisés e o seu rei ordenou à guarda:

— Matai esses hereges que ofendem o grande Moloc!

Rapidamente os soldados partiram para cima de nós com lanças e espadas nas mãos, mas o grande profeta de Deus ergueu o cajado e gritou:

— Recuai, em nome do único e verdadeiro deus!

Os soldados foram acometidos por uma sensação intensa

de pavor e voltaram lentamente sobre os seus próprios passos. Alguns começaram a chorar de medo, como se estivessem vivenciando em suas mentes cenas pavorosas. Mais uma vez, Moisés utilizava seu incomum poder hipnótico para vencer uma disputa.

Durante esse episódio, nem percebi o que estava acontecendo com o meu filho Jesiel, que trocava olhares significativos com uma das sacerdotisas. Num gesto impulsivo, ele subiu as escadas do templo do deus sanguinário e trocou algumas palavras com a jovem.

Em meio aquela confusão, começamos a nos retirar, caminhando de costas sem tirar os olhos do inimigo. Como Jesiel não vinha, eu corri até ele e gritei:

— Vem Jesiel! Não podemos perder nem mais um minuto!

Moisés girou sobre os calcanhares e caminhou na nossa frente, segurando o seu cajado com determinação. Nenhum dos guardas barrou a nossa saída. Em frente ao imenso portão da cidade, pegamos as nossas espadas, montamos em nossos cavalos e galopamos rapidamente para o nosso acampamento. Chegando lá, perguntei ao meu filho:

— Estavas louco, Jesiel! Aquela não era hora para namorar. Tiveste uma atitude deplorável diante de nosso líder!

— Pai, aquela é a mulher da minha vida. Eu a quero como esposa. Sinto que não poderei viver sem ela.

Eu me virei para ele, espantado, e disse:

— Enlouqueceste, Jesiel? Ela é uma adoradora do deus Moloc!

— Pai, enquanto Moisés falava com o rei, eu a fitei por alguns instantes e percebi um pedido de socorro em seus olhos. Quando ocorreu a confusão, eu me aproximei e ela me confidenciou que muitas pessoas em Jericó desejam se libertar da opressão de seus governantes e do deus que rouba os seus filhos para aquele sacrifício hediondo.

Jesiel parou de falar e ficou com as mãos sobre o rosto, num gesto de desespero. Então, coloquei minha mão na cabeça dele.

— Deixa-me pensar sobre isso, Jesiel! Não fales nada ainda ao nosso líder. Não vamos preocupá-lo antes do tempo.

No dia seguinte, entretanto, vi Jesiel de joelhos aos pés de

Moisés pedindo-lhe ajuda. Aquilo me preocupou muito, pois o meu primogênito com Débora era muito obediente e responsável, e parecia estar sendo vítima de uma poderosa fascinação.

Moisés ouviu as suas colocações e disse-lhe que conversaria com Yahwéh, em frente à Arca Sagrada, e depois lhe daria uma resposta. Mas não foi necessário, pois na noite do dia seguinte um cavalo atravessou ofegante o nosso acampamento carregando no lombo uma frágil menina. Ela vestia somente uma túnica de seda, característica dos rituais a Moloc, e estava descalça. Quando desceu do cavalo, seus delicados pés não resistiram à aspereza do solo e, com alguns passos, ela caiu. Jesiel correu como uma criança e a carregou no colo até a presença de nosso líder.

A doce criatura então falou:

— Grande profeta do verdadeiro deus, estou aqui me expondo ao risco de morte se for descoberta, porque a vida não faz mais sentido em Jericó. Nossos governantes são corruptos e cruéis, e o deus que adoramos todos os dias é um monstro que desejo ver destruído.

Moisés ficou feliz com a lucidez espiritual da menina.

— Estás aqui para nos pedir asilo?

Ela meneou a cabeça, olhando para o chão, e depois ergueu o rosto, apresentando os seus dois lindos olhos, cor de Jade:

— Estou aqui porque ouvi que o Senhor de Israel poupará quem crer Nele. Gostaria de combinar uma forma de sermos identificados quando da invasão de nossa cidade, pois existem muitas pessoas de bom coração que aguardam a chegada do verdadeiro deus para nos libertar. Se eu ficar aqui não poderei divulgar a chegada do Todo-Poderoso em Jericó. Mesmo a contragosto, voltarei para a minha cidade, mas peço-vos que poupais as criaturas de bem.

Moisés se aproximou e ergueu a menina, que estava ajoelhada, e disse-lhe:

— Dizei a todos os homens e mulheres de boa vontade que o Senhor as protegerá. Quando as muralhas de Jericó caírem, colocai nas portas de vossas casas um lenço branco. Esse será o sinal que identificará que ali habitam os filhos do verdadeiro deus. Desse modo, o exército do Senhor não vos exterminará!

A delicada moça aproximou-se de Moisés, beijou-lhe a mão e agradeceu. Em seguida, se preparou para retornar a Jericó. Nosso líder então perguntou o nome dela.

— Chamo-me Lia, meu senhor!

O profeta de Deus sorriu.

— Lia, és muito valente! O mundo seria muito melhor se muitos homens tivessem a metade de tua coragem.

Ela agradeceu, e quando se dirigia ao seu cavalo, Jesiel interveio:

— Por favor, não retornes! Se o rei de Jericó descobrir as tuas intenções, serás morta. Não sabemos quando o nosso Deus abrirá as portas da cidade para a nossa entrada.

Mas ela segurou a mão de Jesiel e falou, com um brilho no olhar:

— Tenhamos fé no Grande Deus!

Jesiel conformou-se e a carregou novamente até o seu cavalo. Em segundos, a jovem desapareceu no breu da noite.

Moisés então disse ao meu filho:

— Se ela realmente cumprir tudo o que prometeu, assim que invadirmos Jericó eu a farei tua esposa. Uma mulher fantástica assim deve tornar-se esposa de um dos líderes das doze tribos de Israel.

Jesiel sorriu, mas não por muito tempo, pois a angústia que reinava em seu coração era grande demais para que ele tivesse arroubos de felicidade. E o pior: nosso Senhor derrubaria as muralhas de Jericó somente seis meses depois.

A morte de Moisés

— Papai! Papai! Conta-nos como é a Terra Prometida!

Quando retornamos de Jericó, os meus filhos pequenos me rodearam e insistiram para que eu lhes falasse sobre a cidade-murada. Eu coloquei meu caçula no colo, e lhes disse, com empolgação:

— Meus filhos, a Terra Prometida é mais bela do que imaginávamos. Ela possui grandiosas construções; as pessoas moram em casas, como se fossem cavernas, e não em tendas.

Hur então me perguntou:

— E os frutos da terra, papai, são grandes e saborosos como os que encontramos aqui?

Eu sorri para ele e, gesticulando muito, expliquei:

— São maiores e muito mais suculentos. Vimos cachos de uvas que um homem sozinho não poderia carregar.

Os meninos começaram a rir.

— Só pode ser brincadeira! Não existem uvas tão grandes assim, pai.

Eu passei a mão na cabeça deles e falei:

— Sim, mas Canaã para nós é uma grande bênção divina. Ela é muito mais que um sonho. Em breve, entraremos na terra que nos servirá de lar pelos séculos vindouros, e vós, meus filhos, sereis os primeiros a usufruir desse paraíso. Os meus pais e eu vivemos presenciando a escravidão e a guerra. Não vos esqueçais que sereis abençoados por viver numa pátria livre e próspera. Sede honrados e dignos! Jamais deveis virar as costas para Deus, porque sem Ele seríamos ainda escravos no Egito. O que mais me preocupa é que as novas gerações não terão noção de toda a luta de nosso povo para chegar até aqui, e poderão fraquejar no cultivo dos valores que dignificam uma nação.

Ao dizer essas palavras, fiquei em silêncio meditando sobre tudo que tínhamos vivido. Até que Saul, o mais velho, falou:

— Não te preocupes, meu pai! Honraremos o teu nome e o de todas as nossas mães. Nunca esqueceremos de tudo o que nosso Senhor fez, e também de nossos pais, que lutaram para que sejamos livres.

Eu o chamei para perto de mim e o abracei.

— Que Yahwéh ouça as tuas palavras e te abençoe, meu filho!

Algumas semanas depois, Moisés me chamou no alto do monte Nebo para me pedir algo que ele considerou como "uma grande honra". Quando lá cheguei, ele me convidou a sentar ao seu lado, perto de Rute e de Eliezer. Séfora apenas nos acompanhava de longe, com os olhos. E sem rodeios o grande líder de Israel me disse:

— Natanael, tenho um pedido a fazer-te.

Eu olhei para ele e disse, imediatamente:

— Mosheh, vossos pedidos são uma ordem para o nosso povo. Dizei o que desejais, e será cumprido!

Ele fez um sinal negativo com a mão e voltou a falar:

— Não, isso que quero te pedir não deve ser visto como uma ordem, mas sim como uma concessão a um amigo de tantos anos.

Eu olhei para ele, com curiosidade, e também para os nossos filhos. Depois de alguma hesitação, indaguei:

— Falai, mestre, qual é o vosso pedido?

Então ele colocou a mão direita sobre o meu ombro.

— Eu gostaria que cedesses a tua filha Rute em casamento ao meu filho Eliezer.

Eu sorri, profundamente emocionado, e olhei para os dois jovens com imenso carinho. Não era difícil perceber que esse era o desejo de ambos. Depois de pensar por um tempo, respondi:

— Isso não é um pedido, e sim uma grande bênção! Se essa decisão dependesse de mim, a resposta seria sim. No entanto, em todos esses anos de convivência com a minha querida filha, aprendi que a sabedoria não está no sexo ou na idade, e sim na maturidade espiritual. Creio que ela deva decidir o seu destino, apesar de eu fazer muito gosto nessa sagrada união. Sou um homem teimoso e às vezes assuntos mais profundos escapam ao meu entendimento; porém sei reconhecer a sabedoria de Rute. A vontade dela, para mim, é como uma Lei de Yahwéh. Eu respeitarei sempre as suas decisões.

Rute me abraçou com os olhos úmidos de intensa emoção.

— Meu pai, Eliezer é tudo o que eu quero nesta vida! Depois de ti, ele é a pessoa a quem mais amo. Nós pensamos parecido, e creio que o verdadeiro amor não está na beleza física, e sim na afinidade entre as almas.

Ergui as mãos para o céu e falei:

— Então, que Yahwéh abençoe esta união!

Todos nos abraçamos e Rute me agradeceu.

Eu sequei as suas lágrimas e disse, com carinho:

— Só sinto por tua mãe não estar mais entre nós para eu lhe confidenciar essa alegre notícia. Quando nasceste, Rebeca se preocupou muito com o teu futuro, ainda mais que meninas não eram bem-vindas. Hoje, vejo que nasceste para brilhar e ser feliz. A cada dia acredito mais nas palavras de Henok, quando ele me dizia que nossa ventura e tristeza são frutos de nossas existências anteriores. Tu, minha querida filha, deves ter semeado muito amor em vidas passadas, ao contrário deste teu velho pai.

Ela então me abraçou com carinho.

— Não digas isso, pai! Sempre foste um homem muito bom. O nosso mundo é que ainda é muito selvagem.

Eliezer era a reencarnação de Panhesy, um dos grandes sábios que auxiliaram Akhenaton a fundar a cidade celestial, cem anos antes. Ele e Isetnefret eram muito amigos naquela encarnação; na verdade, eram almas gêmeas, mas ela se casou comigo provavelmente para me auxiliar em minha ascensão à luz. Agora ela poderia se casar com um espírito que estava ao seu nível espiritual, com as minhas sinceras bênçãos.

Rute ficou logo grávida. Apesar de eu ter dúzias de netos, esperei a vinda daquela criança com grande expectativa. Eu contava os meses e a acompanhava a todo instante que me era possível, para evitar que ela fizesse esforços desnecessários. Creio que fui até um tanto inconveniente, porque me intrometia demais na vida do casal. Mas era difícil evitar! Ela tinha sido a minha esposa, o meu anjo tutelar, e agora era a minha querida filha! Apesar de tudo, eles eram muito compreensivos com as minhas indiscrições.

Quatro meses depois, Moisés chamou os líderes de Israel, os principais sábios e também Josué e seus assessores. Subimos novamente o monte Nebo e lá o encontramos com um olhar cansado. Seu coração estava a cada dia mais fraco, minando as suas forças; sua voz pouco a pouco perdia aquela poderosa potência. Ele então nos abraçou, um a um, e nos falou demonstrando uma indisfarçável dificuldade:

— Amados filhos, está próximo o dia em que eu vou me encontrar com o Criador. Estou tranquilo, pois sei que fiz o que estava ao meu alcance para concluir a minha obra. Talvez eu tenha de responder por um excesso de severidade, mas preferi assim a ter de retornar ao Mundo Maior sem obter êxito no que me propus. De bom grado, pagarei o preço por qualquer mal que eu tenha cometido para tornar Israel o que é hoje. Qualquer punição que eu receber de Yahwéh será inexpressiva pelo que conquistamos. Hoje, quando eu vejo o que somos e o que éramos, ao sair do Egito, sinto uma imensa satisfação pelo que conquistamos. Eu vivi intensamente e fiz valer a minha existência. Retornarei para os braços de Yahwéh com paz no coração.

Todos nos mantínhamos em profundo silêncio, até que nosso líder se aproximou de nós, colocando a mão em nossos ombros.

— O que me preocupa não é a minha partida para o outro mundo, mas sim os que ficam... e como ficarão. Eu confio em vós para que a nossa mensagem não morra e que Israel mantenha-se unido na crença ao Deus Único. Infelizmente não podemos prever a reação do povo à minha morte. Até hoje não sei ao certo se eles temem a Yahwéh ou se o amam. Se Israel fraquejar após o meu desenlace, quero o compromisso de todos vós de que irão agir com rigor para evitar essa tragédia.

Moisés fez um gesto firme com as mãos e continuou:

— Israel deve manter-se unido e fiel ao nosso Senhor, custe o que custar!

Nós fizemos um sinal afirmativo, e alguns mais empolgados até gritaram palavras de ordem, no caso de o povo se entregar à corrupção, após a morte de nosso líder.

O grande legislador então meditou por alguns instantes e depois voltou a falar de forma pausada:

— Nomearei Josué, filho de Nun, como novo líder de Israel. Todo o povo terá de respeitar a sua palavra, assim como fez a mim durante todos esses anos.

O general dos exércitos ajoelhou-se diante de Moisés e falou, com voz trêmula:

— Não façais isso, Mosheh! Eu não sou digno, e também o espírito do Senhor Deus de Israel não habita em mim. Como saberei quais serão as vontades do Altíssimo?

Moisés fechou o semblante, de forma enérgica.

— Achas que não sei o que faço? É o Senhor quem me ordena que eu te nomeie o novo líder de Israel. Tua falta de fé ofende nosso Deus. Para Yahwéh, a quem tudo é possível, não será difícil fazer que ouças a Sua voz.

O grande profeta, exemplo absoluto de fé em Deus, sacudiu Josué pelos ombros e lhe disse com determinação:

— Ouve-me, Josué! O Senhor habitará em ti, como habita em mim!

O general de Israel ajoelhou-se, cabisbaixo, e apenas falou, com a voz embargada pelas lágrimas:

— Eu confio em vossas palavras e tenho fé em nosso Senhor!

Moisés então colocou a mão na cabeça de seu sucessor, e depois de alguns instantes, em que parecia orar, falou:

— Que desça sobre ti o Espírito Santo de Deus!

Após essas fortes emoções, nosso líder voltou a nos falar:

— Agora prestai atenção, meus amigos, ao que vou vos falar! Eu orei muito nesses últimos dias, e pedi a Deus que nos inspirasse a agir contra Jericó. Noite passada, um anjo do Senhor surgiu à minha frente, como ocorreu no dia em que recebi os dez mandamentos de Deus, e me falou que nove dias após a data de comemoração da nossa libertação do Egito, o exército de Israel deverá circundar a cidade murada por sete dias. Nós tocaremos as nossas trombetas, mostraremos o poder da Arca Sagrada e de nossos exércitos. No sétimo dia, o Senhor então derrubará as muralhas de Jericó e Israel tomará posse de Canaã, conforme foi prometido aos nossos ancestrais. Guardai isso que vos digo e cumpri as ordens de nosso Senhor, pois acredito que não poderei ingressar convosco na terra que verte "leite e mel"! O Senhor reserva outro destino para mim.

Todos abaixamos as nossas cabeças, profundamente penalizados. Ninguém mais que Moisés merecia aquela imensa alegria de colher os frutos de tudo o que plantou. Ao nos ver daquela maneira, ele nos disse, com profunda paz interior:

— Não vim a este mundo para desfrutar, mas sim para construir. Sou um guerreiro de Deus e não sou afeito à comodidade e à monotonia. Minha tarefa acaba aqui; sei que o que receberei do Pai Celestial é muito mais grandioso do que a Terra Prometida. Vivei com honra e dignidade, pois quando chegar a vossa hora, podereis perceber que as glórias humanas são muito pequenas, perto das celestiais! Agora, desceremos a montanha, porque desejo falar ao povo pela última vez. Depois disso, quero que os soldados armem a minha tenda lá no cume do Fasga, pois minha vontade é estar bem perto de Deus quando Ele me chamar.

Nós descemos, todos em silêncio, e logo que chegamos na planície o povo de Israel se aproximou, como se já pressentisse o iminente desencarne de nosso líder.

Moisés pediu silêncio absoluto, para que a multidão pudesse ouvi-lo, e com um esforço comovente elevou a voz para falar de sua partida. Com a fala entrecortada, nomeou Josué o seu sucessor, diante de toda a assembléia, para que sua decisão não fosse discutida.

O povo então chorou como nunca tínhamos visto. As lamúrias eram muito sofridas e oriundas principalmente da velha geração.

O profeta ergueu os braços, pedindo silêncio e prosseguiu:

— Israel, por que chorais? Até posso compreender que

a nova geração aja assim, pois sinto que amam a mim e a minha mensagem, mas muitos dos que saíram comigo do Egito sempre conspiraram contra o grande projeto que edificamos; muitos sofreram pela sua própria imaturidade em reagir contra a vontade divina. Se hoje estou velho e sem forças, é porque meu coração sofreu muito para chegarmos até aqui. Creio que se a caminhada me fosse facilitada, com o apoio de todos, eu conseguiria acompanhar-vos ainda por mais algumas léguas. Quem sabe até eu entraria convosco na Terra Prometida... Hoje me respeitais porque sou um ancião; chorais por mim porque construí uma história. Entretanto, quando eu era jovem e inexperiente, contei com o apoio de muito poucos. Aprendei esta lição, Israel: não desprezeis a palavra dos jovens; não sejais resistentes às mudanças, principalmente quando notardes que elas provêem de Deus!

Agora eu devo ir para os braços de Yahwéh, que me conduzirá ao Seu reino de amor e paz! Mas lembro-vos de que Israel só será feliz e próspera se honrar a vontade de Deus. Nosso povo foi escolhido para trazer a grande revelação do Deus Único. Isso implicou em um amadurecimento repentino de nossa nação em relação ao mundo, o que nos causou muita dor. Todavia, nosso nível de consciência tornou-se mais amplo, fazendo que tenhamos maiores responsabilidades em relação a qualquer mal cometido. Em resumo: se Israel se corromper, a queda será grande, porque já vimos a face do verdadeiro deus! Portanto, conto com vossa sabedoria, amor e consciência para que os anos de glória de nosso povo se multipliquem sobre a terra que o Senhor nos ofertará logo após a celebração pascal.

Moisés acenou para o povo e começou a subir em direção ao topo do monte Nebo. A multidão gritava o seu nome e ele acenava em sinal de gratidão. Séfora e os filhos conduziam os passos de Moisés. Aquele homem, antes vigoroso, agora necessitava do apoio do cajado e da família para realizar sua última e inesquecível peregrinação.

Algumas pessoas entre a multidão diziam, chorosas:

— O que será de nós sem ele? Mosheh é o nosso pai! Mosheh é o nosso líder!

Nos dias posteriores, todos nos entregamos à oração. Um

silêncio absoluto tomou conta do imenso acampamento. Josué era o que mais se mantinha em estado de contemplação. Ele chegava a me lembrar Aarão em sua penitência, no monte Sinai.

Três dias depois, ele se levantou e foi até a reunião dos líderes dos clãs nos falar:

— Mosheh tinha razão! Agora o Senhor habita em mim!

Nós o felicitamos e começamos a traçar os planos de invasão de Jericó; sabíamos que as palavras de Moisés jamais deixariam de se confirmar. Portanto, tínhamos absoluta certeza de que, de alguma forma, aquelas muralhas desabariam para que pudéssemos conquistar a Terra Prometida.

Assim, concentramos nossa atenção nesse projeto, até que, certa manhã, Séfora desceu o monte sagrado e disse que Moisés nos queria ao seu lado no momento extremo de sua existência. Rapidamente subimos a montanha e nos encontramos com o nobre ancião. Ele sorriu, com um olhar cansado, e nos falou com muita dificuldade:

— Não estou com medo. Tenho saudades dos meus grandes amigos, e quero dar-lhes um último abraço. Talvez eu nunca vos tenha dito o quanto vos amo e o quanto fostes importantes para mim. Espero que os meus mestres Amenófis, Jetro e Henok também estejam aqui comigo, neste momento final.

Hoje pela manhã, abracei minha adorada esposa e meus filhos e percebi como fui feliz. Eduquei minha bela família e meu povo convicto dos meus ideais, tornando-os mais humanos e mais devotados aos seus semelhantes. Também percorri em pensamento todos os momentos desta minha longa existência e agradeci a Deus por cada minuto vivido, tanto bons como ruins, pois os bons são dádivas de Deus e os maus são lições imorredouras para evoluirmos rumo à perfeição do Criador.

Lembrai-vos, meus amigos, de que cada minuto que vivemos é uma grande oportunidade de realização e que talvez possamos executar obras inesquecíveis em breves momentos. Não deixeis que a vida passe aos vossos olhos de forma despercebida. Não assistais a vida passar; sede protagonistas da grande celebração que é a própria vida. Deixai vossa marca no mundo, e que ela seja um sinal de luz!

Repentinamente, Moisés nada mais falou, angustiandonos. Naquele instante, ele se calou para sempre no mundo dos homens, mas sua voz continuaria viva no decorrer dos séculos, como um farol a iluminar a humanidade para os valores morais básicos ao estabelecimento da civilização na Terra.

E até o advento de Jesus, Israel nunca mais viu um profeta assim, que falasse face a face com Deus.

Epílogo
As muralhas de Jericó

Depois que enterramos o corpo de Moisés, descemos do pico do monte Nebo e anunciamos ao povo o seu desencarne. A multidão pareceu não acreditar que ele havia morrido. Às vezes, imaginávamos mesmo que ele era imortal, tal o seu poder e personalidade incomuns. Mas a lei natural que rege os organismos físicos é implacável e cobra o seu preço de forma igualitária, diferenciando-nos de acordo com os nossos carmas e respectivas resistências orgânicas. Portanto, ninguém escapa da morte do corpo, que é o fim de um ciclo de evolução espiritual para a alma imortal.

Moisés desencarnou com pouco mais de sessenta anos, metade da idade indicada na Bíblia. Seria impossível crer que numa época com poucos recursos médicos, e levando uma vida austera e intensa, um homem pudesse atingir tal longevidade. Entretanto, a vida de Moisés foi tão rica e prodigiosa que quando ele morreu parecia mesmo ter vivido cento vinte anos, tanto pelos seus feitos, como por sua imagem veneranda que resplandecia a mais absoluta sabedoria e espírito de liderança. Sem dúvida, ele foi um dos maiores "reis" da história de nossa humanidade.

O coração do grande legislador, sempre forte e determinado, sofreu a ação do tempo e das lutas intensas que teve de travar. Ele era como uma vigorosa águia, e nós os seus filhotes, frágeis e dependentes. E assim como a águia abandona a sua prole, nosso líder alcançou os braços de Deus e teríamos agora de voar com nossas próprias asas.

Moisés nos colocou às portas da Terra Prometida e nos indicou como a conquistaríamos. Ciente de suas novas responsabilidades, Josué, que se tornara o novo rei de Israel, então nos disse com uma autoridade semelhante a que estávamos acostumados, sob a liderança do grande legislador:

— Aguardemos o sinal de nosso Deus para invadir Jericó. Eis a sua porta de entrada!

Os guerreiros que desconheciam as instruções de nosso glorioso líder entreolharam-se, impressionados. Como derrubaríamos aquelas gigantescas muralhas? Há anos aguardávamos uma solução para aquele impasse. Alguns já começavam a acreditar que Yahwéh nos havia abandonado, diante do desafio final de tomar posse da Terra Prometida.

Josué percebeu a incredulidade geral e agiu com determinação.

— Ó Israel, confiai em Yahwéh! Quando for a vontade do Eterno, as muralhas de Jericó cairão e tomaremos posse da terra que nos foi prometida. Este é o momento de chorar a morte de nosso profeta. Por trinta dias, nenhum trabalho será realizado; apenas oraremos a Yahwéh pedindo-lhe que abençoe e receba nosso líder em Seus braços.

A multidão concordou com Josué e por um mês nada se fez, a não ser orar em memória de Moisés.

E assim, nove dias após a celebração da páscoa, Josué ordenou aos sacerdotes levitas que carregassem a Arca sagrada à frente do exército.

— Iremos atravessar o rio Jordão e circundar as muralhas da cidade-fortaleza todos os dias, durantes seis crepúsculos vespertinos. Nosso Senhor fará brilhar a Sua luz aos olhos dos inimigos! — disse ele com uma fé que impressionava. — Faremos isso ao anoitecer, para que o rei de Jericó possa ver a "presença de Deus" sobre a arca, entre os querubins. Nossos homens tocarão as trombetas com a cadência de guerra. Isso intimidará os nossos inimigos e preparará o nosso espírito para a luta, quando o Senhor abrir as portas de Jericó para a entrada triunfal de Israel na Terra Prometida a Abraão, Isaac e Jacó.

E foi exatamente o que ocorreu. O povo de Jericó assistiu, assombrado, a manifestação física de nosso Deus surgir, imponente, através da arca, com a projeção do magnífico arco elétrico entre os querubins. O crepúsculo dos fins de tarde tornava a ação ígnea de Yahwéh, sobre o "propiciatório", ainda mais impressionante aos olhos de nossos inimigos. As trombetas também surtiram o efeito desejado. Quando elas silenciavam, era possível ouvir somente o som forte da marcha do nosso exército.

Esse ritual diário foi minando pouco a pouco a resistência emocional dos habitantes de Jericó. No sétimo dia, então, o fenômeno que Moisés previra antes de seu desencarne finalmente aconteceu: nossos guerreiros se dirigiram pela manhã até as muralhas e realizaram sete voltas ao redor da cidade, com a arca à frente e soando as irritantes trombetas. Depois disso, o disciplinado exército de Israel cercou a cidade-murada e ficou batendo forte com o pé direito no chão, enquanto segurava firme as suas lanças e escudos. Algum tempo depois, o fenômeno fantástico aconteceu: um abalo sísmico de proporções consideráveis estremeceu a região, rachando as imponentes muralhas, que, poucos minutos depois, vieram abaixo, como um castelo de cartas, desprotegendo completamente os nossos inimigos.

O exército de Israel, emocionado com a ação de seu Deus, partiu com uma determinação selvagem para dentro da cidade e passou ao fio da espada todos aqueles que não sinalizaram com um gesto de devoção ao Deus Único, conforme tinha sido combinado com a sacerdotisa Lia, alguns meses antes. A família real de Jericó foi morta de forma impiedosa, bem como todos os sacerdotes do sanguinário deus Moloc. Alguns foram jogados vivos dentro da maldita fornalha incandescente. As estátuas e os templos desse deus foram quebrados em pedaços para que nenhum vestígio identificasse o derrotado culto politeísta cananeu para as gerações futuras.

Nos dias que se seguiram, nosso povo ingressou na cidade e nos deslumbramos com a beleza e a riqueza daquele lugar, mesmo após o terremoto e a invasão bárbara de nosso exército.

Inevitavelmente, o que mais impressionou os israelitas foram as casas sólidas, como já tinha ocorrido em nossa visita de negociações com Moisés. Desde que saímos do Egito, dormíamos em tendas que mal nos abrigavam da ação do frio e da chuva, pois o profeta jamais nos permitiu construir casas definitivas para que não criássemos raízes nas regiões onde acampávamos, durante a peregrinação pelo deserto. Nosso objetivo era Canaã, e Moisés nos afirmava que não morreria antes de nos levar para lá.

Depois de nossa vitória, Jesiel correu como uma criança para os braços de Lia, que tinha avisado um número expressivo de cananeus que se submeteram de coração ao nosso Deus e às nossas leis. Muitos comemoraram a queda do decadente reinado anterior.

Em algumas semanas, Jesiel celebrou o seu casamento com Lia e a tratou como a principal esposa, durante toda a sua vida. Nós nos estabelecemos em Jericó, enquanto Josué partia para uma campanha de invasão vitoriosa por toda a região de Canaã: mais de trinta reinados foram derrubados e suas terras foram divididas posteriormente entre os clãs de Israel.

Pouco tempo depois, dominávamos totalmente a Terra Prometida. O povo então finalmente viveu feliz e com abundância. O período de privações havia terminado, e, assim, depois de muito penarmos pelo deserto, uma nova geração valorosa formara-se no seio de nossa nação. Agora éramos ricos e dominávamos uma vasta extensão de terra na região que futuramente ficaria conhecida como Palestina.

Depois de sua morte, Moisés tornou-se um símbolo indestrutível de nosso povo. Até aqueles que questionavam os seus métodos mudaram de opinião e passaram a reconhecer o valor de suas idéias. Olhando para os nossos filhos e vendo em seus olhos os nobres valores que adquiriram, percebemos o quão importante foi todo o trabalho realizado para formar uma nova cultura, genuinamente voltada para a crença no Deus Único. Até mesmo a decisão radical de separar alguns filhos dos pais, que se negavam a venerar somente o Deus Único e adotar nobres valores sociais, agora era louvada por todos como a atitude mais acertada.

Mas eu não viveria para ver toda a futura glória e o domínio completo de Canaã pelos israelitas. Pouco mais de dois meses após a invasão de Jericó, comecei a sentir dificuldade em respirar: uma asfixia grave me acometia diariamente. Durante as noites, eu precisava dormir sentado para conseguir respirar. Os meus brônquios foram se obstruindo dia após dia, indicando que o meu corpo físico começava a receber as toxinas perispirituais que se agregaram à minha alma durante o meu desencarne, na existência anterior, na personalidade de Radamés.

Rute estava no oitavo mês de gravidez e então eu orei a Deus pedindo que me desse apenas mais alguns meses de vida para ver nascer o meu querido netinho. Misteriosamente, ouvi então uma voz me dizendo, dentro de minha cabeça:

— Aprende, Natanael, para todo o sempre, o valor imponderável da vida! Hoje reclamas alguns dias a mais no mundo dos homens; ontem desprezaste a dádiva da vida...

Naquele momento em que eu ouvia tais palavras, me vi na encarnação anterior, jogando-me num penhasco, de forma desatinada, pondo fim à minha existência nas águas profundas do rio Nilo, antes do período programado pela Alta Espiritualidade para o meu desenlace. Então, duas lágrimas desceram de meus olhos e eu disse para mim mesmo:

— Compreendo a Vossa Lei, meu Deus, e a considero justa! Que essa lição fique gravada em minha mente e em meu coração por toda a eternidade!

E a justiça divina foi implacável. Apenas uma semana antes de nascer o filho de Rute, desencarnei durante uma tormentosa noite em que me via, em pesadelo, engolindo golfadas de água das correntezas caudalosas do Nilo. Mas dessa vez a sequência dos fatos foi diferente: quando amanheceu, acordei e me vi sentado numa confortável poltrona de natureza vítrea, desconhecida para o mundo físico, daquela época. Diante de frondosas e acolhedoras árvores, pude presenciar o nascimento do Sol no horizonte, como se ele estivesse me convidando para novas e instigantes jornadas. Olhei para os lados e estranhei a quietude daquele recanto, que parecia ter sido construído somente para o ato de apreciar o exuberante nascimento do astro-rei. Meditei por alguns instantes e agradeci a Deus por todos os momentos de minha vida, sem nenhuma exceção, enquanto aqueles tênues raios dourados banhavam o meu corpo, aquecendo-me de forma muito agradável. As aves logo despertaram e começaram a cantar e a voar, alegres, celebrando a beleza da vida. Instantes depois, Henok materializou-se à minha frente, com um brilho absolutamente resplandecente, e me falou com aquele seu amável sorriso:

— Parabéns, Natanael! Venceste muitos dos desafios a que te propuseste nessa encarnação. Além disso, contribuiste para a implantação do monoteísmo na Terra, conduzindo o clã de Issacar com disciplina e devoção aos braços do verdadeiro deus. Graças ao sucesso desse grande empreendimento conjunto, um novo mundo surgirá em breve: os povos aprenderão a cultuar exclusivamente o Deus Único e os absurdos sacrifícios dos homens e dos animais desaparecerão gradualmente de nossa civilização. O novo contexto espiritual e social trazido à luz do mundo por Mosheh conduzirá a humanidade a um novo patamar evolutivo, e os que insistirem na prática do erro não poderão mais se esconder atrás do argumento de que desconheciam as leis supremas de Deus.

Concordei com o meu mestre e perguntei:

— E onde se encontra agora o nosso grande líder? Está nas mais altas esferas espirituais da Terra?

Henok sentou-se ao meu lado e falou:

— Não, Natanael! Mosheh, como nós, é um espírito em evolução. Ele realizou uma missão fantástica, mas ainda tem muito a trilhar no campo do amor e da paz para alcançar a Luz Suprema. Em breve, ele retornará à Terra para viver outras experiências, mais anônimas que essa, sempre com o objetivo de crescer espiritualmente e realizar a vontade de Deus. Provavelmente virá junto com todos os que morreram por sua vontade, pois, apesar de ter sido necessária aquela ação, naquele determinado momento, é de natureza divina o ato de auxiliar àqueles que tropeçam aos nossos pés.

Eu meditei, e depois perguntei:

— Muitos deles morreram também pelas minhas mãos. Terei de voltar também junto com eles para que ocorra a devida harmonização?

Henok fez um sinal afirmativo com a cabeça.

— Essa é a Lei de Deus, Natanael!

Eu olhei para o sol nascente e respirei fundo.

— Farei isso com todo o prazer e com o real desejo de auxiliar os meus semelhantes.

O grande mestre então me abraçou.

— Sábia decisão, meu filho! Escolheste o caminho da luz.

Enquanto esse belo momento acontecia, Israel tornava-se um povo único no mundo e viveria seis séculos de esplendor. Seu apogeu ocorreria durante o reinado do rei Salomão, em que o povo de Deus receberia o reconhecimento de todas as nações do planeta. Mas toda glória abre a porta larga que convida à vida fácil e opulenta, conduzindo as almas inseguras ao campo traiçoeiro dos maus valores e da corrupção. Assim, passado esse período de ouro da história do povo escolhido, Israel foi novamente abatido, vitimado pelo abandono aos princípios traçados pelo grande profeta.

Novamente o povo escolhido por Yahwéh tornou-se escravo — primeiro dos babilônios que, sob o comando astuto de Nabucodonosor, invadiram Jerusalém por volta do ano seiscentos antes de Cristo e destruíram o primeiro templo que abrigava a Arca Sagrada, capturando milhares dos melhores homens de Israel para trabalhar em suas construções, na magnífica Babilônia. Depois dessa desgraça, a tribo de Judá se rebelou contra o poder central de Israel, causando uma ruptura na união das doze tribos que cultuavam o Deus Único e enfraquecendo-as em sua unidade. A nação escolhida por Yahwéh começava a mergulhar na escuridão.

Nesse mesmo período, a Arca da Aliança foi retirada pelo Alto do cenário da vida humana, pois tinha se tornado um elemento de discórdia e ambição: os nobres valores da alma e de submissão ao Grande Deus de Israel tinham se perdido, assim como ocorre nas nações onde a riqueza e o luxo corrompem as mais sagradas intenções. Portanto, a Arca Sagrada era algo muito poderoso para ficar nas mãos de almas desequilibradas.

Muitos dos profetas, que eram os encarregados de zelar pela voz de Deus, diziam com uma voz cansada: "Ó grande Mosheh, profeta de Yahwéh, como sentimos a falta de vosso pulso de ferro para conduzir a nossa rebelde nação! Somente a vossa personalidade incomum poderia frear o desequilíbrio que se apossou da alma de Israel!".

E assim, o fator determinante para a queda de Israel foi o retorno gradual às práticas politeístas, que desencadeou uma desordem social e uma guerra civil entre o segmento do povo que não foi levado para a Babilônia. Judá — a sempre rebelde tribo de Judá — guerreou contra os seus irmãos por décadas, até dominar todos os clãs. O território de Israel passou então a chamar-se Judéia, variante da palavra Judá, e esse povo recebeu a denominação de "judeus".

Apesar de tudo, décadas depois, aquele mesmo grupo que fora levado como escravo para a Babilônia retornou, quando então foi difundida a idéia de que a queda de Israel havia sido uma punição divina pelos seus pecados, o que não deixava de ser verdade.

Israel não se reergueu como potência do mundo antigo; no entanto, regressou aos valores espirituais trazidos por Moisés. Infelizmente, os livros sagrados já estavam corrompidos e voltados para uma linha egoísta e xenofóbica, em que era mais importante atender a questões humanas de natureza duvidosa do que viver integralmente os inesquecíveis dez mandamentos e demais valiosos ensinamentos espirituais trazidos pelo grande legislador.

Outro grave desvio ocorrido na época foi o excesso de ritualismo adotado em detrimento da real reflexão interior aos ensinamentos mosaicos. Um exemplo claro disso é o culto exagerado ao repouso do sábado, para adorar a Deus: ninguém poderia realizar nenhuma atividade nesse dia da semana, exclusivamente para cultuar a Yahwéh, conforme determina o quarto mandamento. Só que poucos realizavam uma real reflexão sobre as suas atitudes diárias, como é o objetivo desse regramento divino. Como sempre, a humanidade se prende à letra que mata, e não ao espírito que vivifica! Espíritos esclarecidos não precisam de dia nem hora para comungar com Deus. Moisés foi obrigado a impor certas regras para educar um povo incipiente nas questões espirituais superiores. Tudo tem a sua época; tanto é que o próprio Jesus disse: "O homem não foi feito para o sábado, e sim o sábado foi feito para o homem".

Com essa máxima, o Sublime Mestre convidou os ortodoxos da época a refletir sobre como tinham deturpado a mensagem de Moisés sobre o contato divino.

E assim, depois da escravidão babilônica, vieram os romanos, no período em que Israel recebeu a maior das bênçãos, que foi tornar-se o berço para o nascimento de Jesus. Apesar de todo o desvirtuamento moral, espiritual e político que tinha se instalado na Judéia, corrompendo o reto modelo estabelecido por Moisés, algo havia se mantido intocável naquele período: a crença absoluta ao Deus Único!

Então Jesus, o espírito mais evoluído a descer na Terra, teve de se adaptar ao grosseiro modelo espiritual e social vigente, pois a mensagem de Moisés havia perdido a sua pureza iniciática, já que aqueles que deveriam proteger os ensinamentos do grande legislador, em nível popular, a corromperam para atender aos seus interesses particulares.

Somente uma pobre seita de israelitas, conhecida como seita essênica, preservou de forma quase intocável a verdadeira e iniciática mensagem do Deus Único, trazida por Moisés do monte Sinai ao monte Nebo. E foi exatamente entre essas amoráveis e valorosas pessoas que Jesus viveu, no misterioso período entre a sua adolescência e o início de sua sagrada missão. Junto dos "sacerdotes curadores", ele se preparou para elevar o mundo a um novo patamar de civilidade, iniciando um novo ciclo evolutivo-espiritual na humanidade: a era do amor supremo.

Enquanto os poderosos da época lutavam para atender às suas ambições mesquinhas e desenfreadas, essa despretensiosa seita religiosa israelita conduzia o maior projeto espiritual da Terra em todos os tempos — os essênios aguardavam sinceramente a vinda do Messias prometido e o reconheceram de imediato, quando de sua chegada. Já os fariseus, os levitas, os zelotes e as demais seitas políticas e religiosas de Israel fecharam os olhos para a luz do mundo, negando o advento do maior entre os homens, profetizado primeiramente por Moisés e depois reforçado por diversos outros profetas israelitas.

Os habitantes da época de Cristo, por se fecharem demasiadamente em suas crenças, não perceberam que estavam presenciando o mais importante acontecimento da História. Se tivessem reconhecido o grande Messias, talvez absorvessem, de uma só vez e para toda a eternidade, a luz divina que tanto procuramos. No entanto, Jesus, que deveria ter descido ao mundo como um magnífico rei, diante do qual todos deveriam ajoelhar-se, tal Sua excelsa luz, teve de traçar uma lição imorredoura de humildade e entrega completa para redimir a iniquidade e a estupidez humana.

O sublime rabi da Galiléia foi impelido a desfazer-se de Sua túnica resplandecente e descer ao mundo dos homens numa pobre manjedoura, e vestiu-se com simplicidade, andou descalço, demonstrou o valor da humildade para aquela gente tosca e sem valores. Somente os humildes e nobres de espírito o reconheceram.

Se a mensagem de Moisés tivesse sido preservada e aceita tal como foi compilada, e se tivesse sido seguida e respeitada, livre de ambições humanas, a vinda de Jesus teria sido pacífica e renderia frutos inimagináveis. Mas o sublime instrutor da humanidade foi recebido com escárnio e desprezo por almas primárias, distanciadas da luz de Deus.

Resumidamente: apesar de todas as apostas do Alto, a humanidade não tinha evoluído o suficiente, nos mil e duzentos anos que separaram a mensagem de Moisés da vinda do Cristo. Porém, como não havia mais tempo a esperar, logo o governador espiritual da Terra teve de submeter-se a uma missão de renúncia completa: morrer de forma dolorosa para fazer gravar nas mentes primárias o roteiro espiritual dos séculos futuros. Jesus entregou-se como os dóceis cordeiros que eram sacrificados de modo estúpido no Templo de Jerusalém, para que a luz rompesse as trevas e adentrasse de forma indelével as mentes e corações dos espíritos em evolução na Terra.

Então, e somente assim, com todos esses percalços, a luz brilhou intensamente na Palestina de há dois mil anos. Entretanto, como pode um cego ver a luz? Somente os que tinham "olhos para ver" perceberam o momento mágico que estavam vivendo. Mas essa é uma outra inesquecível história...

Considerações finais
A Nova Era

Ao encerrarmos a narrativa da saga da implantação do monoteísmo na Terra, com os livros Akhenaton — A Revolução Espiritual do Antigo Egito, Moisés — O Libertador de Israel e Moisés — Em Busca da Terra Prometida, gostaríamos de tecer algumas considerações a respeito da finalidade deste projeto.

Durante a elaboração dessas obras, tentamos mostrar ao leitor do terceiro milênio como é difícil promover mudanças, mesmo as que nos dias de hoje consideramos inquestionáveis. Ou alguém ainda crê na existência de diversos deuses?

Akhenaton e Moisés, auxiliados por vários irmãos de boa vontade, travaram uma luta intensa para romper o véu da escuridão na Terra, pagando algumas vezes o preço de suas próprias vidas. Felizmente, o projeto foi concluído com êxito, permitindo o advento de Jesus, com alguns percalços, mas tornando-o possível para que nossa humanidade se desenredasse das garras da animalidade.

Mil e duzentos anos depois, Jesus teve dificuldades ainda maiores para convidar a humanidade a um novo salto evolutivo, mais belo e complexo — o caminho do amor. Porém, a resistência às mudanças parece acompanhar a todo instante a caminhada de nossa civilização, ainda tão primária.

Mesmo contrariando as tendências negativas de nossa

humanidade retrógrada, a caminhada rumo à evolução jamais deve cessar. E, por esse motivo, o advento da Nova Era na Terra nos convida a mais uma importante transformação evolutiva, assim como ocorreu há três mil e duzentos anos no grande projeto monoteísta e há dois mil anos com a mensagem do amor supremo trazida por Jesus.

Na Primeira Revelação — a de Akhenaton e Moisés —, a crença em diversos deuses foi extirpada de Israel, e pouco a pouco terminou sendo excluída do cenário religioso mundial. Na Segunda — a de Jesus —, a mensagem do amor supremo foi desbravando a selva da animalidade humana. Agora, à medida que a humanidade vai se libertando de sua alienação às questões da Vida Maior, um novo modelo espiritual deve começar a impulsionar novamente a caminhada rumo à evolução, convidando-nos a romper com as visões religiosas sectárias e estabelecer a crença absoluta no amor e na busca da verdade espiritual suprema.

E os mesmos sábios espíritos de outrora, encarregados da execução direta da evolução planetária, retornam, nestes dias gloriosos, à nossa realidade para promover essa imprescindível mudança: a Terceira Revelação, utilizando-se agora do intercâmbio mediúnico para derramar dos Céus a sabedoria divina.

Mas ainda há aqueles que descem ao mundo físico para dar continuidade à sua obra, como foi o caso de Akhenaton, que em meados do século dezenove renasceu na personalidade de Allan Kardec e realizou o inesquecível trabalho de codificação do fenômeno da comunicação interplanos. Durante toda a história da humanidade, sempre ocorreram manifestações mediúnicas, mas o trabalho realizado por esse espírito laborioso alicerçou o processo de troca de informações com o mundo espiritual. Graças ao seu trabalho, hoje possuímos um imenso acervo de literatura espiritualista, capaz de auxiliar o homem moderno a reencontrar-se com Deus, por meio de uma filosofia espiritual coerente e madura.

Cabe lembrar aqui que estamos ressaltando o trabalho universalista de Allan Kardec, em que ele definiu métodos e conceitos para a prática mediúnica e a estruturação filosófica do que chamou de espiritismo, e não a religião que conhecemos como "espírita", que se instaurou após o desencarne do grande codificador. Esta, assim como todas as religiões que a antecederam, acabou gradualmente adquirindo um perfil sectário e exclusivista, acreditando-se a dona absoluta das verdades eternas.

O advento do "Consolador", prometido por Jesus aos discípulos, dias antes da crucificação, refere-se aos intercâmbios mediúnicos oriundos da Espiritualidade Maior, independentemente das religiões, e não somente aos que estão contidos na doutrina espírita ou que estão de acordo com os interesses de líderes religiosos encarnados, passivos de erros de interpretação, por seus limitados paradigmas e tendências insensatas de resistência ao progresso.

Todas as religiões buscam ser verdadeiras. Infelizmente, à medida que elas se fecham, achando-se as donas exclusivas da verdade, rompem com o processo natural de evolução e tornam-se dogmáticas e ritualísticas, práticas que inevitavelmente as levam ao que chamamos de "congelamento evolutivo". No entanto, a caminhada rumo à evolução jamais deve parar...

Por outro lado, as iniciativas progressistas no campo da espiritualidade devem ser sempre muito bem estudadas para que o processo de renovação espiritual da humanidade não se perca no absurdo caminho da fantasia. Os temas espirituais são abstratos; portanto devem ser ponderados com atenção e critério.

Não podemos deixar de ressaltar o maravilhoso trabalho realizado por Chico Xavier, que preparou o Brasil para a crença da reencarnação do espírito, aliada à mensagem inigualável de Jesus, e estabeleceu uma credibilidade inquestionável no contato entre os mundos espiritual e físico. Os estudos de Allan Kardec, então, migram da França para o Brasil — o celeiro espiritual da humanidade no terceiro milênio.

E como a evolução jamais deve cessar, em meados da década de cinquenta do século passado, Ramatís deu prosseguimento a esse maravilhoso novo projeto pela pena mediúnica de Hercílio Maes. Espírito iluminado, que fora o sacerdote Meri-Rá, ao tempo de Akhenaton, e Jetro, quando viveu junto a Moisés, procurou concentrar os seus esforços na busca de um dos mais preciosos pré-requisitos para esse grande empreendimento: o estabelecimento da tolerância religiosa e respeito mútuo entre as diversas crenças. Só assim os bloqueios típicos para a evolução espiritual seriam sanados para que o processo evolutivo voltasse a prosseguir a sua jornada infinita.

Com uma linguagem sábia e universalista, Ramatís procurou trazer para o seio das comunicações mediúnicas o tão raro, em todos os meios, espírito de respeito às diversas crenças, procurando sempre aliar a sabedoria espiritual de todas as culturas ao Evangelho de Jesus, sem abrir mão da necessidade premente de romper-se com as crenças conformistas que, ao invés de libertar, terminam por escravizar.

Em raros momentos da história da humanidade, a fabulosa mensagem de Jesus foi interpretada de forma tão clara e cristalina, preparando a humanidade para um novo modo de ver o mundo, como o fez Ramatís. Aqueles que já tinham "olhos para ver" identificaram-se imediatamente com a sua mensagem de luz. O véu de Ísis havia sido retirado e os que a isso perceberam nunca mais foram os mesmos, pois passaram a ver o mundo com novos olhos!

O amor a Deus e ao inigualável médium do Cristo, Jesus, se tornou mais amplo e principalmente verdadeiro para esses que viram a luz e começaram a perceber que não necessitavam mais de gurus ou líderes religiosos que lhes mostrassem o caminho, pois o caminho, a verdade e a vida, já tinham sido traçados no amorável Evangelho de Jesus. Só bastava rompermos com o conformismo religioso e nos entregarmos à busca e à prática do amor e da sabedoria espiritual.

Com a mensagem espiritual da Nova Era, deixamos de ser espectadores do processo evolutivo para nos tornar colaboradores dessa bela obra divina; recuperamos o direito de ter consciência e participação, ao contrário dos "adormecidos" que ainda preferem deixar a sua ascese espiritual nas mãos de gurus ou sacerdotes.

Ramatís, utilizando-se da mediunidade de Hercílio Maes, atingiu o seu objetivo, que era o de estabelecer um novo roteiro espiritual em que os principais pontos de transição para a religião do terceiro milênio estavam bem apresentados e definidos. Estes eram: o universalismo religioso e a busca da aliança no Astral entre todas as escolas espiritualistas do planeta, por meio da união das verdades espirituais trazidas tanto pelo Oriente como pelo Ocidente. O mestre universalista lançou a sua semente para que ela germinasse e preparasse o caminho para o próximo estágio do grande projeto.

Neste momento, em que se intensifica a reencarnação sistemática dos espíritos eleitos para evoluírem na Terra do terceiro milênio, o terreno está sendo preparado para a segunda etapa da Terceira Revelação. Daremos então um novo salto evolutivo, libertando-nos da alienação espiritual em que ainda vive a Terra e preparando-nos para compreender definitivamente qual o real objetivo da vida física, ou seja, tornarmo-nos pessoas melhores a cada dia, tanto moralmente quanto na busca do entendimento do plano divino. É responsabilidade dos espíritos imbuídos da importância do amor e da sabedoria espiritual qualificarem-se para o estágio evolutivo da Terra no terceiro milênio.

Assim como Moisés fez com o povo de Israel para que este rompesse com o mundo ilusório da crença politeísta, agora a Alta Espiritualidade da Terra preparará os futuros habitantes do planeta para a crença em um novo modelo espiritual, muito distante da hipocrisia religiosa que conhecemos. Só que desta vez, isso não será feito pela imposição ferrenha, como vimos na obra do grande profeta, mas sim pela conscientização natural dos espíritos eleitos que reencarnarão na Terra renovada, que serão almas preparadas para essa nova visão de amor e sabedoria universalistas.

Esse novo modelo religioso buscará unir todas as religiões, aproveitando o que há de melhor em cada uma delas e abolindo o que é apenas ritualístico e desnecessário. As pessoas serão convocadas a abandonar sua posição passiva e permissiva para assumir responsabilidades com a sua própria evolução espiritual. O novo cenário convidará os indivíduos a uma maior vivência espiritual e reflexão sobre os atos do dia-a-dia. Além disso, jamais será cúmplice da superficialidade e do conformismo religioso dos dias atuais. Os fenômenos transcendentais e os ensinamentos dos grandes mestres serão objetos de estudo para essas almas valorosas que se sucederão à nossa geração, assim como ocorreu com o projeto de Moisés.

O universalismo crístico terá três alicerces principais: o amor ao próximo como a si mesmo, buscando cultivar as virtudes morais de forma verdadeira e incondicional, refletindo diretamente o amor do próprio Criador; a crença absoluta na reencarnação do espírito e no carma, pois sem eles não existe justiça divina; e a busca incessante pela sabedoria espiritual aliada aos avanços científicos.

As verdades espirituais que não puderem enfrentar a razão, face a face, serão descartadas, pois a crença religiosa não poderá ser novamente uma imposição dogmática, como o foi no passado; deverá ser uma construção diária caminhando com o progresso da humanidade em todos os setores. O dia em que a ciência e a espiritualidade andarem lado a lado estaremos caminhando para o verdadeiro progresso. Basta de crendices e dogmas seculares, puramente ritualísticos, que não provocam uma reflexão interior e não educam a alma, pois isso é um pacto insensato com a ignorância e o conformismo! A caminhada rumo à evolução jamais deve cessar...

O amor é o princípio básico de todas as religiões; é a única palavra que pode ser apresentada como sinônimo do próprio Deus. Nenhum dos principais avatares da Terra dispensou a importância do amor para o progresso da humanidade. Talvez, justamente a falta de amor das civilizações é que tenha contribuído para que estejamos hoje tão distantes da verdadeira felicidade...

A crença na reencarnação do espírito também deve ser entendida como um princípio absoluto. É admirável ver que entre todas as religiões cristãs somente o espiritismo compreendeu que não existe justiça divina fora da crença nas diversas existências. As religiões orientais estão muito mais evoluídas do que os cristãos tradicionais nesse ponto.

Se a reencarnação do espírito não fosse uma realidade, toda a obra de Deus estaria falida, pois como aceitar tantas desigualdades neste mundo crendo em apenas uma única existência? Somente a crença na multiplicidade das existências justifica as diferenças, as dores vividas, tudo fruto de nossas ações equivocadas do passado. Como já nos dizia Jesus: "A cada um será dado segundo as suas obras" e "A semeadura é livre, mas a colheita é obrigatória". Quem planta o bem colhe a luz; quem planta o mal colhe as trevas!

Muitas pessoas hoje em dia já crêem na reencarnação, mas ainda relutam em procurar aprofundar-se nesse tema e continuam professando a fé tradicional a que se dedicaram desde criança, tudo por uma questão de hábito e para não serem surpreendidas por mudanças em suas vidas. Ah! A mudança! Essa eterna inimiga daqueles que têm medo do futuro!

Negar a reencarnação do espírito e a eterna evolução da alma é um ato de alienação espiritual e conformismo com o modelo religioso dominante no mundo ocidental, sempre superficial e que já não atende mais aos anseios das novas gerações.

Temos um compromisso com os nossos filhos, que nos foram entregues por Deus para que os auxiliemos em suas jornadas rumo à Nova Era. Assim como os pais oferecem aos filhos aulas de informática, a fim de prepará-los para o futuro, da mesma maneira devem se comportar no campo transcendental, elucidando as suas crianças sobre as novas fronteiras da realidade espiritual a ser conquistada. Será justo e correto não acompanharmos a evolução espiritual para melhor introduzi-los na Nova Era, que será o mundo onde eles viverão integralmente nas próximas décadas? Até quando trataremos os assuntos eternos de forma superficial, colocando-os na conta de interesses apenas de sacerdotes ou místicos?

Orgulhar-se de ser leigo às verdades do espírito é um lamentável atestado de indiferença ao seu próprio futuro espiritual e de seus descendentes. Rumamos para a eternidade; somos espíritos imortais; e não é sensato dedicar mais atenção à vida humana, transitória e ilusória, em detrimento da vida imortal, princípio de todas as coisas. Não é prudente vivermos escravos do mundo das ilusões, tão-somente porque a verdade espiritual não é absolutamente clara aos nossos olhos. Se os cientistas que descobriram a vida microrgânica tivessem desistido de suas pesquisas, porque os seus cinco sentidos não percebiam a vida unicelular, talvez hoje nossa humanidade já estivesse eliminada pela ação silenciosa de algum vírus mortal. E nossa civilização só não foi exterminada pela falta de amor e dos valores espirituais, frutos de nosso desleixo para com nossa própria evolução espiritual, por causa da intervenção divina... Como diria Buda: "A luta não é entre o bem e o mal, mas sim do conhecimento contra a ignorância!"

Fica aqui, no final deste trabalho de esclarecimento do projeto monoteísta na Terra, o convite para que todos os leitores de boa vontade se integrem ao novo grande plano da Espiritualidade Superior: a união das religiões na busca de um novo modelo espiritual, com caráter progressista e democrático, embasado em estudos sérios e renovadores, que chamaremos de "universalismo crístico" — universalismo porque abriga todas as religiões, transformando-as para o futuro até que ocorra a grande fusão; crístico porque reunirá a mensagem de todos os médiuns do Cristo, como Antúlio, Hermes, Zoroastro, Krishna, Moisés, Buda, Confúcio e Jesus.

Talvez pareça que ainda estamos muito longe do modelo aqui apresentado, aparentemente utópico. Até existem algumas poucas crenças politeístas no planeta, mesmo três mil anos após a mensagem de Moisés. Entretanto, o processo de renovação espiritual da humanidade, com a reencarnação dos eleitos do Cristo, conforme relata a obra A Nova Era — Orientações Espirituais para o Terceiro Milênio, realizará uma mudança impressionante no perfil da Terra, nas próximas décadas. Algo muito rápido e semelhante ao que foi realizado pela tecnologia da informação nos últimos trinta anos; somente para traçarmos um perfil comparativo.

Que o amor de Deus, a crença na reencarnação e a busca diária pela evolução espiritual sejam os alicerces de nossas novas vidas, independentemente das crenças atuais, que futuramente serão apenas registros do processo evolutivo-espiritual do ciclo anterior, que ora está se encerrando!

MOISÉS - EM BUSCA DA TERRA PROMETIDA

foi confeccionado em impressão digital, em setembro de 2025

Conhecimento Editorial Ltda

(19) 3451-5440 — conhecimento@edconhecimento.com.br

Impresso em Book Bold 70g. – Bignardi Papeis